舒晋瑜 著

风骨

当代学人的追忆与思索

生活·讀書·新知 三联书店

Copyright © 2022 by SDX Joint Publishing Company.
All Rights Reserved.

本作品版权由生活・读书・新知三联书店所有。
未经许可，不得翻印。

图书在版编目（CIP）数据

风骨：当代学人的追忆与思索/舒晋瑜著.—北京：生活・读书・新知三联书店，2022.6 （2023.2 重印）
   ISBN 978 – 7 – 108 – 07345 – 7

Ⅰ.①风… Ⅱ.①舒… Ⅲ.①文化－名人－访问记－中国－现代 Ⅳ.① K825.4

中国版本图书馆 CIP 数据核字（2022）第 003461 号

责任编辑	唐明星
装帧设计	康　健
责任校对	陈　明
责任印制	董　欢

出版发行　生活・讀書・新知 三联书店
　　　　　（北京市东城区美术馆东街 22 号 100010）

网　　址	www.sdxjpc.com	
经　　销	新华书店	
印　　刷	北京隆昌伟业印刷有限公司	
版　　次	2022 年 6 月北京第 1 版	
	2023 年 2 月北京第 2 次印刷	
开　　本	635 毫米 × 965 毫米 1/16　印张 19.25	
字　　数	230 千字　图 29 幅	
印　　数	5,001 – 8,000 册	
定　　价	59.00 元	

（印装查询：01064002715；邮购查询：01084010542）

目　录

代序　说几句真心话　宁宗一　　1
序　努力给历史留份底稿　阎晶明　　5

周有光：我的观点在人家看来太新潮　9
马识途：我的生活字典里没有"投降"二字　14
钱谷融：我什么"主义"都不管　24
许渊冲：不到绝顶永远不停　33
吴小如：一条已经游走的鱼　45
草婴：像小草，更像战士　55
任溶溶：我生下来应该是干这一行的　67
屠岸：来世还是做诗人　73
冯其庸：真实严谨做学问　82
高莽：实现梦想花了60年　90
宗璞：即使像蚂蚁爬，也要写下去　101
彭荆风："驿路梨花"今何在？　111
徐怀中：我希望织造出一番激越浩荡的生命气象　124

李国文：作家的浪漫气质，在其全部创作史中　138

乐黛云：把美好的中国文学带到世界各地　147

邓友梅：轻松有趣的"京味儿"　156

宁宗一：努力给历史留份底稿　166

林非：做学问要讲学术良心　172

谢冕：我毕生追求美文　186

邵燕祥：全天候的诗歌爱好者和习作者　193

严家炎："大侠"的精神世界　205

蒋子龙：从"硬骨头"到很雅的老头　216

冯骥才："四驾马车"并驾齐驱　228

雷达：一个时代的文学"雷达"　238

温儒敏：办教育要守正创新　251

杨义：中国文化精神的探寻须根植大地　262

张承志：在虚假文学肆意横行的时代　271

丁帆：提倡知识分子的"自我启蒙"　279

韩少功：思想型小说家　291

后记　陪伴是一种幸福　304

代序　｜　说几句真心话

宁宗一

　　《中华读书报》是我目前唯一自费订阅的一份报纸，因为它所发内容和学界、教学、科研成果关系密切，我从中获益匪浅。我喜欢看这份报纸，更喜欢追踪《中华读书报》著名记者舒晋瑜的访谈和各类文章。

　　访谈录是很流行的一种文体，比较受读者的欢迎。为什么？你问我答，其实很见提问的水平，也很体现被采访者的回答是否真诚。我看过很多访谈，也被采访过很多次，水平参差不齐。可是舒晋瑜的采访不一样。她的提问是积极主动的，调动了被采访者的思维，而这种思维，有可能是被采访者本人忽略了的。

　　2020年7月，经过马瑞芳教授的引荐，我和舒晋瑜有了联系。听声音我才知道自己闹了笑话：看了二十多年的《中华读书报》，竟一直以为舒晋瑜是位先生！

　　电话中舒晋瑜提出，一是要与我谈谈我的"枕边书"，二是希望做篇访谈，聊聊我的学术人生。

　　一聊，竟然四个小时匆匆过去了，我们在聊天的过程中了解了对方的素养、人格精神和对文化的热爱，都觉得多交了一个新朋友、好朋友！

访谈录发表了，电子版和微信的传播，使更多的朋友看到了我们的对话，学术界的热情反应超乎寻常，很多人问我：您认识舒晋瑜吗？我说，我们只是神交，尚未谋面。通过深入交流，我感到我们是真正的精神同道，也验证了我之前对舒晋瑜的印象：她是一位有追求的记者，绝非仅仅满足和停留于记录层面的普通记者。

首先，她对于采访对象有充分的准备，访谈前的案头工作很下功夫。除了阅读被采访者的著作，了解他们最突出的特点、贡献，还精心研究、体悟他们的写作特点、有什么新的发现等等；其次，她和采访对象之间的沟通没有停留在语言或文字上，而是试图深入人物的内心世界，因此能比较精准地抓住要害，让对方谈出自己的所失所得；第三，她有自己独立的思考和判断，总会对书写的对象（人与书）有所发现，这种发现意识往往把读者带进她所评、所访的真实语境中去，从而让读者也有所发现，不仅调动被采访者对自己有新的认知，也提升了读者的认知水平；第四，舒晋瑜的文章很有创新意识，即使一个标题，也是斟酌再三、新意迭出，让读者产生阅读的渴望，也因此，她的各类作品总能形成让读者分享学术成果的文化效应。

七十年前我考入南开大学中文系，理想就是当作家或者当记者。后来当了教书匠，渐渐发现教学和作家也有相通的地方，我认为多数作家都是借笔下人物写自己的心史，所以在学术研究中，我对"文学是人学"做了"大胆"的校正，认为文学乃是心灵学。舒晋瑜敏锐地发现这一观点体现在我的很多学术研究中，她的追问使我更为深入地谈到心灵学的重要以及人生况味对文学研究的影响，也使我在被采访中对自己的学术道路有了进一步的回顾和反思。有朋友看了我们的访谈，说"把宁宗一的原形勾勒出来了"。的确，舒晋瑜的采访很内行，引发我思考过去没想到的一些问题，这是很宝贵的。

实话实说，并不是因为舒晋瑜采访了我，我才做出如此评价。作为一名读者，多年来我几乎形成了一种习惯，打开《中华读书报》，就不由自主地会追随她的名字阅读，特别是对一些作家和学术界名人的采访及述评。我认为她最大的收获是读者和被采访者对她的信任，因此很多人评价舒晋瑜是"大记者"。

什么是"大记者"？就是不仅要具备当记者的基本素养，有敏锐的新闻嗅觉和扎实的文字功夫，还要有一定的学养、开阔的视野和格局。更关键的是，她热爱新闻工作，苏童先生说她是文学的"战地记者"，这个评价很形象。我体会，这里是有内在的精神力量的。舒晋瑜始终活跃在文学现场，不知疲倦地记录、发掘当下的文学和学术领域的重要价值，很多是可以载入文学史的。

现在，她的新著要出版了，书中收入的近三十位著名学者和作家，都是文学史不可忽略的人物（笔者除外）。舒晋瑜写得非常专注，真切感人——写人物尤其是学者，我最好的评价就是"真切"！这些文章是她长期对作家和学者的采访积累，可以视作她近年来出版的《说吧，从头说起》《深度对话茅奖作家》《深度对话鲁奖作家》等访谈著作的续篇，而且有了进一步的提升。相信这些深入采访而来的一手资料，能够对学界和研究者有新的启发。

我所谈的是一个学人的真实感受，这几句真心话，算作代序，祝贺舒晋瑜新书出版，也希望她继续坚持，能够有更大的发展。

2020年2月4日

序 | 努力给历史留份底稿

阎晶明

近几年来，舒晋瑜时有新书寄来，或交流中总会谈及正在准备出版的新书。我发自内心为她的成绩感到高兴。认识她逾二十年了，她始终做着同一份工作，坚守着同一个岗位：做一个专业的文学采访者。比起绝大多数人从写稿到编稿再到审稿的进步，我对她始终不离一线的坚持不但感到钦佩，更觉得非常值得。因为她从辛勤耕耘中不但尽到了一个报社编辑、记者的职责，同时也收获了自己的成果。我与《中华读书报》的缘分来自《家园》版。而自我在上面发表文章的二十多年来，似乎就只经历过王小琪、舒晋瑜两位责编，而且舒晋瑜的时间更长。说是"家园"，名符其实！

在长期的职业训练中，舒晋瑜不断取得进步。这种进步的阶梯也许别的人看不见，舒晋瑜自己一定有深切的体会。一是她逐渐把自己的文学采访系列化，刚刚出版的《深度对话茅奖作家》收入十届茅盾文学奖36位得主；《深度对话鲁奖作家》收入七届鲁迅文学奖49位得主，这一系列是非常有意义、有价值的文学记录。这个意义一定会随着时间的推移而不断放大，有的甚至会成为珍贵的文学研究史料。二是她正在从文学采访向文学采写过渡。也就是说，一问一答式的文体已经不能满足她的要求，她要经过新的探索和尝试，使自己作为记者的作家采访变得更综合、更立体,更有自主性。她本身也是一位文学评论家,她有能力对作家的创作、成长的经历、文学思潮中的选择、文学成就的方位做出自己独立的判断。加之她与多位受访的作家、学者的相熟,因以诚相待而获得对方充分信任,她也有更多机会走进这些人的生活当中,近距离观察,甚至走近他们的内心,捕捉到书本之内无法获得的信息、对话当中无法得到的感受。这部《风骨:当代学人的追忆与思索》就是她这种尝试和探索的最新成果。

可以说这是舒晋瑜的个人著作,因为她采用的不是"采访"而是"采写"式的文体。同时她又一如既往地以真诚的态度面对每一位受访者。在这部新书里,她以"我"的口吻讲述自己与每一位作家、学者的交往史,每一次见面过程中的多方面交流,最新的或最后的往来,等等。她又以记者的职业敏感和女性特有的细腻,描摹着每一位人物。近30位文学人物,大多是年长她很多的长者,从他们身上,可以映照出一代人的成长历程与时代的变迁在他们身上留下的烙印,更可以看到他们难得的精神品格、严谨的学术态度、不懈的创作追求、令人感佩的人格风范。在一定程度上可以说,这也是一部致敬之书,向一个时代的文学高度致敬,也向某种精神风尚致敬。

舒晋瑜显然始终保持着这样一种自觉的追求,即不做一个人云亦云的普通知识和信息的重复贩卖者,而是通过自己的观察,用自己的语言和态度为对方画像,挖掘他们身上最突出、最宝贵的那一面。举几个标题即可以看出她的这种自觉意识:"马识途:我的生活字典里没有'投降'二字";"冯其庸:真实严谨做学问";"宗璞:即使像蚂蚁爬,也要写下去";"林非:做学问要讲学术良心"。

标题本身就是对一个人性格的某种概括。打开其中的文章，每一篇都有其可读之处。这种可读并不是作者已经以一副座上客的"老朋友"姿态去和对方谈天说地，纵论天下。她对每一位作家、学者都秉持着尊敬的态度，作为一个文学人，她又每每要从他们身上去学习和感悟。她以自己的真诚走近每一个人物，在有限的交往中认真投入地获取每一个有用的信息。我以为，她还是尽可能准确地为读者提供了一个个人物的素描。这素描却绝不是单色调的、扁平的呈现。而是立体的呈现，从中可以透视和感受到某种特立独行的性格。比如：在关于宗璞的讲述中，既有《北归记》的创作经历，也有作家对父亲的回忆，还有个人成长经历中各种风云变幻对创作的影响，等等，既可感可近，又是一份难得的研究资料。在关于严家炎的描述中，深入到学理内部，展开了一场颇有学术深度的讨论。关于五四新文学，关于鲁迅，关于金庸以及武侠小说的价值，都有很强的阅读价值。读这些文章，仿佛也是打开一部文学史，甚至是一部领域更宽广的历史。

　　这种记述性的文字，既有可以带人走进的现场感，也有超越具体环境的深广度。我个人近年来有一种体会，做现当代文学研究，尤其是作家研究，已有的庞大的论述体系固然十分重要，是我们进行研究时必要的参照，但年轻时不大以为然的人物印象记、个人回忆录，尽管看上去没有理论诉求，没有学术结论，但其中的一点信息、一个记述，很可能会帮助我们打开理解一个作家的窗口，看到一个丰富的人生世界，其中不少也完全可以用作学术研究。甚至有一段时期，我还设想过，是否可以编一本书，把同时代人在各种场合记录下来的鲁迅话语汇集起来，合成一部"著作之外的鲁迅言论"，虽是"仅供参考"，但也定有其价值。舒晋瑜此书多写当代作家和学者，我相信，这些文章会在时间的流逝中越来越显现出难得的价值。

总之，我认为舒晋瑜始终不渝的坚持已经换得了丰厚的回报，而且她依然会把这样的工作坚持下去，从而累积下更多的成果。

仅以此文表达良好的祝愿！

2021 年 9 月 7 日

周有光：我的观点在人家看来太新潮

采访手记：

在北京同仁医院见到了中国著名的语言文字学家周有光先生。虽然刚刚做完左眼的白内障手术，97岁高龄的周有光神采依然。问及他的身体，周有光幽默地说："如果身体跟五官分开，我的身体就很好：血压正常、消化正常、脑子正常，只是耳朵有些聋，眼睛也不好使——"谈话就从他最近的身体和写作状况开始。

平凡的生活，高尚的思想

周有光的生活很有规律，说来还是受到他大学老师的影响。1923年，周有光进入上海圣约翰大学的第一年，和他的老师一起翻译丹麦教育家的一部作品，书中有句话——"平凡的生活，高尚的思想"，影响了周有光的一生。他谦虚地说："我的生活很平凡，思想也不够高尚，但是很有规律。"他的长寿要领，也只有12个字，"遇事不怒，顺乎自然，宏观意识"。年纪大了的缘故，周有光先生平时写文章，多数写些杂文。因为写学术论文需要到图书馆去查资料，很不方便，索性省了这道关。他只写些杂文，大概一月发一篇，发表在《群言》杂志上。杂文内容比较随便，大多是文化及历史背景方面的问题，文章写得通俗易懂，青年人甚至中学生都容易看懂。闲时他喜欢看书，主要看一些有关文化、历史的书，也看文学方面的书，等于是为他写杂文做准备。2005年，100岁的周有光出版了《百岁新稿》；2010年，出版了《朝闻道集》；2011年，出版了《拾贝集》。2012年9月，哲学家李泽厚拜访周有光时，当时107岁的老人豁达地笑说："上帝太忙了，把我忘了。"

周有光有个习惯，喜欢"训人"。对于不喜欢用功的人，他总爱唠叨两句。他们家的保姆不过三十多岁，周有光老劝她学学电脑，保姆说："我都老了，还学什么电脑呀？"周有光说："我还没说老呢！我老伴81岁不也学电脑吗？"周有光不但说服保姆学电脑，还教会她女儿学电脑。假期里，保姆的女儿来到周有光家里，看到电脑高兴地说："我们学校也有电脑，但是没有机会碰，只能远远地看。"周有光非常喜欢这个爱学习的小朋友，短短几天时间，就教她学会了使用电脑。

周有光的朋友很多，年龄大的有八九十岁，小的只有七八岁。青年人也爱找他聊天，当年老布什在中国时就经常与周先生谈古论今，因为他是个"新潮老头"。

"新潮老头"

有人称周有光为"新潮老头"。旧话重提时，他又笑了："因为我主张的观点,在人家看来太新潮。我比较早地提倡在电脑上写文章,不要爬格子。如今我在电脑上写了十几个年头了。"

周有光的思想非常先进,都是紧跟着世界形势变化的。凡是新鲜的事物,他都接受得很快。

他翻阅大量的报纸杂志,关注世界发生的各种变化。"9·11"事件发生后,周有光写了一篇文章,分析"9·11"事件的原因以及为什么会有恐怖主义产生,发表在《群言》杂志上。

周有光见我笔录,问:"你会速记吗?"我说:"不会。"他说:"当记者不会速记,记录就不完备,这是很大的缺憾。外国记者没有一个不会速记的。我们国家对速记不重视,对电脑不重视,工作效率就差了。我提倡用拼音在电脑上打字,效率能提高5倍。我从50年代开始研究编码,其实编码已经很落后了,日本在80年代就淘汰了。我们还不够开放,不参考国外先进的东西,还写文章吹牛,每次看到我都要哈哈大笑。"他边说边哈哈大笑起来:"骗别人骗不了自己,其实自己也骗不了,因为谁都有脑袋。"

还有更新潮的观点。他说:"我还有一个意见。在中国提倡文学是好事,还要提倡学术。社会发展是要按比例的,现在学术提倡得少,从出版讲,外国的书目分两类,一类是虚构,另一类是非虚构,包括通俗化的科普读物、学术著作。小说给你文学知识。现在文学掩盖了学术,这对中国青年来说是缺陷。应该提倡文学以外的非虚构读物,单小说很难满足对知识的需求。你看《三国演义》就懂历史了吗?所以说非虚构的著作应当重视。"

周有光的写作没有固定的时间。年老的人工作累了要睡觉,他就利用精神好的时候写文章,工作效率并不低。"很多人问我为什么95岁了还能工作,我说也没有秘诀,主要是思想要开明,要乐观。"老伴张允和在世的时候，两人相敬如宾，没吵过一次架，是一对令人羡慕的情笃伉俪。他俩每日要碰两次杯——上午红茶，下午咖啡，几十年如一日地保持着。由于张家四姐妹（元和、允和、兆和、充和）在文化界名声很响，尤其是张允和是著名的昆曲研究家，能写曲、填词、亦工诗，1956年曾与俞平伯创立北京昆曲研究社。自从《最后一个闺秀》《张家旧事》《多情人不老》等书出版后，张允和更是名声大噪，大有盖过学贯中西、成就卓著的周老之势。2002年8月，相濡以沫70年的张允和去世了，周有光主张一切从简，也没开追悼会。他说，人活着，要活得有意义，去世了，还讲究那些表面的东西有什么用？他很快调整了心态，继续写作。

差点成了金融学家

一个人一辈子从事一个研究方向都很难出成果，周有光一辈子在两个不同领域——经济学、语言学研究方面均有建树。他学的是经济学，前半生一直从事经济、金融工作。40年代被上海新华银行派驻伦敦、纽约，1949年底回国先后在复旦大学、上海财经学院教书，出了《新中国的金融问题》一书。

回顾他与语言学结缘，还是在20世纪20年代。他曾说："当我看书看得疲倦了的时候，改看语言学的书有重振精神的作用，好像是右手累了，改用左手，可以使右手休息似的。"他参加拉丁文字运动，业余时间潜心研究汉语拼音，1952年出版了《中国拼音文字研究》一书。

1955年，周有光接到通知，请他到北京中国文字改革委员会参加拟订拼音方案，会后，他担任中国文字改革委员会和国家语言文字工作委员会研究员，兼任中国社会科学院研究生院教授。他参加制订汉语拼音方案，提出方案的三原则，方案在1958年公布。他还主持了汉语拼音正词法基本规则的制订，提出正词法的基本原则和内在矛盾，此规则在1988年公布。1979年至1982年，周有光出席国际标准化组织的文献技术会议，使该组织通过国际投票认定拼音为拼写汉语的国际标准（ISO7098）；他还作为编委参加了中文版《简明不列颠百科全书》的出版工作。

从此，经济学界少了一位金融学家，国家语言文字改革委员会多了一位委员、语言学家。周有光曾经在大学执教，有很多学术著作被当作教材参考。对于自己的学术著作，周有光评价说："我从50年代开始研究，尽量写得通俗易懂，大学做参考书，学生能够看得比较方便，不一定非要讲解才能看懂。《中国语文的时代演进》一书是清华大学讲课的提纲。《汉字改革概论》一书是在北大讲课的讲义，已经翻译成日文。"

临行前，我约好去周先生家里取照片。这是位于北京朝内小街的一所普通住宅。周有光的书房收拾得整洁有序。临窗的小书桌上摆着一台夏普中西文电子打字机——此机是日本公司为适应周老的打字习惯特制的。窗台上堆满了他近来经常阅读的书。紧挨窗台的书橱里，沈从文的书占了三分之二还多。墙上则是一幅他与老伴张允和的合影，在花草丛中，他与穿着紫色中式大褂的张允和正在共同翻阅书籍，其恩爱之情溢于言表。

马识途：我的生活字典里没有"投降"二字

采访手记：

106岁的马识途常被人问及"养生秘籍"。他笑答，两个字"达观"，六个字"提得起放得下"。这一回，他再次谈到长寿，"恐怕和我差不多生活了整个二十世纪的经历有关。我这一百年不知经历了多少沧桑巨变，尝够了多少惊险、危难、痛苦、悲伤和欢乐，经受了多年的锻打和历练，养成了处变不惊、乐观看待人生的性格，自然就能长寿了。"

多年前采访九旬作家王火时，他很羡慕比自己大十岁的马识途，因为他因眼疾不能读书写作，而马识途还能每天锻炼身体，还在写作、练书法。同在成都，他们只是偶尔一聚，还是"AA制"。但这少有的聚会，也会带给清静寂寞的人生晚景许多温暖和慰藉。

这位自少年时就投身革命、长期做党的地下工作的老作家，解放后一边从事繁忙的领导工作，一边利用业余时间进行文学创作，其文学作品在当年曾引起过很大的反响。十年前，马识途再次走进大众视野，是因为姜文根据他的小说《夜谭十记》改编的电影《让子弹飞》公映。再后来，就是他根据自己传奇般的人生而写成的《百岁拾忆》引起人们的关注，但是很少有人知道他诸多成就背后心里藏着的种种遗憾。

2020年6月，马识途出版新书《夜谭续记》，并发布封笔告白："我年已一百零六岁，老且朽矣，弄笔生涯早该封笔了，因此，拟趁我的新著《夜谭续记》出版并书赠文友之机，特录出概述我生平的近作传统诗五首，未计工拙，随赠书附赠求正，并郑重告白：从此封笔。"

我只有终身遗憾

2013年初，美洲华人作家协会的会长冰凌先生亲到成都，为马识途颁发了"终身成就奖"。马识途却说，他这一生没有什么终身成就，只有终身遗憾。

马识途的人生过程不断发生变化。最早的时候，读书是为了救国。中国要灭亡了，16岁的马识途走出四川，到外面寻找救国之道，老师教育他们要工业救国，因此马识途一上中学就立志将来当工程师，中学毕业考进当时在南京的中央大学化学工程系，后来参加"一二·九"运动投身革命，成为职业革命家，没当成工程师很遗憾。

他又考上西南联大中文系，准备要在中国文化方面做一些研究，闻一多、沈从文、朱自清都是马识途的老师，系主任、著名语言文学家罗常培还鼓励他搞学术研究工作，但马识途在加入中国共产党后，就以革命为职业，从事党的地下活动工作，不可能进行文学创作或学术方面的研究了，这又是一个遗憾。

解放后，有一次马识途到北京，罗常培先生当时已担任中国语言文字研究所所长，他希望马识途能到所里担任党委书记，在搞行政工作的同时也可以从事学术研究。马识途听后很动心，但当组织部门向四川商调时，却因他已担任四川省政府建工局局长，领导第一个五年计划的建设工作而不能调动，搞学术的机会又错过了。马识途因此羡慕许多同学，如学者王瑶等都有很好的学术成就，自己却没有，又成遗憾。

他已经打算一心一意从事建设工作，开始学习建筑工程管理、城市规划，白手起家，从无到有，完成了第一个五年计划的任务，一心准备在建筑行业大展宏图。可就在这时，在全国一片向科学进军声中，马识途又被调去筹建中国科学院四川分院，只保留一个四川土木建筑学会名誉理事长的空名，这又是他的一次遗憾。

随后，马识途担任了中科院四川分院的副院长，院长是学部委员。马识途认真向他请教，还看了不少与科学相关的资料，再加上到北京，听中科院领导介绍了一些前沿科学前景，感到做科研大有搞头。由于工作原因，他经常和钱学森等科学家一起开会，学到了很多新的知识，他对科学管理工作产生了很大的兴趣，铁下心来建设科学分院。几年后，四川分院建设已大有成效，这时，组织上又让马识途兼任中共中央西南局宣传部副部长，分管文艺工作，专心搞科研的愿望又落空了。

回想自己在西南联大受过文学方面的科班训练，有从事文学创作的基础；但是一看到文坛的风风雨雨，马识途却不敢轻易插足文坛，直到1959年，《四川文学》主编、老作家沙汀找到他，一定要马识途写一篇国庆十周年的纪念文章，回忆录也行，难以推却，他写了一篇回忆文章《老三姐》，在《四川文学》发表后，被《人民文学》主编陈白尘发现转载，引起中国作家协会领导的注意。张光年、邵荃麟看到马识途的文章,认为他应该转到文学创作上来。中国作协党委书记邵荃麟对他说:"革命老同志中能搞文学创作且有特点的很少,你是老同志,有丰富的生活经验,有在西南联大养成的基本功,完全可以写东西。"

可是,当时马识途担任西南局的宣传部副部长、科委副主任、中科院西南分院副院长,肩上挑着三副担子,哪有时间搞文学创作。邵荃麟却对他讲:"你从事文学创作,等于一个人变成两个人,生命延长一倍,对党和国家将做出更大的贡献。"

马识途思量,觉得很对:能延长生命一倍,为什么不干?从此他开始在业余时间从事文学创作。可是哪有工夫细细琢磨文学作品?他觉得自己没有资格成为一个出色的作家,又是一个遗憾。

所以,马识途说,自己基本上经历整个20世纪,经历了百年中国的大动荡、大转折,所见所闻、所思所感非常多,生活积累非常丰富,却没有很好地加以利用,没有把现实的材料写成好作品,这是最大的遗憾。"我的一生不断地遗憾。现在还是遗憾,偏偏又给我发什么终身成就奖,我只能说我没有终身成就,只有终身遗憾。"

我最关心的是文学创作

马识途除了在政府部门担任领导工作外,同时在文学界任过中国作家协会的荣誉顾问和荣誉委员、四川省作家协会主席。他还参加发起中华诗词学会,担任过副会长、名誉会长……各种这样的帽子到底有多少,他不太关注。他最关心的是文学创作,希望能有所成就。他调侃地说:"旁人看来我好像干了不少事,但我自己明白,我是'门门会,样样蒿',没有一门有大出息。"

马识途出身于书香之家，从小就喜欢吟诗作文，六岁发蒙上私塾，主要读"四书"和古诗词。教书的老夫子要求能把"四书"背下来，学作对句，还读《诗经》《千家诗》《古文观止》等，为马识途后来作传统诗词和写文言文打下了基础。1935年，叶圣陶主办的《中学生》杂志作文竞赛，马识途写了一篇描写地方风光的散文《万县》得奖，这是他的第一篇作品。后来在"一二·九"学生运动中，他在报纸副刊发过短文，参加革命后，还在《战时青年》《新华日报》上发表过文学作品。但那时他从来没把写作作为追求。

为了躲避随时有可能袭击的特务，马识途以马千禾的名字考入西南联合大学。他在此"长期埋伏，积蓄力量，以待时机"，同时受教于众多的名师大家，包括著名教授闻一多。马识途认识和了解闻一多，不只是在课堂上，更多的是在和他的谈话中。闻一多猜出了马识途的身份，接触也更为亲密，在学生运动中，许多事他们都一起商量，甚至有时还发生争执。在马识途的印象中，闻一多很尊重他的意见。"我们搞活动，只要我去请他，他都会答应参加。"1946年7月15日，闻一多被国民党特务刺杀身亡。听到这个噩耗后，马识途匆匆赶回昆明到他的灵堂前和遇刺的地方凭吊，写下"哲人其萎，我复何言"的挽联。

老师们不仅在为人、思想方面影响着马识途，而且在具体的文学创作上予以教导，教外国文学和中国古典文学，具体讨论创作问题。在西南联大，马识途和张光年一起办过文学刊物《新地》，也主编过《大路周刊》。写过一个农民参加抗战的长篇小说《第一年》，还试着学果戈理《钦差大臣》的风格，写了小说《视察委员来了》，这是马识途《夜谭十记》的第一篇。马识途还写出两本诗集，一本是短诗汇集，一本是描写史迪威公路（滇缅公路）上一对青年男女恋爱故事的一千五百行长诗《路》。调离昆明时，遵守党的秘密工作的纪律，马识途把一切文字性的东西全部烧掉。

亲身经历谍战

马识途的小说《夜谭十记》中的《盗官记》一章，2010年被姜文改编成了传奇电影《让子弹飞》，颇受欢迎，并非偶然。

《夜谭十记》的体例，是极具民族形式的，马识途采取老百姓喜闻乐见的形式，也借鉴了西方的写作方法，写的是中国的故事和人物，技法上吸收了西方幽默讽刺的格调，如俄罗斯的契诃夫、果戈理，美国的欧·亨利、马克·吐温，西班牙的塞万提斯，同时也特别注意通俗手法。马识途认为，文学应该注意老百姓喜闻乐见的中国作风和气派。所谓中国作风和气派实质上就是中国的文化传统，就像茶馆里头的说书，四川叫评书，用评书的方式写革命故事。他谦虚地说，自己做了很多努力，看起来还是取得了一定的成绩，但还不能说很成功。

他根据自己和战友黎强的真实地下斗争经历创作了一部长篇电视文学剧本《没有硝烟的战线》。马识途认为，当下一些反映隐蔽战线的影视剧，在情节和表现方式上与历史的真实有一些出入，造成了观众对地下党工作、生活的很大误解。革命历史斗争剧不只是"谍战剧"，它应有更广阔的天地让作家驰骋；就是"谍战剧"，也要在艺术夸张和虚构中不离原则，不违纪律，特别是秘密工作纪律，注意细节，才能有更好的"谍战剧"满足群众的艺术欣赏。有些编剧对于当时地下斗争的实际了解不多，剧情设计中常见有违背原则和纪律，特别是组织原则和秘密工作纪律的地方。在极其危险的前线进行极复杂战争的情报工作人员，即使微不足道的一句话、一点生活作风问题，可能就会给本人带来杀身之祸，以至于给组织带来灭顶之灾。但是有些谍战影视剧编剧似乎把地下党员和国民党的特务、海外间谍等量齐观。其实三者有质的区别。有的编剧把地下工作者神化了，其实我们并非无所不能，国民党特务也不是豆腐渣，大家知道的《狱中八条》就有一条——"切勿轻视敌人"。

两次封笔

1961年，马识途发表了长篇小说《清江壮歌》，轰动全国。这部作品背后，是一个真实的故事。

马识途的爱人刘蕙馨1941年在恩施牺牲后，才出生一个月便随母亲坐牢的女儿下落不明，马识途找了20年，1960年终于找到了。《清江壮歌》正是以此为题材所写的小说。马识途每天下班回家，就在书桌上奋笔疾书，一连开了一百八十多个夜车，一边写，一边在《四川文学》和《成都晚报》上连载。但由于种种原因，这部书稿压至1966年春才由人民文学出版社正式出版，又恰逢"文革"，《清江壮歌》被作为"大毒草"进行批判。

同时，在陈白尘的鼓励下，马识途写了讽刺小说《最有办法的人》，茅盾看到了，说讽刺小说本来是文学的重要部分，大家不愿写，现在开始有人写了。这个信息激发了马识途，他接连又写了《挑女婿》等讽刺小说。

"文革"后，人民文学出版社社长韦君宜给马识途来信，希望重新出版《清江壮歌》，开印就是20万册，中央人民广播电台以及天津、四川、武汉的广播电台先后全文联播，一时颇为红火。紧接着，马识途陆续出版了几部歌颂革命英烈的小说，还写了追怀故人的《景行集》及有关地下党工作的《在地下》等。马识途说："写得好与不好，我不计较，只要能使进行过惨烈革命斗争的烈士们在我的笔下复活，我就满足了。"

1983年，在人民文学出版社社长韦君宜的推动下，马识途写出并出版了《夜谭十记》。初版印了20万册很快卖完了，随后又加印，韦君宜专门来成都拜访马识途，向他提出一个文学创作建议，以他长期从事党的地下工作，和社会的三教九流多有接触，亲历或见闻过许多奇人异事，用意大利著名作家薄伽丘的《十日谈》那样的方式，搞一个"夜谭文学系列"。他俩当时就商量好再出一本《夜谭续记》，马识途开始动笔写故事提纲，但由于韦君宜突然生病，加之马识途确实公务繁忙，就放下了这个写作计划。《夜谭续记》在马识途的脑子里一存就是几十年，但他始终没有忘记自己的诺言。2020年，他拿出了新书《夜谭续记》，图书扉页上写道："谨以此书献给曾首创'夜谭文学系列'并大力推出《夜谭十记》一书的韦君宜先生，以为纪念"。

当年，马识途从事党的地下秘密工作，不但片纸只字不能保留，而且常常是更名换姓，每到一处就成为另外一个"新人"，为此曾有过一次"封笔"。如今，完成当年的心愿，他觉得可以真正"封笔"了。

我的生活字典里没有"投降"二字

《夜谭续记》的创作过程与其姊妹书《夜谭十记》相仿，也经历了近四十年的曲折历程。

当年马识途计划做"夜谭文学系列"，在韦君宜的敦促下，脑子发热，一口气说出十个故事的题目和几个故事的梗概。没想到当年这部看上去几乎"呼之欲出"的大作，一放就是30年，前面出版的《夜谭十记》也随着岁月流逝，逐渐淡出读者的视线。直到2010年，《夜谭十记》中的《盗官记》被改编成《让子弹飞》搬上银幕，作为这部电影的原著小说《夜谭十记》，也附带"飞"了起来。这时，马识途头脑"又开始发热"，想把原来和韦君宜一起计划好的《夜谭续记》重新完成。但是，刚开篇写了"缘起"，又被琐事耽搁，他想：许多著名的老作家都已封笔，我这个半路出家年逾九十的作家，还不自惭形秽，去做这件力不从心的事吗？

在这之后的几年中，马识途被两度授以文学方面的终身成就奖，他深觉惭愧，总觉得因各种原因，没能把自己积累的好题材写成好的作品，许多故事，将随他埋入地下了。

这时，文学界的几位朋友对马识途说，你虽无力再写鸿篇巨制，但可以讲出一些故事来，供大家用以遣闲时、消永夜嘛。听朋友如此之言，马识途又动了心思，开始着手《夜谭续记》的写作。

就在马识途开笔不久，癌魔二度入侵他的身体，马识途住进了医院，这本书稿的创作也面临半途而废的可能。在家人为他的病情担忧之际，马识途却想起了司马迁发愤写《史记》的故事。

"司马迁的故事激励了我，我也要发愤而作。我曾经对朋友说过，我的生活字典里没有'投降'二字，我绝不会就此向病魔投降，我要和病魔斗争，和它抢时间，完成这本书稿的创作。我让子女把稿纸带到医院继续写作，出院后我也是一面积极治疗，一面坚持写作。医院的医生、护士认为我得了这么危险的病满不在乎，还奋力写作，真是怪人。其实这毫不可怪，我就是要和病魔战斗到底，正像当年我做地下革命斗争不畏死一样。"

一个人只要不怕死，便会勇气百倍，一有勇气，更有力量战胜危险和痛苦。就在马识途完成了这本书的初稿之际,保健医生告诉马识途,经过半年多的药物治疗,肺上那个肿瘤阴影竟然看不到了,查血的指标也完全正常了。一家人皆大欢喜,马识途戏言:"咋个,癌魔和我斗,落荒而逃了吧?"

写成的初稿自然应该再加工进行修改,但马识途已是104岁了,自称"虽然还不是气息奄奄,却也真是日薄西山,人命危浅",且和病魔战斗时也消耗了大量精力,已无力对初稿进行再加工修改了。幸得有女儿马万梅,多年来在服侍他的同时,对马识途的每篇作品进行文字整理工作,这次又对《夜谭续记》的文稿进行了逐篇整理。作家高虹和马识途一直很熟,也帮助他修改文稿,对某些篇章段落进行了结构性的调整和文字处理。

作为人民文学出版社1983年出版的《夜谭十记》的续作,《夜谭续记》仍援原例:四川人以四川话讲四川故事。内容为四川十来个科员公余之暇,相聚蜗居,饮茶闲谈,摆龙门阵,以消永夜。仍以四川人特有的方言土语,幽默诙谐的谈风,闲话四川的俚俗民风及千奇百怪的逸闻趣事。马识途戏言:"虽不足以登大雅之堂,聊以为茶余酒后,消磨闲暇之谈资,或亦有消痰化食、延年益寿之功效乎。读者幸勿以为稗官小说、野老曝言,未足以匡时救世而弃之若敝屣也。"

钱谷融：我什么"主义"都不管

采访手记：

时光追溯到86年前的1930年。

那时，钱谷融是个十一岁的孩子。他被《三国演义》深深地迷住了，看到"星陨五丈原"，诸葛亮死了，他看不下去了，晶莹的泪水顺着他稚嫩的脸颊流下来。

他最佩服的不是蜀汉丞相的诸葛亮，而是高卧隆中的诸葛亮，山野散人，自由自在。"三顾茅庐"那一段把诸葛亮野云孤鹤般的雅人深致，写得形神俱足，特别具有动人的魅力。钱谷融当然想不到，从那时心中就种下了此后遗世独立、淡于名利的个性。

作为我国当代著名文艺理论家，钱谷融"文学是人学"的理论，对当代中国的文学研究产生了深远的影响；同时，他也培养了一大批人文领域的专家学者。钱谷融强调文学是写人的，是写给人看的，因此要真正懂得文学，研究文学，必须首先做一个心地坦荡、光明磊落的人，因为只有一个真诚的人，才能感受和欣赏真的美。谁要不是以

"赤子之心"来对待人，对待文学，也就不可能读通文学。这是钱谷融先生一贯的思想。

2017年9月28日，著名文艺理论家钱谷融先生在上海市华山医院逝世，享年99岁。

从小就想当教师

钱谷融的父亲是私塾老师，对子女的教育非常随意，只在读书上要求严格。小时候，钱谷融一直跟大自己两岁的哥哥一起玩儿，哥哥要上学了，钱谷融还没到上学年龄，也想跟着哥哥一起去。刚去的时候感觉很新鲜，老师很和气，还给枣子吃，可是没过两天他就觉得不好玩儿了，因为不自由。钱谷融赖学不想去，父亲先是哄他，哄不成就打，说抬也要抬着他去上学！

钱谷融和哥哥读的是《千字文》，小孩子读不懂，老师也不讲解，只是每天教一两句，然后检查背诵。所幸老师教的东西钱谷融都背得出，老师们都说他很聪明。可是如果挡住上下文让他自己认字，钱谷融就认不出了。在私塾读了一年多，钱谷融转入镇上的小学。他在小学开始读小说，四年级就读完了20本木刻版《三国演义》。

读过《三国演义》之后，钱谷融对小说产生了极大的兴趣，《七侠五义》《施公案》《彭公案》《封神演义》等，都是在小学里读的。除了读章回小说，他还看了不少笔记小说，《子不语》《萤窗异草》《阅微草堂笔记》《两般秋雨庵随笔》之类，也开始对中国的古典诗词和散文产生了浓厚的兴趣。

对钱谷融影响最大的是大学时的系主任伍叔傥。当年钱谷融参加了抗战期间首次举行的全国各大学的统一招生考试，报考了当时正内迁重庆的国立中央大学师范学院国文系。这个系是新创办的，第二年才请来了伍叔傥先生当系主任。他是朱家骅的连襟，性格散漫，喜读《世说新语》，喜欢魏晋人的风度，喜欢看英文小说。伍先生是五四时期的北京大学毕业生，思想较开明，他担任系主任时，罗致各方面的人才，先后到中央大学任教的有罗根泽、孙世扬、乔大壮、朱东润、曹禺、徐訏等先生，老舍也被请来做过讲演。他喜欢下馆子，有时候也拉钱谷融一同吃饭喝酒。他真率、自然，一切都是任情适性而行，不受拘束，讨厌虚伪。现在回忆起来，钱谷融觉得当时无论先生的学问还是精神境界，都有些高深莫测，不过先生潇洒的风度、豁达的襟怀，淡于名利，不屑与人争胜的风貌，却使钱谷融着迷。

受伍叔傥的影响，钱谷融在学生时代就养成了自由散漫的习惯。"作为伍先生的弟子，我别的没学到，独独对于他的懒散、随便、不以世务经心的无所作为的态度，刻骨铭心，终于成了我性格的一部分了。"钱谷融说，四年大学生活，他的大部分时间都是在茶馆度过的。一本书，一碗茶，可以消磨半天，从来不用心做学问。有时候也打桥牌，下象棋。有的玩就不读书了，写文章也都是被逼着写，主动写的很少。1942年毕业后，经伍先生介绍，钱谷融去当时内迁重庆的国立交通大学教国文。后来交大迁回上海，他也随校到了上海。1951年，华东师大成立，钱谷融调到华东师大中文系任教，当了38年讲师，直到1980年才升为教授。与他遭遇同样不公平待遇的，是北京大学的名师吴小如，吴小如比钱谷融小三岁，在北大当了25年讲师。

治学和做人首先必须真诚

1957年，华东师范大学召开了一次大规模的学术讨论会，全国各地许多兄弟院校都派了代表来参加。校、系各级领导多次向教师们发出号召，要求提交论文。钱谷融就在那年2月写成了《论"文学是人学"》。如果不是在那时刚宣布不久的"双百方针"精神的鼓舞下，如果没有当时那种活泼的学术空气，钱谷融也不一定会写。

在那次讨论会上，许多与会者都对他的论文提出了不少批评意见，钱谷融有些懊丧。不久，《文艺月报》（《上海文学》的前身）的一位编辑，听说了钱谷融这篇文章，要去看过之后决定发表。发表同一天，《文汇报》在"学术动态"栏目里以《一篇见解新鲜的文学论文》为题发了消息。校内同事看见了，有的为钱谷融高兴，有的认为这是为了引起人们的注意，号召大家起来批判。实际上，这一天的《文艺月报》还没有送到读者手中，《文汇报》这则消息的来源以及作此报道的目的，难免会引起人们的猜测，钱谷融对此也一无所知，只能"姑妄听之"。他想，真理总是愈辩愈明，所以也不急着更正《文汇报》报道中曲解自己原意的地方（说他"否定了文学反映现实的理论"），认为可以留到以后的答辩文章中再加以说明。

没想到事情的发展完全出乎钱谷融的意料，反右运动扩大化的偏向愈演愈烈，对他的批判也逐渐从学术转向政治，最后被定为反党反社会主义的修正主义的"大毒草"。

钱谷融之所以没被划成右派，据说是因为周扬同志讲了话，他说可以作为学术问题讨论。周扬后来被批判，自然也就成了钱谷融的罪证之一。反右运动中，不管规模大小，钱谷融都少不了挨批。他的体会是：不勤奋还好，愈勤奋越挨批。上完课，钱谷融一走出教室，助教就来"消毒"。他被批了38年。

"我的心情很压抑。但我也看得开。批判完了，我就找一辆三轮车，一家四口吃馆子去了。学生们私下里还是对我很好，可是有人总嫌钱谷融批不臭。"受批判的时候,钱谷融在扫地,学生看旁边没有人就跑过来安慰他:"老师你有什么错?人道主义有什么错?"

钱谷融说,自己比较善良,从来没有坏心,很少疾言厉色。有些学生却把他当作敌人来对待,全无丝毫的理解和尊重。一些学生在批判时对他还是以先生或同志相称,唯有戴厚英批判他时直呼其名。当时旧有人际关系的礼数,还没有到荡然无存的地步,所有在场的人听了都悚然动容。"我当然更是莫名惊诧。我很软弱,容易掉眼泪,受了冤枉很难受。但后来也渐渐释然了。她毕竟太年轻了。"

他对批判过自己的人和事,都采取宽容的态度。钱谷融说,宽容是自己人生的一种基本态度。"我是教师,最爱自己的学生,希望他们成长成才。我讲课很动情,经常是讲热了就脱衣服,学生们说我'剥皮'。其实,我总是把自己认为正确的东西教给学生,对学生一片赤诚,和蔼亲切,从来不摆架子。"

80年代初,戴厚英曾由一位同学陪着到钱谷融家里来看望先生,也曾当众婉转地向他表达歉意。她说自己曾做过不少傻事、错事,做过的事情总要受报应,善有善报,恶有恶报,譬如对钱谷融先生的批判,尽管钱先生本人很宽容,自己却好的、坏的报应都受过了。

因一篇论文招致的批判,使钱谷融几十年间遭遇不公的待遇;但是,他自1957年提出"文学是人学"的观点,却一直没有变过。

"我说文学是人学,主要是说文学是写人的,是表现人影响人的,是对人的判断,讲人道主义。我从来没认为自己错,我心怀坦荡。"

他认为,治学的道理和做人是一致的,首先必须真诚。对于一个知识分子或以治学为业的人来说,他的为人可能主要就是从他的治学态度上集中体现出来的。没有对于治学的真诚态度,一个人的学问是不会达到深湛境界的。同时,对于治学的真诚,也意味着不能将其视为手段,当作谋取世俗名誉的途径。因此,"真诚"多少带有某种"为学术而学术"的含义。

《雷雨》抓住了他的心

为什么写《〈雷雨〉人物谈》?

钱谷融本来没想写。上海演出《雷雨》话剧,他在市里开完会,回家时听到电视里转播《雷雨》的演出实况,他一听就是在喊口号。"我想肯定会有人站出来批评,等了几天没人批评。我就沉不住气了,就自己动笔写了。不过,我没有批评这次演出,只谈自己读《雷雨》的感觉。"

"我什么主义都不管,就是凭自己的感受,说自己的真心话。感觉是真实的,任何理论离开感觉都不行。从感觉出发,提升到理论高度。真正的批评家应该说出自己的真实感情,不会因为私人感情不讲真话。你可以不讲,要讲总要讲真话。"钱谷融写评论,从来是将心比心。他从未违心地赞扬不喜欢的东西。写评论如此,读书、选书更是如此。他看得比较多的是英文原版书,因为很多中文版翻译得不好。现在经常看的则是《世说新语》。

无论中外文学,钱谷融都喜欢古典。他认为不少现代文学和古典文学相比宣传的气味太重。"文学不能搞宣传,要自然地感动别人。现在的作品宣传意味太重。文学要靠艺术打动人心,不是用口号标语打动人心。"他说,学好中国当代文学应该包括两个方面的要求:一是知识的掌握,二是能力的培养。比较起来,后者比前者更为重要,难度也要大一些。一些作品分析文章之所以不能令人满意,重要原因之一就在于作者对所评论的作品缺乏一个感受、浸染的过程,把对文学作品的审美评价,完全等同于对一般社会历史现象做抽象的思想分析。

身为当代著名的文艺理论家,钱谷融却对自己的为人与为文看得很轻很淡。他甚至谦虚地说:"我无能、懒惰,得过且过,从来不刻意追求什么。平日与朋友相处,总是亲切随和,我认为做人必须正直、诚恳,治学必须严谨、踏实。我自知并无多大学问,只是老老实实地知道多少就说多少,决不故弄玄虚。而且力求说自己有真切感受和体会的话,不随声附和。解放后政治上变动很大,我的文章却不需做什么修改。这是我比较满意的。有的文章政治一变,论调要变。我的论调从来没变过。"

格非:钱先生"望之俨然,即之也温"

清华大学教授、作家格非是钱谷融先生的关门弟子。

格非回忆第一次上课,是在钱先生家里。钱先生给每个人泡了茶,端上来曲奇等各种饼干。弟子们围着他坐在沙发上,一边喝茶一边上课。格非至今记得钱先生的第一节课,只教了六个字:说有易,说无难。

钱先生进一步解释说:说"有"易,我们只要证明它存在就可以说"有";说"无"难,是因为你的视野毕竟有限,必须找遍了确实没有才能说"无"。普通的道理,钱先生讲得很严肃。这使格非很早就意识到,做学问必须严谨,有多大证据说多大话。因此,后来碰到轻易下断语的人,格非总是不以为然。

钱先生一直说读书人要像个读书人的样子。他会很客气地待人,但对比较亲近的学生,他有严厉的一面,要求做事写文章,一定要讲规矩,不能胡来,更不能弄虚作假。

毕业时格非和另两个师兄弟恋恋不舍地去钱先生家里告别。大师兄说："钱先生，能不能求您一幅墨宝？我想留个纪念。"二师兄也说："钱先生，我早就喜欢您的字，但一直不好意思开口。"格非一看两个师兄都求先生字，不提似乎也不礼貌，就跟着说："我也想求先生一幅字。"钱先生对格非的两个师兄说："你们两个求字，我送；格非我就不给了。他是看你们求字不好意思不说，不是真要。"

这话，钱先生是笑嘻嘻说的，但格非听起来很严肃，他再没敢开口。"钱先生看穿了我的心思，我确实对收藏名人字画没太大兴趣。"钱先生果然没送格非墨宝，直到最后也没送，尽管格非是他最喜爱的弟子之一。

当年，《论"文学是人学"》《〈雷雨〉人物谈》的影响非常大，致使钱先生在长期的生活、教学中一直受到不公正待遇，历经坎坷和磨难，如果放到普通人身上也许早就压垮了，但先生还保持真趣。钱先生为人非常真，很有趣。他认为人要有真趣，假装的趣味没意思。

"他对学问的判断力、做学问的勇气令人敬佩，敢于在那个年代发出自己的声音，在学术史上留下重要痕迹，对文学做出了重要贡献。"格非说，钱先生的文章写得很漂亮，但确实不多。他理解先生之所以文章少，是因为他不曲意逢迎，不去为难自己。钱先生喜欢庄子，《庄子》有"以天下为沈浊，不可与庄语，以卮言为曼衍，以重言为真，以寓言为广"。但他尽到教育家最大的职责，教育学生一方面学术要严谨；一方面要有学养，学养未必用文字表现，不是非要发表多少论文。他的散淡的作风，在一代学人之中很特别。表面上看钱先生可写的文章和写出来的文章不成比例，真正完成的东西不多，实际上他在做他认为重要的事情。所谓"不言之教"，无为无不为，不用之用是为大用。

钱先生特别关心学生。格非去清华大学之前，钱先生约他到家里谈心，并问他："老是看你愁眉不展，为什么那么苦闷？"格非对钱先生倾诉之后，先生说："你去北京我没什么可送的，就送你八个字：'随遇而安，逆来顺受'。"

格非当时听了并没往心里去，等他到北京经历了一些事情，才慢慢体会到先生的用意。"我想起先生讲的这些话，非常感动。人的境遇很大程度上没法选择，有些一定是改变不了的。这时候心要安定下来。"先生对于曾经遭受的批判或者病痛，就是这样承受的。他不是软弱的人，而是教学生对于不可改变的逆境，要以愉快的心情接受。与其呼天抢地，不如以平静的心情承受。

"钱先生要求做学问要实实在在、清清楚楚，不能哗众取宠，虚张声势。他对自己的要求是这样，教育研究生写论文也是这样。他对研究生递交的第一篇论文非常重视，常常会逐字逐句地批改，让学生自己去领会其中的微妙变化和思想表述的准确性。他认为写作能力不仅仅是一种文字能力，更重要的是体现了一个人的思考能力。也因此，钱先生指导的研究生，可能个人风格有所不同，但在表述文字的清晰方面，有相似之处。"曾任华东师范大学教授杨扬说，钱先生在一般人眼中是一个散淡的人，他的散淡其实不是随随便便、松松垮垮，而是一种读书人的淡定和自持。

许渊冲：不到绝顶永远不停

许渊冲（1921—2021），1921年生于江西南昌。1938年考入国立西南联合大学外文系，师从钱锺书、闻一多、冯友兰、柳无忌、吴宓等学术大家。1944年考入清华大学外国文学研究所，后赴法国巴黎大学留学。他是目前中国唯一能在古典诗词和英法韵文之间进行互译的专家，被誉为"诗译英法唯一人"。已出版译著120余部。2010年，继季羡林、杨宪益之后，许渊冲获"中国翻译文化终身成就奖"，2014年获国际翻译界最高奖项——"北极光"杰出文学翻译奖，系首位获此殊荣的亚洲翻译家。

采访手记：

为着采访百岁老人许渊冲，我试着通过各种渠道了解他。但当我看到某段视频：他步履蹒跚走向书桌，戴着老花镜在电脑前翻译莎士比亚的镜头时，突然又产生自我疑虑，这样的采访对老人是不是一种打扰？

最终，好奇和敬重，还有一份职业责任感战胜了纠结：难道我不应该把这位著名翻译家的学术理念、追求和一生中值得回忆、值得和后学分享的故事传递给更多的读者吗？

许渊冲，从事文学翻译长达六十余年，译作涵盖中、英、法等语种，翻译集中在中国古诗英译，形成韵体译诗的方法与理论，被誉为"诗译英法唯一人"。已出版中、英、法文著作一百多部，包括《诗经》《楚辞》《李白诗选》《西厢记》《红与黑》《包法利夫人》《追忆似水年华》等中外名著，其中中国古代诗词几乎占到一半。

许多人认识许渊冲，也许和中央电视台《朗读者》节目有关。

主持人问他，昨晚是几点睡觉的？许渊冲答："凌晨三点。"他说，人生最大的乐趣，就是做喜欢的事，把一个国家创造的美，转化为全世界的美。他解释自己"书销中外六十本、诗译英法唯一人"的名片："我是狂，但我是狂而不妄，句句实话。是120本就是120本，我绝不说成200本。我觉得'狂'是自信，一个人不能没有一点'狂'，没有自信的话，什么事情都做不成。"

他说自己的译本是"最好"的，并非狂语。翻译过程中，他总是在不断修改，反复琢磨，因为"完美没有底"："这是最大的快乐。人生目的在此，越改越好，精益求精。"

对自己要求如此严格，差不多就是古人所说"吟安一个字，捻断数茎须"。私底下觉得，老先生太苦了。我把问题抛出来，他朗声笑道："不苦，苦就不干了。一般人是苦的，变苦为乐不就得了。创造美是人生一乐。我为人类创造美。"

可是他的翻译理念，世人却有不同的看法。他仍坚持自己的观点，这种自信是哪里来？

他说："一百年了。开始时我也不自信。自信是慢慢来的。我考虑的是，胜过自己，每个人要发挥自己的力量，不到绝顶永远不停。"

2021年6月17日，许渊冲永远地离开了我们。

最好的文字放在最好的地方

在许渊冲的印象中，小学国语课本里的外国故事，大都选自莎士比亚戏剧。他喜欢这些故事，常常跑到图书馆去借阅。

那时江西省图书馆在南昌百花洲，那里有湖光水色、亭台楼阁，是全市风景最美的地方。许渊冲晚上去图书馆借阅梁启超的《十五小豪杰》，觉得主人公远不如《三国演义》《封神榜》中的英雄人物来得神气。去图书馆路上要经过高桥和东湖，湖边有一个说书的小茶店，说书人讲旧小说中的故事，讲得眉飞色舞；茶客听得眉开眼笑。许渊冲经常站在门外听。不料有一次正听得来劲，忽然天公不作美，下起倾盆大雨，许渊冲浑身湿透，像只落汤鸡似的。第二天晚上他再去图书馆，就带了雨伞，穿了雨鞋，全副武装，不料老天不遂人愿，偏偏没有下雨。许渊冲把这事记在日记上，老师看了发笑，画了双圈表示有趣。

国语课课外要写日记，课内还要写作文。许渊冲记得自己写过两篇习作，得到老师好评。一篇是四年级写的旅行记，一篇是五年级写的论说文。旅行记是模仿课文《中山陵游记》写的。老师说他前后左右次序分明。这大概也是后来翻译文学作品时要把"最好的文字放在最好的地方"（best words in best place）的先声。论说文的题目很大：《求己说》。许渊冲自然只会说，做什么事都要靠自己。老师认为许渊冲作文写得简单清楚，要他去全校大会上演说。许渊冲个子小，声音大，刚一开口，就引起了哄堂大笑。但是许渊冲没有被笑声吓倒吓退，反而用大嗓门压倒了笑声。这是许渊冲学生生涯的第一炮。他很认同冯友兰先生的话：一个人的成功有三个因素，主观的两个因素是个人的才学与经验，这是"求己"可以做到的，还有一个因素是客观的环境或条件，那就超出"求己"的范围了。

1931年，许渊冲升入六年级，那一年，发生了日本侵略我国东北的"九一八"事变。老师要求同学们写抗日爱国的作文。许渊冲的作文题目是《劝同胞提倡国货抵制日货书》。老师给的评语是："段落分明，有条不紊，佳构也。"老师不但鼓励学生，也提出批评。许渊冲写《青云谱旅行记》，老师的评语是："前半叙述得法，可惜收束处太简略。"他不但指出不足，而且示范如何弥补，在许渊冲作文的最后加了几句："登塔巅一望，看见西山屏风似的峙在西面，章江衣带似的绕在北面，远望南昌市危塔高耸，近看蔡家坊炊烟四起，才知道天时已不早了，于是下塔循原路而归。"这些描写远山近水、对仗工整的文句，成为许渊冲后来写作、翻译的范例。

1938年许渊冲刚考上西南联大时，有同学问他的梦想是什么。当时他表叔熊适逸翻译的《王宝钏》《西厢记》在美国被改编成剧本演出，引起轰动。他就回答说："想做像表叔那样的著译家。"

他最早的翻译作品，却是因喜欢上班里的女生而译的。1939年7月12日，许渊冲将林徽因的《别丢掉》、徐志摩的《偶然》两首译诗及一封英文信投进了女生宿舍信箱。后来，《别丢掉》发表在《文学翻译报》上，这是许渊冲最早发表的一篇诗译作。而他的法文教学与翻译则主要得益于三个人：第一个是清华大学的吴达元教授，第二个是巴黎大学指导论文的摩罗（Pierre Moreau）教授，第三个是鲍文蔚教授。鲍先生比许渊冲年长20岁，他在新中国成立前就经潘汉年介绍加入了共产党的外围组织。许渊冲在北外教法文时缺乏经验，到了香山外国语学院,在鲍先生指导下,才学会了由浅入深的教学法。"他的翻译水平很高,有一次课文中出现了 le lendemain qui chante(歌唱的明天),大家不知如何翻译是好,向他请教,他译成'载歌载舞的明天',令人叫绝。他不但译了拉伯雷的《巨人传》,法文教研室合译的《农村散记》也是他定稿的,水平由此可见一斑。"

20世纪80年代,许渊冲开始致力于把唐诗、宋词、元曲翻译为英法韵文,既要工整押韵,又要境界全出。古典诗词有比喻、借代、拟人、对仗,译后的英法韵文中也要有比喻、借代、拟人、对仗,唯恐糟蹋了中国文化的美。他的老同学杨振宁说:"他特别尽力使译出的诗句富有音韵美和节奏感,从本质上说,这几乎是一件不可能做到的事,但他并没有打退堂鼓。"许渊冲的法文版《唐宋词选一百首》《中国古诗词三百首》,英文版《西厢记》《诗经》《新编千家诗》等作品陆续出版,其中有30首译诗被国外的很多大学选作教材。

追求翻译的"三美"境界

1939年至1940年,许渊冲在昆明西南联合大学外文系读二年级。在此期间,许渊冲见到了杨振宁和钱锺书。杨振宁和他父亲杨武之教授一家住北院附近的文化巷11号,钱锺书也住在那里;许渊冲住昆华中学北院22室。

在西南联大,许渊冲读到了柯勒律治的名言"散文是编排得最好的文字,诗是编排得最好的绝妙好词"。这一"把最美的表达方式放在最好的地方"的观念,对许渊冲影响至深,后来甚至发展成他的"三美""三化"翻译原则。

当然,追本求源,最初的影响应该来自许渊冲父亲爱好整洁的生活方式。

"他教我从小就要将文房四宝放在最方便取用的地方。后来我写字的时候,把文房四宝扩大到文字,也就是最好的表达方式,最方便取用的地方也可以概括为最好的位置。这样日积月累,哪怕一天只碰到一个,如果能够放在最恰当的地方,一年就有三百,十年就有三千,有这么多得意之笔,那还能不中状元吗?"父亲只是在生活上这样要求自己、要求子女,培养了许渊冲井然有序的做事方式,因此也养成了把最好的文字放在最恰当地方的习惯。父亲用行动教许渊冲要爱秩序,对他进行"礼"或"善"的教育;母亲生前爱好图画,给予许渊冲的是对"美"或"乐"的引导和教育。许渊冲因此认同冯友兰所说:古代"礼乐之治"的"礼"就是模仿自然界外在的秩序,"乐"就是模仿自然界内在的和谐。如果说"礼"是"善"的外化,那么,"乐"就是"美"的外化。这种影响对于他来说是终生的。

许渊冲的诸多得意译作之一,是对毛泽东诗词"不爱红装爱武装"一句的翻译。按照字面意思,英美翻译家将它翻译为They like uniforms, not gay dresses.(她们喜欢军装,不喜欢花哨的衣服)。许渊冲认为这种译法走了神韵,他翻译为To face the powder and not to powder the face。"如果仅仅按字面翻译,意思不错,但原文中的对称美全无。外国人一看这样的译句,会说原来伟大领袖毛泽东的诗也就是这点水平嘛。我的译文就把原诗中的韵律美展现出来,而又没有脱离原文的意思。"他说,鲁迅说翻译有三美——意美、音美、形美,自己把"三美"都翻译出来,可以向世界宣传中国的文化。

不料"文革"期间,许渊冲被批"歪曲"了毛泽东思想,于是他把译文改成They love to face the powder and not to powder the face, 即"她们敢于面对硝烟,不爱涂脂抹粉"。毛泽东诞辰一百周年此书再版时,他恢复了原译,恰到好处地体现了"红"与"武"的对应和"装"的重复。此译文对仗工整,堪称绝妙,中国文化的味道和精髓跃然纸上。

许渊冲还以毛泽东的词《念奴娇·昆仑》举例:"'而今我谓昆仑,不要这高,不要这多雪,安得倚天抽宝剑,把汝裁为三截?一截遗欧,一截赠美,一截还东国。'把昆仑山分为三截,这种情怀谁能有?这种情怀怎么译?当时找英国人翻译,就把这三个'一截'直接翻成three parts(三个部分),这哪里美嘛!知道我是怎么翻译的吗?我把第一截翻成'山顶',第二截翻成'山腰',第三截翻成'山脚',这在中文里面没啥稀奇,但用英文表达就有了一层美感。"所有这些,都体现了许渊冲追求"三美"(音美、形美、意美)、"三化"(深化、浅化、等化)的翻译原则。文学翻译要传情达意,但"达意"是低标准,"传情"才是高标准。"西方追求的是'对等',我追求的是'最好'。如果'对等'的表达方式是最好的方式,那么我就用'对等';如果意译更传神,那就不用直译。"在许渊冲看来,自己的翻译理论比西方要超前得多。

2020年5月,《许渊冲英译毛泽东诗词》经典珍藏版由中译出版社出版。据中译出版社对外汉语推广中心主任胡晓凯介绍,许渊冲先生和中译出版社(原中国对外翻译出版公司)的友谊可以追溯到20世纪80年代。1984年,他在中译社出版了自己的第一部译论《翻译的艺术》(论文集),此后,中译社开始筹备出版后来影响颇大的"一百丛书",许渊冲先生选译的《唐宋词一百首》于1986年面世。1988年,他与陆佩弦、吴钧陶二位先生合编的《唐诗三百首新译》出版。1991年,他译出了一部获美国普利策诗歌奖的诗集——《飞马腾空:亨利·泰勒诗选》。

1993年，值毛泽东一百周年诞辰之际，作为献礼图书，中国对外翻译出版公司出版了许渊冲英译的《毛主席诗词选》（汉英对照），同时推出了平装和精装两个版本。《许渊冲英译毛泽东诗词》正是以此为底本，逐首校对，存疑之处从全诗布局、诗句意义到音节数量斟酌考量确定的最新版本。在保留原译序等部件基础上，许渊冲先生珍藏的翻译打印稿作为别册随书附赠，热爱诗词翻译的读者，可以像福尔摩斯探案一样，循着许渊冲先生的译文修改轨迹，感受他在翻译过程中的艰辛与快乐。

诗体译诗和散体译诗的"论战"

许渊冲有一个众所周知的绰号"许大炮"。因为坚持自己的风格，许渊冲式意译所带来的各种争议，几乎伴随了他一生，也被扣过各种"帽子"，但他不以为然，从未妥协。

吕叔湘1985年在《中诗英译比录》序言中说："初期译人好以诗体翻译诗，即令达意，风格已殊。稍一不慎，流弊丛生。故后期译人Waley、Obata、Bynner诸氏率用散体为之。原诗情趣，转能保存，此中得失，可发深省。"这和许渊冲的"音美"译法刚好相反。究竟谁对谁错呢？许渊冲和吕先生讨论后，吕先生就约许渊冲合编新本《中诗英译比录》，这是许渊冲译诗生涯中取得的一次胜利。后来许渊冲又编写了一本《中诗英韵探胜》，比较了中英译文，北京大学出版社收入"北大名家名著文丛"。美国哥伦比亚大学依生（Ethan）博士认为许译胜过其他人的译文。

第二次诗体译诗和散体译诗的论战发生在王佐良和许渊冲之间。两个人最早的分歧因瓦雷里的诗《风灵》是直译还是意译而起。其中有一句诗，大意是"灵感来无影，去无踪，就像美人换内衣露出胸部的那一刹那"。许版译文为"无影也无踪，更衣一刹那，隐约见酥胸"。许渊冲认为王佐良用的"胸部"一词没有美感，因为它既可指男也可指女。他用的"酥胸"才有朦胧美。许渊冲多年后又辩论说，王佐良的翻译是"外科派"，就好比一个伤兵中了箭，外科医生只是把箭掰断了，取出来，但毒还在里面；而他是"内科派"，不仅把箭拔出来，还把内部的毒也取出来了。

他与作家、翻译家冯亦代同样有过"战争"。《红与黑》的最后一句，说到市长夫人死了，按原文是"她死了"，但许版译文为"魂归离恨天"。当年冯亦代就批评许渊冲：为什么要加上那些花花绿绿的东西？还在一次学术会议上直指"魂归离恨天"是从《红楼梦》中偷来的。许渊冲坚持己见，认为翻成"她死了"表示的是正常死亡，但市长夫人并非正常死亡，而是含恨而死，没有比他的翻译更贴切的了。再说了，这"离恨天"也不是《红楼梦》才有的，是从《西厢记》里来的，难道《西厢记》偷了《红楼梦》吗？

1995年，许渊冲所译的《红与黑》在翻译界引发了一场大论战。以许渊冲为代表的"创译派"曾与"等值派"掀起一场不小的论战，他的"优势论""竞赛论""创优论"遭到"紧身衣论"者的反对。当时《红与黑》已有近十个译本，有媒体相继发表了多封翻译家之间的往来信件，争鸣气氛热烈，几乎整个翻译圈都卷进了这场论战。许渊冲从未动摇过。

他认为，文学翻译是两种文化的竞赛，而四字成语是中国文化的优势所在。中国读者深受"硬译"之害，因此走入歧途，误以为"洋泾浜中文"或者"翻译腔"才叫精确。好的翻译，"不逾矩"只是起点，"从心所欲"才是高标准。他借用画家吴冠中的话说，风筝不断线,飞得越高越好。

2014年,李肇星在"北极光"颁奖仪式上为许渊冲致辞:"钱锺书曾赞扬许先生特别刻苦,说他真正体现了西南联大的校训:刚毅坚卓。希望年轻人要学习许渊冲先生老一辈学者对祖国的热爱,对自己理想的坚持、坚守。"

一流大学最重要的是有大师

西南联大常委、清华大学校长梅贻琦有一句名言:"大学者,非谓有大楼之谓也,有大师之谓也。"后来季羡林说:"根据中外各著名大学的经验,一所大学或其中某一个系,倘若有一位在全国或全世界都著名的大学者,则这一所大学或者这一个系就成为全国或全世界的重点和'圣地'。……这是一个众所周知的事实,是无法否认掉的。"这样看来,一流大学最重要的是有大师。

那么,西南联大有些什么大师呢?许渊冲曾进行过举例。以杨振宁所在的理学院来说,院长吴有训1923年在美国同康普顿合作研究X射线的散射,他以精确的实验证实了康普顿效应的解释,使康普顿在1927年获得了诺贝尔物理学奖。杨振宁的物理老师赵忠尧,1930年第一次发现正负电子对湮没现象,对反物质的研究做出了开创性的贡献。数学老师陈省身是现代微分几何之父。杨振宁的学士论文导师是吴大猷,杨振宁从吴先生那里"学到的物理已能达到当时世界水平"。杨振宁也说过吴先生是"量子力学研究在中国的带头人。……量子力学是20世纪物理学最重要的革命性的新发展。……没有量子力学,就没有今天的半导体元件,也就没有今日的计算机"。工学院院长顾毓琇在1925年就发明了"四次方程通解法",1928年分析电机瞬变现象,研究成果被国际电机理论界称为"顾氏变数"。他开创了现代自动控制理论体系，被公认为该领域的先驱，1972年获"兰姆金奖"（等于国际电子电工领域的诺贝尔奖）。更难得的是，他写作出版了几十部小说、戏剧、诗词，1976年世界诗人大会授予他"桂冠诗人"称号。可以说他是20世纪世界少有的文理大师。研制"两弹一星"的二十几位功臣中，有三分之二是西南联大的（包括清华、北大在内），如两弹元勋邓稼先、核武器专家朱光亚、远程导弹总设计师屠守锷、返回式地球卫星总设计师王希季等。振兴中华的另一个标志是得到国际学术奖，而中国第一个获得诺贝尔物理学奖的杨振宁和李政道都是西南联大人。

至于文学院，大师就更多了。院长先是中国新文化运动的主将胡适，后是中国哲学史家冯友兰。教授则有文史大师陈寅恪、散文大师朱自清、"前无古人，后无来者"（郭沫若语）的诗学大师闻一多、小说大师沈从文、中国比较文学的开创人吴宓，还有叶公超、钱锺书等等。有这么多大师，无怪乎西南联大成了世界一流大学。文法学院学生，中文系有汪曾祺，他师从朱自清、闻一多、沈从文，而又有所突破。

为什么西南联大能有这么多世界一流的大师，能出这么多世界一流的人才呢？许渊冲说，这和西南联大自由民主的校风是分不开的。学术自由，首先体现在尊重知识、尊重人才上。西南联大领导能识人才，敢于破格任用。例如文学院的钱锺书，理学院的陈省身、华罗庚等，都是二十几岁就提升为教授的。其次，学术自由体现在兼容并包上，允许百花齐放、百家争鸣。既有写《新世训》的冯友兰，也有敢骂国民党的闻一多。

"以西南联大为借鉴，尊重大师，培养人才，精减人员，发扬自由民主的学风,我看,办出世界一流的大学就大有希望了。"许渊冲说。

直到年届百岁,许渊冲仍习惯夜里工作到凌晨三四点钟,有时候到四五点,常常睡两三个小时就起床。

译诗的时候,他总会自问,译文中能否看得见无色的画,听得见无声的音乐?他说,翻译是与作者的灵魂交流,有时突然灵光闪现,涌现出一个好词来,浑身每个毛孔都感到舒畅。

几年前,他接受了海豚出版社邀请,翻译莎翁剧作,迄今已翻译完成11部,出版了《李尔王》《罗密欧与朱丽叶》《第十二夜》《威尼斯商人》等10部。他给自己规定每天1000字的翻译量,如果这个数量没完成,不论时间多晚都会补上。"还是我翻得好一点,莎士比亚是把现实变成文字,我不光是把文字翻译成文字,我要把文字里的现实翻译出来,所以我翻得更好。"许渊冲仍是自信满满地说。

吴小如：一条已经游走的鱼

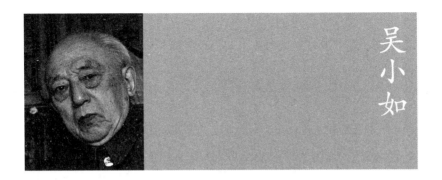

采访手记：

一晃，吴小如先生已经离开我们五年了。

常常会想起他。尽管我们认识得很晚，却天然地有一种亲近感。这亲近，大概缘于吴小如先生是我所供职的《中华读书报》副刊的作者，是我们的"衣食父母"，也缘于他性格秉直、淡泊名利的处世风格，是我所向往的。

很早就拜读吴小如先生的文章，也知道他是有名的"学术警察"。第一次近距离接触吴小如先生，却是2012年春天受邀参加《学者吴小如》出版座谈会，其实也是为纪念先生90岁诞辰，因他声明不组织生日宴会，不接受礼物，他的学生们就以这种朴素的形式祝贺他的生日。那天，吴小如先生因病未能到场，但这个寿星缺席的庆生会，开得真挚感人。那天我和严家炎夫妇、邵燕祥夫妇同席，主角不在场，宾客们倒是谈兴甚浓。邵燕祥说，吴小如博闻强记而又健谈，他常以没听过吴小如讲课为憾，因为大家常说听吴小如的课是一种享受。邵燕祥常常想起他们六十多年的交往，每次聚会东扯西扯都是很快乐的事情，是非常美好的回忆。"我们之间没有客套，每每想到古训所说'友直、友谅、友多闻'，而我有幸得之。"邵先生感慨地说。北大教授严家炎说："我所知道的吴小如，从不说人家的短处，自己从不摆功劳，有时候，我想了解很多事情请教他，才会说。"

吴小如先生原来有那么多故事。我被深深地感动了，参加完活动第一件事就是打电话约吴小如先生，希望能拜访他。先生说，得过些日子，因为正打算去给母亲扫墓，但是出行很不方便。我立刻说："我陪您去吧！"

吴小如先生说，原先有个学生说要陪他一起去的，现在还没有定下来。如果需要的话，再请我帮忙。

没想到只隔了一天，吴小如先生就打来电话表示感谢，告诉我说，学生已经和他确认可陪同，去扫墓不需要我帮忙了。同时和我约了见面的时间。

最后一次采访

2012年6月18日，初访吴小如先生。

他的房间格局不大，家具也是80年代的立柜、平柜，床上整齐地放着书籍报刊。先生清瘦得很，但精神不错。我们先从《学者吴小如》说起。他兴致很高，风趣地说："学生们说预备给我过90岁生日，出一本《学者吴小如》，我很高兴。别人都是死了后出一本纪念文集，我活着时看看这些文章，看看大家对我评价怎么样，免得我死后看不见，等于是追悼会的悼词我提前听见了。"

同时他也很清醒，说："实际上，收进去的文章都是捧我的，但每篇文章都有实际内容。作者里有些是我的学生，有些是学生的学生，好些我都不认识。看了以后，我想：'这评价准确吗？好话说得太多了。'"

那天我们聊了很多，几乎贯穿了他的整个学术人生。吴先生送我《吴小如手录宋词》时，用有些不听使唤的右手为我亲笔签名，并说："认识了，就是有缘。"这种缘分，不掺杂任何功利的目的，唯有真诚朴素的情感。

第二次拜访吴小如先生，是他获得"子曰"诗人奖。此次获奖的诗词刊发于《诗刊》的"子曰"增刊，获奖不久，他的作品《莎斋诗剩》由作家出版社出版，吴先生托学生送我，同时捎来话，说报纸某处有个失误。我的心中涌出无限温暖和感动，立即心生再访吴先生的念头。

2014年5月7日，采访结束时，我提出想看看他的某本旧书。保姆和我一起扶起先生，搀到书房。他的身体真轻，似乎用一只手的力量就可以轻轻托起，可是他移步如此艰难，像是用尽了全身力气。

他在书橱前站定，先找椅子坐下来，让我打开橱门，挨摞书找寻。第四摞搬出来，他伸手一指，说："在这儿。"拿出来一看，果然是。他亲自翻到我要看的那一部分，指给我看——先生眼力尚好，不需要戴花镜。

我们谈了两个小时。担心先生受累，我向他告辞。他伸出手来，轻轻握别，目送我离开。

没想到这一面却成永别。

采访后不到一周，我将写成的文章快递给吴小如先生。12日上午，接到中国人民大学国剧研究中心青年教师张一帆的电话，告知吴先生11日19时40分辞世。张一帆说，他10日接到吴先生电话，得知先生已看完我的文章,其中有些错误需请一帆帮忙修改。张一帆赶到吴先生家里,才知道先生感觉不舒服,要去医院看看。先生把文章中需要修改之处和张一帆交代之后,取了病历、钱包等,由学生送往医院。那是张一帆见吴先生的最后一面。

"这篇文章,是吴先生去世前接受的最后一次采访,也是他最后亲自审定的文章。"张一帆说,遗憾的是,吴先生没来得及再看一遍,更没等到这篇文章见报。

12日,我再次赶到北大中关园,通往43号楼短短的几十米路,走得沉重而缓慢;陆续遇见前来送别的亲朋好友,脸上写满悲伤。"不设灵堂,不举行遗体告别仪式。"吴煜说,这是父亲生前的交代。

在接待我的那间卧室,先生常坐的沙发上堆放着整齐叠放的衣物。几天前,他尚端坐在这里,见我进来,合上手里的书;他依旧明亮的眼神注视着我离开……我觉得,我们还有很多很多话没有说完。

做学问首先是做人

吴小如的父亲吴玉如先生是著名书法家、诗人,一生桃李满天下,但他真正给自己的孩子一字一句讲授古书的机会并不多。吴小如上小学的时候,和早起上班的父亲每天同在盥洗间内一面洗漱,一面由父亲口授唐诗绝句一首,集腋成裘,至今有不少诗还能背得出来。1938年,吴小如考上高中,开始听朱经畲老师讲语文课,这是他沾上"学术"边儿的开始。朱老师从《诗经》《楚辞》讲起,然后是先秦诸子——《论语》《左传》《战国策》等。正是在课堂上,吴小如知道了治《左传》要看《新学伪经考》和《刘向歆父子年谱》，读先秦诸子要看《先秦诸子系年考辨》和《古史辨》。1939年天津大水，吴小如侍祖母避居北京，每天钻进北京图书馆手抄了大量有关《诗经》的材料。到20世纪40年代，又因读程树德的《论语集释》而勤搜有关"四书"的著作。考入北大中文系后，先后从俞平伯师受杜诗、周邦彦词，从游国恩师受《楚辞》，从废名师受陶诗、庾子山赋，从周祖谟师受《尔雅》，从吴晓铃师受戏曲史。每听一门课，便涉猎某一类专书，这使吴小如扩大了学术视野。

1944年开始作诗时，吴小如把诗交给父亲吴玉如先生请教。父亲见吴小如写的古诗，一首中就用了三个韵脚，便说，这不是诗，连顺口溜都够不上。年轻气盛的吴小如不服气，当时就下决心：我非作好不可！

吴玉如先生晚年的时候，再看吴小如作的诗，问他："你看你的诗像谁？"吴小如说："谁也不像。"父亲说："不对，你的诗像我。"

能得到父亲的肯定，吴小如还是深感欣慰的。起初他作的诗和写的字，父亲都认为"不够材料"，他努力地写字，努力地作诗，父亲什么也不说。但是后来有人找父亲写字，父亲应付不过来，就把吴小如找他批改的字送人，说："这是我儿子写的字，你们拿去看吧！"吴小如说，自己临帖从不临父亲的字，因为父亲的字功夫太深。可是父亲最后认为吴小如的字最像他。

吴小如说，他的父亲最看重的是做学问首先是做人，就是人品要好。书法最关键的是功夫在书外，意思有两条：一是多念书，二是做人要好，这是最基本的。到书法本身，只有一条，就是路子正，别学邪门歪道，古人讲横平竖直，写字，字得规范，写出来的字得规矩。临帖，最好不临古里古怪的帖，也别临"颜柳"的帖，劲都在外头，搞得不好容易出毛病。最好还是先练"二王"（王羲之、王献之）的字，学书必自"二王"始，譬如筑屋奠基址。

写了近70年旧诗，吴小如最深的体会有三条：一要有真实的感情，有实际的生活体验，诗写出来才有分量；二是不能抄袭古人的东西（中国的旧诗太多了，难免有重复）；三是现在作旧诗的人很多不懂格律，不按旧章程作，格律不讲究，认为七个字就是七言诗，五个字就是五言诗。吴小如说，第二条自己也没做到。写诗的人太多了，难免就有跟古人"撞车"的时候。

2014年3月，吴小如获得年度"子曰"诗人奖，并出版《莎斋诗剩》，评委会的评价是：他的诗词作品，历尽沧桑而愈见深邃，洞悉世事而愈见旷达，深刻地表现了饱经风雨的知识分子的人生感悟，展示了一位当代文人刚正不阿的风骨和节操。

可敬的"学术警察"

吴小如曾在文章中评价自己："惟我平生情性褊急易怒，且每以直言嫉恶贾祸，不能认真做到动心忍性、以仁厚之心对待横逆之来侵。"他待人真诚，刚正不阿，虽然饱受委屈，却一生坦荡，光明磊落，两袖清风。

吴小如认同古人所说"吉人词寡"。可他一有机会还是爱说。他说，自己最大的毛病是总爱挑文化领域中的人身上或文章里出现的缺点，他们普遍缺乏认真反思的自省功夫。

即便年过九旬，吴小如还经常给报刊打电话纠错。有一次某中央媒体刊登张伯驹和丁至云《四郎探母》剧中《坐宫》一折的剧照，写成了《打渔杀家》。他打电话给该报负责人，负责人反问："怎么办？"吴小如说："更正一下。"此后却再无下文。

吴小如被称为"学术警察"，是有原因的。他对学界出现的不良现象毫不留情：校点古籍书谬误百出，某些编辑师心自用地乱改文稿，知名学者缺乏常识信口胡说，学界抄袭成风……但关键的是，他的批评方式也并非是所有人都能接受的。吴小如有一个叫沈玉成的学生，就写文章说吴先生对自己不留情面。沈玉成在文章中说："连我这老学生都受不了，所以吴小如到处受挤对碰钉子，一生坎坷。"

可是，他并不后悔。他说："我这人，一向就是主张表里如一，而且我做的事情都是光明磊落的，我对名利看得很淡，名利对我来说根本是身外之物。当我年富力强时，我想培养青年人，青年人不找我；现在有些人要来找我，可是我年纪老了，又有病，处境不好。"他虽然批评别人，但对别人的意见也是虚心接受。钮骠就曾多次指出他文章中的不妥之处，吴小如先生一一改过，并写在文章中，称钮骠为"诤友"。

"言寡尤，行寡悔"，是说做人说话要问心无愧，做出来的事情不至于事后后悔。但是吴小如也知道，人不可能一辈子不说错话不做错事。所以，他的主张是，不管别人满意不满意，首先自己不说违背良心的话，不做让自己后悔的事情。

吴小如一生说过的唯一一次假话，是对父亲说的。吴玉如先生壮年时，双臂有力，可将幼时的同宝（小如）、同宾（少如）兄弟抱在手中同时抛向空中后再稳稳接住，小兄弟俩对此不以为惧，反而特别高兴，因而吴小如与父亲掰手腕一辈子没有赢过。父亲临终时，已年过花甲的吴小如为了博老人一笑，再次提出掰腕子，其时老先生手腕早已无力，吴小如装作再次输给老先生，意思是：您还是那么有劲。吴小如后来说，那是自己平生第一次作假。

最受欢迎的北大讲师

1951年,时任燕京大学校长的陆志韦先生和国文系主任高名凯先生,将吴小如从天津调到燕京大学。1952年院系调整,吴小如留在了北京大学中文系。他在北大经历了好多破例的事情,比如讲师没有带研究生的,吴小如就带过一个研究生。他做讲师就开始编教材,印了几十万本,被美国好几个大学拿来做古汉语教材。夏志清在《香港文学》创刊号上写了一篇文章,说凡是搞中文的,都应该读读吴小如的《读书丛札》。20世纪50年代起,吴小如专治中国古典文学,由游国恩主持、吴小如担任大部分注释和定稿的《先秦文学史参考资料》和《两汉文学史参考资料》,数十年来一直为国内大学中文系作为指定教材或参考书。从中学教师、大学助教到教授,吴小如的课一直十分"叫座"。因为他"嗓音洪亮、语言生动、板书漂亮"(沈玉成《我所了解的吴小如先生》)。

吴小如当了28年讲师,从1952年到1980年,中文系吴小如的课最受欢迎,但是因为人事问题,他一直没有提升的机会。1980年中文系第一次恢复评职称时,他直接从讲师当了教授,工资加了23块钱。

吴小如先生曾屡次以"我爱国,国不爱我"形容对北大中文系的感情。他曾决定离开中文系,调到中华书局,档案都调出了。老北大王学珍登门道歉,对吴小如说:"你是北大老人,你别走。"吴小如说:"我给北大看门都干,死活不在中文系。"这时候,北大历史系主任周一良先生和邓广铭先生三顾茅庐,他们劝吴小如到历史系。但吴小如不是搞历史的,到了历史系后,也没发挥自己的长处,变成边缘人物。1991年,吴小如69周岁那一年,在历史系退休。

1994年,吴小如写文章《老年人的悲哀》发表感慨:"我是多么希望有个子女在身边替替我,使我稍稍喘息;更希望有一位有共同语言的中青年学生,来协助我整理旧作,完成我未遂的心愿啊!"那时候他的夫人患病,他本人也因脑病猝发而靠药物维持,面对的现实仍是每天买菜、跑医院、办杂务和担负那位每天上门工作两小时的小保姆所不能胜任的日常琐事。原来的读书、写书以及准备在退休后认真钻研一两个学术课题的梦想一概放弃,他感觉自己"逐步在垂死挣扎,形神交瘁而力不从心"。

二十年的岁月又悄然流逝。他的处境没有任何转变。

吴小如晚景如此凄凉,那次采访之后,我的心情沉重。告别时笑着冲他摆手,转身却涌出泪来。

那条叫吴小如的鱼

吴小如酷爱京剧,先后出版《京剧老生流派综说》《吴小如戏曲文录》等。我也喜欢京剧,在初次拜访时,就曾约请他一起去看戏。他不以为然,说:现在京戏还能看吗?后来一想,我的提议太过冒昧。一位从幼年时就跟随父母看京戏,看惯马连良、张君秋京戏名角的行家;一位师从朱家溍先生、张伯驹先生、王庚生先生学戏的老先生,怎么会对后来的演出感兴趣呢?

京剧研究者钮骠认为,吴小如先生不仅在中国古典文史方面有高深的造诣,对戏曲研究也很深入。目前中国的戏曲评论界,就主流评论来说,评论和实践是脱节的,但是刘曾复、朱家溍、吴小如这三位老先生,对京剧有精深研究,且都有实践经验,深受戏曲界敬重。钮骠与吴小如有六十多年的师生情谊,听到先生去世的消息,大哭一场,"他年轻时就爱看戏,看的戏都能原原本本地叙述,他爱学戏、能唱戏,这是研究理论不能缺少的。他是唱片收藏家,认真研究过前辈的唱片,用今天的话说是明辨笃行,吴先生年轻时就做到了。"吴小如的离去,彻底结束了"梨园朱(朱家溍)、刘(刘曾复)、吴(吴小如)三足鼎立的时代"。

与吴小如有近70年交往的作家邵燕祥,曾以"两条小鱼"形容他和吴小如先生在非常年代里"相濡以沫"的友情。"那条叫吴小如的鱼,还曾经尽量以乐观的口吻,给创伤待复的另一条鱼以安慰和鼓励……"他曾经有感于吴小如先生的坎坷际遇,"是非只为曾遵命,得失终缘太认真"。叹惋吴先生"可怜芸草书生气,谁惜秋风老病身"。而吴先生的作答却充满豪气:"又是秋风吹病骨,夕阳何惧近黄昏。"

如今,那条叫吴小如的鱼游远了。

草婴:像小草,更像战士

采访手记:

2015年8月,上海。

细雨迷蒙中的华东医院,裹着一层神秘和肃穆。大门左侧第一幢楼的病房内,住着很多白发苍苍、行动迟缓的老人。但是,他们的每一道皱纹里都藏着不同凡响的过往,他们的每一个微笑后面都藏着苦难波折的历史,他们中有峻青夫妇、黄宗英……

草婴是其中的一位。

他正熟睡,面容苍白平静。我心里突然有一种冲动,想握住老人露在薄被外的双手。正是这双手,自1942年起陆续为中国读者介绍了众多俄罗斯文学作品,从肖洛霍夫到托尔斯泰,这双手,为中国读者推开了俄罗斯文学的窗户。

"一个人能把托尔斯泰小说全部翻译过来的,可能全世界只有草婴。"这是俄罗斯著名汉学家李福清的感慨。1987年,草婴在世界文学翻译会上被授予"高尔基文学奖";2006年获得俄罗斯"高尔基文学奖章",并被授予俄罗斯作家协会荣誉会员。

2014年12月,草婴获第六届上海文学艺术奖终身成就奖。

如今,草婴依旧顽强地与病魔抗争,不屈不挠,连医生都感佩他生命力的强大,超出了普通医学的理解范畴。

草婴,原名盛峻峰,之所以为自己起笔名"草婴",就是因为,草是最普通的植物,遍地皆是,但是又顽强坚韧,"野火烧不尽,春风吹又生"。

草婴说,他是一棵小草,想为世界增添一丝绿意。

夫人盛天民几乎成为草婴的代言人。相濡以沫七十载,没有人比盛天民更了解草婴了。

在采访完成两个月之后的2015年10月24日,草婴先生在上海华东医院因病去世,享年93岁。

受鲁迅影响,走上翻译的道路

1937年7月7日,抗战全面爆发。同年12月,草婴随家从宁波避难到上海,那年他14岁。日本军国主义的血腥罪行唤起了一位少年忧国忧民和追求真理的朦胧意识,他如饥似渴地阅读进步书刊和文艺作品。

草婴反复研读刚出版的《鲁迅全集》,并开始对俄罗斯文学产生浓厚兴趣。他回忆道:"也就在那时,我开始跟一位俄侨教师学俄语,因为付不起更多的学费,每星期只学一次。当时没有一本俄汉词典,没有一本俄语语法书,学俄语确实很困难。"

草婴曾说,他读俄文、英文,走上从事翻译工作的道路,是受鲁迅的影响。"我以为,鲁迅是中国20世纪最伟大的文化巨人。他无论涉及哪一个领域,都有非常明确的指导思想,其目的就是改变中国社会的现状,改变中国人的命运。"

1941年,德国入侵苏联。当时,中共地下党同苏联塔斯社合作,利用苏日还有外交关系这一情况,在上海创办《时代》周刊,专门登载战地通讯和特写。周刊的实际负责人是地下党领导人姜椿芳。

姜椿芳精通俄文,他通过新文字研究会知道草婴在努力学习俄文,就主动帮助他解决一些学习上的困难。从1941年苏德战争开始,到1945年5月德国投降,草婴通过阅读和翻译,清楚地看到了法西斯主义的残酷和反法西斯斗争的伟大意义。他认识到,反法西斯战争是决定人类命运的一场搏斗。

1942年,时代社又创办《苏联文艺》杂志,草婴开始为《苏联文艺》翻译短篇小说。1945年,苏德战争结束后,草婴正式进入时代社任编译。

20世纪50年代起,草婴作为专业会员加入作家协会,专门从事文学翻译工作,译了一些苏联小说,主要有肖洛霍夫的小说《新垦地》(第一部和第二部)、《顿河故事》、《一个人的遭遇》等,还译过尼古拉耶娃的小说《拖拉机站站长和总农艺师》。

盛天民说,草婴的翻译本着自由的思想、独立的精神,要翻译什么作品完全是由他自己决定。他喜欢朴素自然的作品,看到一本书觉得很感动想翻译出来时,就会马上翻译,不受外界干扰。

1954年,草婴翻译完《拖拉机站站长和总农艺师》,次年在《译文》上连载完后,团中央宣传部发出推荐这部小说、学习主人公娜斯嘉的号召,在全国青年中掀起了学习娜斯嘉精神,"反对官僚主义,关心人民疾苦"的热潮。

《海上谈艺录·草婴卷》谈到了《拖拉机站站长和总农艺师》对

于中国文学界的主要贡献，这部小说和其他苏联作品一起，催生了一个创作流派，即"干预生活文学"。金农主编的《中国当代文学发展史》称："王蒙的《组织部新来的青年人》是这批'干预生活'的作品中影响最大的。"

王蒙在自传中回忆当初酝酿创作时的想法："五五年或者五六年，团中央发出号召，要全国青年与团员学习苏联女作家尼古拉耶娃的中篇小说《拖拉机站站长和总农艺师》，此书描写一个刚刚走向生活的女农业技术人员娜斯嘉……对于我，一个21岁的团干部，一个初出茅庐的青年作者来说，当然颇有魅力。"《组织部新来的青年人》主人公林震的誓言就是："按娜斯嘉的方式生活！"

喜爱托尔斯泰，他代表"十九世纪世界的良心"

"我从事翻译工作首先是为了参加反法西斯斗争，想通过翻译让读者了解反法西斯斗争的真实情况，从而增加中国人民对抗日战争胜利的信心。其次，我一向喜爱俄罗斯文学，因此也想通过翻译让中国读者欣赏到一些好的文学作品，丰富大家的精神食粮。"草婴与翻译家许钧的对谈中，曾如此表达自己的翻译初衷。

草婴说，之所以介绍肖洛霍夫的作品，是因为他认为在苏联作家群中，肖洛霍夫是继承19世纪俄国现实主义文学传统很出色的一个，尤其是继承托尔斯泰的人道主义精神传统。

斯大林去世后，揭发批判个人迷信的文章源源不断地出现在苏联报刊上，这引起了草婴的注意。他渐渐明白，造成这种局面的主要原因是强调人对人的恨，缺乏人对人的爱，也就是缺乏人道主义精神。他深深地体会到，文艺作品首先要关心人，关心人们的苦难，培养人对人的爱，也就是人道主义精神。在俄罗斯文学中，人道主义思想一直占据首要地位，而托尔斯泰就是其中杰出的代表，也因为这样，托尔斯泰被称为"十九世纪世界的良心"。

实际上，当年对肖洛霍夫的评价也是有分歧的，有人批评他反对阶级斗争理论，宣扬人性论，不是社会主义作家，当时在中国同样存在两种截然不同的评价。但是，草婴通过反复阅读肖洛霍夫的作品，完全肯定他是伟大的苏联作家，他的作品应该首先介绍给中国读者。因此，20世纪50年代，他翻译了肖洛霍夫的大量作品。

"文化大革命"中，草婴因此成为重点批斗对象。江青污蔑肖洛霍夫是"苏修文艺鼻祖"，草婴便成了"肖洛霍夫在中国的'吹鼓手'和代理人"，使得草婴两度处于生死边缘，全家也都受到冲击。

1975年，草婴在工地劳动，扛水泥包。一天黄昏，一卡车水泥开到瑞金路工地，他把水泥包从卡车搬到建筑工地的仓库。当他走到卡车边搬运时，还没站稳，车上的人就把一包水泥压到了他的背上。草婴的脊梁骨当时就被压断了，人也昏倒在地，立即被抬到附近的瑞金医院。经X光检查，确诊他的十二节胸椎压缩性骨折一个多厘米。医生的诊断结果是：轻则下肢瘫痪，重则有生命危险。

因为草婴当时还是"牛鬼蛇神"，医院不允许住院治疗，医生就让他回家躺在一块木板上，一动不动几个月，让断骨自然愈合。

草婴自此懂得了什么是"痛彻骨髓"。他躺在木板上，咬紧牙关忍受剧痛，同时下决心遵照医嘱让断骨自然愈合，绝对不能错位。他想，万一不能痊愈，下半辈子就要成为一个废物了。

养伤期间，草婴反复思考，为什么江青要抓住肖洛霍夫做文章？他后来渐渐懂得，江青那帮人嗅觉很灵，看到肖洛霍夫在作品中通过人们的悲欢离合，揭示人性的坚强和美丽，来宣扬人道主义，这同他们宣扬斗争哲学，鼓吹阶级斗争背道而驰。

在《我与俄罗斯文学》中，草婴表达自己的思考：

> 我越来越清楚，在历史上少数人统治多数人，少数人以自己的意志决定多数人的命运，这是人类苦难的根源，也是人类无数次浩劫的原因。要结束这样的悲剧，首先必须培养人与人之间的美好感情，建立人与人之间的平等关系，宣扬人与人之间的美好感情，建立人与人之间的平等关系，宣扬人与人之间的爱，也就是人道主义精神。

怎样才能避免这样的悲剧重演？也是草婴当时思考最多的问题。如何呼吁人性的回归？如何唤起人类的人道主义情怀？他把目光投向了列夫·托尔斯泰。

"有人问我为什么特别喜爱托尔斯泰。我想首先是因为我特别敬重托尔斯泰作为一个人的人格。托尔斯泰说，爱和善就是真理和幸福，就是人生唯一的幸福。我觉得托尔斯泰的一生就追求这样的真理和幸福，他就是爱和善的化身。"在阅读和翻译文艺作品的过程中，草婴认识到托尔斯泰是伟大的人道主义者，他的作品用感人至深的艺术手法培养人的博爱精神，反对形形色色的邪恶势力和思想。

草婴花了二十年时间翻译了托尔斯泰的全部小说，总共四百万字。对此，他曾感慨道："有人说，托尔斯泰是十九世纪世界的良心，我同意这个评价，而且认为托尔斯泰的伟大人格至今仍值得我们尊敬和学习。"

一个翻译家对所翻译作品中的人物没有感情，不可能翻译好一部作品

草婴的翻译计划十分庞大。他参照苏联版本制定了十二卷计划，

包括列夫·托尔斯泰著名的三部长篇小说，即《战争与和平》（四卷）、《安娜·卡列尼娜》（二卷）、《复活》；四卷中短篇小说，按写作年代排列，分别为《一个地主的早晨》《哥萨克》《克鲁采奏鸣曲》《哈吉穆拉特》，以及托尔斯泰的自传体小说《童年·少年·青年》。

《列夫·托尔斯泰小说全集》十二卷，译成中文约四百万字。

此前，周扬翻译过《安娜·卡列尼娜》，不过，他是从英译本转译的。草婴看重的是原著翻译，尽可能保持原汁原味。他希望译文尽可能与原著接近，甚至尽善尽美。而要做到这一点，首先要对原著十分熟悉。

草婴通常要看十来遍原著，有时更多，吃透后再开始翻译。他认为只有这样，原著中的一个一个人物才会在脑海里活灵活现，这就是形象思维。要翻译好作品，不仅要把人物关系理清，还得把他们各自的性格、特征、生活习惯等搞明白。这是翻译前必做的案头工作。

草婴喜爱托尔斯泰的作品，除了其中洋溢的人道主义精神外，还因为它们有强烈的艺术魅力。他认为好的艺术作品应该引人入胜，发人深思。托尔斯泰作品就是具备这样的特点。

"你读《安娜·卡列尼娜》，很快就会被引入安娜的生活环境，她的悲欢离合不能不使你感情上下起伏，而她的悲惨结局更不能不引起你的深思，通过这样的深思，人的精神会变得高些，心灵不知不觉会渐渐得到净化。"草婴认为，人物形象是文学作品的灵魂。作家的水平主要看他塑造人物的能力，翻译家的水平在很大程度上也要看他用另一种语言重新塑造人物的能力。

托尔斯泰塑造安娜，倾注满腔热情，他不仅赞美她的外貌，而且充分展示其内心世界。他对安娜的不幸遭遇始终掩盖不住真挚的同情，而对造成她一生痛苦的贵族社会和以卡列宁为代表的官僚体制则怀着无法克制的仇恨。草婴在翻译时竭力领会托尔斯泰的这种大爱大恨。

有一次，他的学生章海陵上门拜访，发现老师忧郁又有些激动。后来草婴才告诉他："安娜死了……我，我刚才在翻译'安娜之死'，心里真难过。"章海陵认为，草婴的译作之所以打动人，是因为他把自己和原作者融合在一起了。

"我在翻译时心情激动，一边擦眼泪，一边停下笔来。书中主人公安德烈·索科洛夫的形象鲜明地浮现在我眼前，他的故事一字一句都打动我的心。"草婴后来在《岂止一个人的遭遇！纪念小说〈一个人的遭遇〉发表五十周年》一文中，写下了他当时的感受。

"一部作品的成败首先要看作家对他所塑造的人物有没有真情实感。一个作家如果对他所塑的人物没有感情，他就不可能创作出一部好作品。同样，一个翻译家如果对他所翻译作品中的人物没有感情，也不可能翻译好一部作品。"草婴的翻译之所以打动人，就是因为他对作品投入了真情实感。

草婴深知，文学创作是一种艺术工作，而任何艺术都离不开艺术家的思想感情。文学翻译也是一种艺术工作，只不过这种工作不能离开原作，因此是一种艺术再创作。

一部好的文学翻译作品应该是译文读者读后的感受相当于原文读者读后的感受。当然，要达到这个要求并不容易，这里有时代背景的差异，有不同民族风俗习惯的差异，还有不同语文本身的特点。翻译家要适当处理这些问题，确实要花一番功夫，使译文读者也能尽量欣赏到原著的艺术魅力。

在谈到风格和重译问题时，草婴说，原著作家的风格只有一个，但文学翻译家的风格要复杂些，因为译著既有原著作家的风格，又有文学翻译家的风格，可以说是两者加起来的风格。因此一种原著，尤其是名著，应该容许有不止一个译者来译，让读者自由选择他所喜爱的译本。

草婴曾经为某报写过一句话："自由、平等、博爱是人类文明的普遍准则。"这似乎可以作为他为什么要搞翻译的注脚。"他全部的翻译原则就是这样，他也是为了这个目标而进行翻译的。"盛天民说，草婴之所以对肖洛霍夫、托尔斯泰情有独钟，就是因为他们在作品中对人道主义精神的一以贯之。

一辈子只想做好一件事，就是文学翻译

"他就是这样一个人：三十多年前选定的道路，他要毫不犹豫地走到底。"这是草婴的朋友谷苇对他的评价。

的确，凡是草婴认准的事情就不会轻易放弃。小时候，他经常跟着当医院院长的父亲到农村为农民看病，渐渐地懂得了一个人要有爱心，自由、平等、博爱的思想在他的心里扎下了根。

中学时期，草婴一直是班长，在学校里有个绰号叫"船长"。他有见识，有思想，号召力强，很有领导才能。但是为了翻译事业，他放弃了仕途的机会。

"文革"结束后，上海市委宣传部的领导请草婴出任上海译文出版社的总编辑，草婴考虑了几天，还是婉拒了。他对领导说，自己一辈子做翻译工作，行政领导工作基本上没有经验，"还是让我能够继续干文学翻译吧。"市领导也就没有勉强他。

其实，草婴内心想的是，把托尔斯泰的全部小说翻译出来。

草婴一辈子只想做好一件事，就是文学翻译。

几十年来,草婴没有工资,没有编制,没有职称,就靠稿费生活。他戏称自己是"三无"人员。前些年,有文件规定,早年在时代社工作的可以申请享受离休待遇。可是,草婴没有申请。他想,"我可以靠翻译生活,不必申请离休待遇"。

草婴做文学翻译,符合自己价值观的就做,不符合的就不做。翻译的量也不大,一年365天,每天平均只翻译1000字左右。

20世纪50年代,每翻译1000字,稿费十一二元,这在当时很可观,但翻译的稿费并没有"与时俱进",草婴曾作为中国译协副会长,多次为翻译工作者呼吁,希望能够有所改善,否则翻译作品质量将下滑。

草婴的担心不是多余的。他早就发现,翻译界中青年为主的中坚力量不够,真正甘于寂寞从事翻译工作的年轻人凤毛麟角。文学翻译变成"银发工程",有些大学生中外文基础都很好,但是他们的工作条件、生活条件都没有得到落实,无法从事他们心爱的工作,这是值得深思的。

十三年前,草婴就曾和同行一起倡议,希望翻译界牢固树立诚信、敬业、奉献的精神,恪守译德,提高翻译质量,要努力增强职业使命感及道德责任感,反对不顾质量、追逐名利的错误态度及形形色色的抄袭、剽窃、侵权等违法行为。

中央电视台《东方之子》节目曾在国际翻译日当天播出草婴访谈。草婴在访谈中谈到有关"知识分子良知五点"。良知是什么?是心,是脑,是眼,是脊梁骨,是胆。"心就是良心。做人做事都要凭良心。要是没有良心,什么卑鄙无耻的事都可以做。""脑就是头脑。不论什么事,什么问题,都要用自己的头脑思考、分析、判断,也就是遇事要独立思考,不能人云亦云。""第三是眼睛。经常要用自己的眼睛去观察社会，观察人民的生活，不能只听媒体的介绍，也就是要随时分清是非，尤其是大是大非。""第四是脊梁骨。人活在世上总要挺直脊梁，不能见到权贵，受到压迫，就弯腰曲背，遇到大风就随风摇摆。""第五是胆，也就是勇气，人如果没有胆量，往往什么话也不敢说，什么事也不敢做。当然，我并不是提倡蛮勇，但我认为人活在世上有一定的胆量还是需要的，如果胆小如鼠，也就一事无成。"

草婴说："我做了一辈子翻译，并不觉得自己有什么成功的经验。我平生只追求一点，那就是：堂堂正正做人，认认真真做事。"

而俄罗斯人这样评价"草婴"的名字："这两个汉字表现出难以估计的艰苦劳动、文化上的天赋以及对俄罗斯心灵的深刻理解。"

"我有一个想法，建一个草婴书房。"盛天民说，草婴爱书，喜欢欣赏古典音乐，家里有许多唱片和碟片，柴可夫斯基的音乐使他从另一个侧面了解俄罗斯文化。从学生时代起，草婴就爱看外国电影。他曾经多次提到，希望传递列夫·托尔斯泰和外国文学的思想。因此，盛天民很想建一个草婴书房，主要容纳草婴的翻译作品以及收藏的其他图书，包括巴金送给他的签名本、其他翻译家给他的赠书以及曾经用过的工具书，等等。

这个场所还可以供大家进行文化交流，办外国文学展览、讲座，让喜欢外国文学的朋友以及草婴的粉丝能在书房聚会。

"大家聊天喝咖啡吃点心开研讨会，草婴的书可以借给他们看，放外国文学的电影，比如《安娜·卡列尼娜》《战争与和平》，提高读者对外国文学的兴趣。现在年轻人不肯念书，草婴一生的愿望就是搞这个工作，希望对年轻人有良好教育，我要把他的思想传下去。"盛天民说，现在还只是一个想法，资金和管理两大问题困扰着这一想法的进一步实施。另外，书房挂靠在哪里也是问题，等解决完这些问题才能落实。

另外,盛天民还想设立一个"草婴外国文学基金",鼓励青年学习和研究外国文学。"因为出版社要出一套文集,大概一套20本,我将把这20本书的稿费拿出来,放到基金里。"盛天民说,这些想法的落实同样需要很多方面的支持,目前,也只是一个美妙而遥远的梦想。

任溶溶:我生下来应该是干这一行的

采访手记:

2018年5月19日,任溶溶度过了他的96岁生日。

"我走了很长的路,经历过很多事,参加过新四军,打过日本鬼子,后来从事儿童文学事业,一辈子都在为小朋友做事情。写作是我最爱做的事,我翻译的许多外国文学作品给小朋友带来快乐,也给中国儿童文学带来借鉴。后来,我学了一些诗歌、儿童诗,改革开放以后,我又写了一些散文。"去年95岁生日时,任溶溶曾录制视频,回忆自己的过往;视频最后,他朗读自己的小诗《没有不好玩的时候》,"一个人玩,很好!独自一个,静悄悄的,正好用纸折船,折马……两个人玩,很好!讲故事得有人听才行。……三个人玩,很好!……四个人玩,很好!五个人玩,很好!许多人玩,很好……"

他是一个内心活泼、阳光、充满童心的老人。上一次采访时,任溶溶刚刚听完柴可夫斯基的小提琴协奏曲。他兴致盎然地对我说:"我刚学了几句韩文。我今天想用韩文跟你说一句:干撒憨眯达。"

"什么意思?"任溶溶说:"谢谢你!"

怎么就想起学韩文了?他说,在商店里看到韩国的点心,想知道上面的韩文是怎么回事。

他就是这么一个任何时候都充满好奇、充满兴趣的率真的人。任溶溶年轻的时候喜欢唱京戏,喜欢老生,现在也还常常听京戏和古典音乐。遗憾的是中央戏曲频道的京戏越来越少,老是放黄梅戏、越剧,他希望一天至少要有一次京剧。除此之外,他仍然天天动脑筋想儿童文学的题材,想写什么,他说:"只要一有题材,一有工夫就写出来。"

"如果年轻的时候到世界各国走走,写一本专门讲吃的书一定很有意思。"任溶溶说。遗憾的是,最近几年,他行动不便,有时甚至要24小时戴着呼吸机。

我是在写小时候的自己

瑞典儿童文学作家林格伦说,世界上只有一个孩子能给她灵感,那就是童年时代的"我自己"。任溶溶也是如此。他说:"我写儿童诗,很多的创作都在写小时候的自己。"

1947年,在儿童书局办杂志的同学找任溶溶帮忙翻译作品。任溶溶跑到外滩别发洋行去找资料,看到许多迪士尼的图书,非常喜爱,就一篇接着一篇翻译。除了向《儿童故事》供稿,他还自译、自编、自己设计,自费出版了10多本儿童读物,如《小鹿斑比》《小熊邦果》《小飞象》《小兔顿拍》《柳树间的风》《快乐谷》《彼得和狼》等,都译自迪士尼的英文原著。

哪些作品介绍给中国的读者,他选择的标准很简单,那就是:古典外国儿童文学作品,流传了多少年,到现在还有生命力的;还有一条标准就是好玩,有趣。1947年,时代出版社负责人姜椿芳通过草婴找到任溶溶,希望他帮助翻译作品,任溶溶选择只翻译儿童文学。

"上世纪50年代,我花了很大力气译儿童诗,包括俄国叶尔肖夫的长篇童话诗《小驼马》(即《凤羽飞马》)、苏联马雅可夫斯基、马尔夏克、楚科夫斯基、米哈尔科夫、巴尔托,意大利罗大里的长短儿童诗。"任溶溶的这些诗当时大受小读者欢迎,一印再印。孩子们读起来是否顺口,是任溶溶最关心的。至20世纪60年代初,翻译一时停顿,任溶溶却觉得自己有许多东西可写,又一口气创作了许多诗歌,"应该说,这是我长期翻译外国儿童文学,学到了不少东西,让我入了门的结果"。

儿童诗的翻译虽然做了很多,但是不如故事流传得多。任溶溶说,唐诗大家都读,新诗却没人背。诗歌爱好者少是原因之一,另外也说明儿童诗功力不够。任溶溶的儿童诗总是让人发笑的,浙江少儿出版社刚刚出版了他的两本诗集:《我是一个可大可小的人》和《我成了个隐身人》。学者方卫平评价说,任溶溶的童诗创作始终保持着一种世界性的思想与关怀的高度。当许多同辈作家的创作常常自觉地服从于某种意识形态话语控制的时候,他仿佛在不经意间就投下了一个格外令我们敬重的创作身影。"他善于发现儿童生活中充满童趣的语言、场面和情感体验,加以定格、放大、渲染,从而表现童年独特的生活情趣。比如《动来动去的口袋》中的哥哥在影院门口使劲掏电影票的场景,《爷爷他们也有过绰号》《奶奶看电视》中透过孩子的眼睛所映照出的大人们的可爱模样等,都呈现出十足的轻喜剧的幽默。"

选择翻译的标准:经典,好玩,有趣

任溶溶很喜欢美国作家约翰·斯坦贝克的作品,因为他的作品不

像其他作家那样情节集中,写得很自由,好像随便讲话,看似东一榔头西一棒槌。他最有名的作品是《愤怒的葡萄》。任溶溶最初接触的是另外的一些作品,如《煎饼坪》《罐头厂街》,这些作品令他"一见如故"。

"我为什么搞儿童文学?因为儿童文学就好像在跟小孩子聊天、讲故事,我喜欢随便聊天,我用的文字也是大白话。"他总是那么谦虚:"我没有什么本领,也没有美丽的词藻;也跟我的外文水平有关——比较浅。从外文来讲,写给儿童的文字到底是浅的,我的水平能够应付。"

其实,他为孩子翻译和创作,却从未降低过对自己的要求,他翻译的百分之九十以上是儿童文学,同时,他还译过《北非史》、舍甫琴科的长诗、三岛由纪夫和安部公房的剧本,他说:"儿童文学作家不能只会逗孩子开心。"小时候的任溶溶读过《三字经》《论语》《孟子》,大学又选择了中国文学,但是他却说,古文算不得有功底,读《三字经》是为了识字,大学里学了文学,也样样都不精。他说:"懂多少就会拿出多少货色,绝不会超出自己的水平。"

当然,他也有不喜欢的儿童文学。比如《爱丽斯漫游奇境》,他就曾明确表示看不出什么名堂。他还为此说过笑话:谁能把这本书翻译出来,可以重奖。各人有各人的爱好。无论翻译还是写作,归根到底是因为爱儿童文学。他小时候就不大爱看《爱丽斯漫游奇境》,他爱看故事性强的,爱看武侠小说。那些双关语比较多、文字游戏多的作品,他不爱看,也不大翻译。但是他认可,自己虽然不大懂,但是能够风行,肯定有它的道理。

任溶溶总觉得,译者像个演员,经常要揣摩不同作者的风格,并善于用中文表达出来。

对于外国文学作品翻译版本迭出,任溶溶有自己的看法。他说,有些是出版社为了谋利请人重新翻译,有些是译者认为自己翻译得好才去重译。语言也在发展,解放前的译本现在重新翻译是有必要的,比方五四时期的文字,现在看来有点老了。他很少去翻译前人已经翻译的作品。"前人翻译的我不翻译,我不敢跟徐调孚比。我重新翻译,没有跟前人争的意思。"《木偶奇遇记》是因为英文版本有删节,他又学过意大利文,希望能照原版重新翻译一次。当时,国内出版了《木偶奇遇记》十几种译本,但是任溶溶译的《木偶奇遇记》,是国内直接从意大利文翻译的唯一中文译本,首次印刷就达25万册。

还有一次是翻译《安徒生童话全集》。任溶溶说,自己没有跟叶君健比的意思。叶君健的翻译版本是上海译文出版社出版。版权被收回后,译文社的领导认为,这是看家的书,没有不行。因为任溶溶是译文出版社的工作人员,就找任溶溶翻译。任溶溶说:"叶君健是前辈,我不敢翻译。"领导说,你不翻译总要找人翻译。"既然翻译了,就尽我的全力。我翻译《安徒生童话》,像'跪'在那里一样,后来就不'跪'了,我想既然做了,就照我的意思翻译下去吧。"

对于中国儿童文学创作,任溶溶认为应该熟悉、借鉴外国儿童文学。比如现在有安徒生奖,两年评一次,评出来比较好的作品,翻译工作者就应该及时介绍,应该让中国作家参考。他当时就在担当这工作。他翻译的童话,外界评论"简洁、形象生动、充满童趣",那么,他本人如何评价自己的翻译风格?

"没有风格。翻译无非是借译者的口,说出原作者用外语对外国读者说的话,连口气也要尽可能像。我总觉得译者像个演员,经常要揣摩不同作者的风格,善于用中文表达出来。"任溶溶说,自己是代替外国人用中国话讲他要讲的故事,YES就是YES,NO就是NO。他尽自己的力量，原作是怎样就翻译成怎样。

近七十年，任溶溶翻译了三百余种童话。他喜欢意大利的罗大里、英国的达尔、瑞典的林格伦。他说，自己天生就喜欢儿童文学，没有从事儿童文学之前，一生的道路就是为此做准备。"这个准备是不知不觉的。小孩子的时候谁知道将来做什么。我小时候看了很多武侠小说——小时候不管看什么书，总是有帮助的。做语言工作，对我帮助最大了。语言学的书我看了不少，我现在还是有兴趣。"

任溶溶最关心的是希望有人继承翻译事业，出来一些专门翻译儿童文学的翻译家。现在这支翻译队伍人数是太少了。我们需要的是拿来主义，还需要更多的思考。目前的儿童文学创作都很用功，翻译成外文是另一种要求，要求对外文像外国人自己讲话一样，这是另外一种功夫，是两样不同的事情。

好奇心强、创造力强，从不守旧，任溶溶的创新意识是从哪里来的呢？他说："每个人都有好奇心，现在最苦恼的不是翻译问题，我还是要创作，应该为中国儿童文学贡献点东西。还想写儿童诗。翻译不动了，但是我还在不断地写儿童文学作品。"

他想，如果年轻的时候到世界各国走走，写一本专门讲吃的书，一定很有意思。他年轻的时候喜欢听京戏，喜欢老生，现在也还常常听京戏和古典音乐。遗憾的是中央戏曲频道的京戏越来越少，老是放黄梅戏、越剧，他希望一天至少要有一次京剧节目播放。除此之外，他仍然天天动脑筋想儿童文学的题材。想写什么？他说："只要一有题材，一有工夫就写出来。"

屠岸：来世还是做诗人

采访手记：

2017年12月16日，著名诗人、翻译家、出版家、人民文学出版社原总编辑屠岸因患淋巴癌在和平里医院逝世，享年94岁。

中国诗歌研究中心副主任、《诗探索》主编吴思敬听到屠岸先生去世的消息，感到非常痛心和惋惜。"我和屠岸先生是忘年交。我曾带着研究生不止一次访问过他，也不止一次和他一起参加诗歌活动。多年来他对我的教导、呵护，到现在想起来都感到特别温暖。"吴思敬说，屠岸先生创作时间跨度大，创作成果丰硕，更重要的是他给当代诗坛提供了一种执着的精神，一种做人的楷模，一种高雅的风范。他的去世，对诗坛是重大的损失。

"屠岸是执着的'美'的不懈追求者；细心且有耐性地去发现事物中的美、圣洁、欢愉。直到晚年，屠岸的诗也仍保持着年轻的心态，一种不做作的诚挚的童心。"这是洪子诚、刘登翰在合著的《中国当代新诗史》修订本中对屠岸的评价。

这一评价颇得屠岸本人的认可。已年过九旬的屠岸,仍觉得自己的心态是年轻的。尤其每有新诗,甚至会手舞足蹈!但是,他又觉得,虽然写了一辈子的诗,仍觉得自己不够"诗人"这个称号。他曾在自己的名片上印三个"头衔":诗爱者,诗作者,诗译者。他说:"我不敢自称'诗人'。我觉得自己还缺一点什么。"

还缺什么呢?

2016年,我曾拜访屠岸,这位儒雅敦厚的长者谈及对翻译的理解,在人民文学出版社的诸多经历,令人感佩。他的话听来那么平静温和,却似黄河涌入大海,让人感受到历经大风大浪却显出波澜不惊的宽厚与深邃。

人民文学出版社改变了我的后半生

1973年1月中旬,49岁的屠岸从五七干校回到北京,被通知到人民文学出版社报到。屠岸有些喜出望外。他喜欢诗歌,很想到诗歌组,但人事处通知说他到现代文学部做副主任。后来,他先后担任该社副总编、总编、党委书记。

屠岸说:"人民文学出版社改变了我的后半生。"

1978年,关于实践是检验真理的唯一标准的讨论在全国产生巨大影响。1979年春天,党委委员屠岸建议由人文社出面召开一次会议,副社长韦君宜和社长严文井商量后同意这个建议,召开"部分中长篇小说作者座谈会",连续开了六天。屠岸希望通过召开座谈会,确立文学创作的发展导向,打破"文革"时所设置的错误的条条框框。

很多有影响力的小说作家都参加了,王蒙、刘心武、谌容、蒋子龙、冯骥才、宗璞、焦祖尧、陆文夫等都到了。当时,孙颙的《冬》、冯骥才的《铺花的歧路》和竹林的《生活的路》,这三部小说在编辑部有争论。最后决定,写出内容梗概,请茅盾来做指导。茅盾当年已经83岁了,坐着轮椅来到会场,他看了小说梗概后说,这三部小说都可以写,看怎么写。这为此后的小说创作指出了方向。

屠岸用"炸锅"形容当时的会议氛围。"文革"中大家被压抑得太久了,对于新时代新环境中怎么创作,大家交流得很热烈。在这个会议上屠岸有一个发言,提到"实践是检验真理的唯一标准"这个概念,他认为这个概念同样适用于文学创作。他说,1967年"一月风暴"夺权,是对党组织的大破坏,是大违宪。中央文革小组凌驾于党中央之上,摧毁了党的组织原则。把大批忠诚的老干部打下去,把阴谋家和叛徒扶上高位,是对毛泽东"正确处理两类不同性质的矛盾"的大颠倒,大破坏。实践已证明"文革"是一场浩劫,是对毛泽东早年宣称的"实践是检验真理的唯一标准"的否定,等等。这些看法,现在看来很平常,但在1979年初,敢这样说的人还不多。后来韦君宜告诉屠岸,有人说,屠岸放爆了一颗炸弹。

看上去温文尔雅的屠岸,其实有他果敢大胆极具魄力的一面。80年代中期,屠岸决定引进台湾作品,当时在出版界属于首开先河,随着《台湾小说选》《台湾诗选》先后出版,紧接着省一级的出版社也跟上来,大陆和台湾的文学交流形成热潮。

在老编辑何启治的印象中,屠岸的品德和贡献在他所接触的几任领导中有独一无二之处。首先,在文学艺术的造诣和著译作品的成就方面,屠岸是当之无愧的诗人、作家、戏剧评论家、翻译家和学者型的编辑家。他还爱好话剧、电影、绘画和书法。其次,在看重亲情、创建和谐、亲密的家人关系,以及在继承发扬优秀的传统伦理道德方面,他也堪称楷模。其中突出的事例是他们家从2003年元旦开始坚持多年定期举行的"晨笛家庭诗会",在会上家人们谈诗论诗,从中国新诗开始,以诗人为单元谈,从胡适、鲁迅、徐志摩等谈起,直到艾青、臧克家……有人主讲,有人议论,然后朗诵诗人的代表作,亲情浓浓,其乐融融。这样的家庭聚会,也是独一无二的!

从1979年起,屠岸担任人民文学出版社的副总编辑。1981年4月17日下午,屠岸到韦君宜家,韦君宜跟他谈社领导班子的问题。

韦君宜说,她已经64岁了,出版局同意给她两年创作假,但要她找到人接替总编辑职务。她说经过跟领导多次协商,让屠岸来挑这个重担。屠岸力辞。他说:"我可以跳单人舞,但如果是满台灯光,我就晕了。我没有能力做导演来指挥全局。一定要让我牵头,就会给事业带来损失。"

韦君宜说:"比起我1960年到社里的时候,条件好多了。我是从青年团系统来的,对文学编辑一点不懂。社长文井同志又不上班。我就去找中宣部副部长周扬,说绝对干不了。周扬说,不会就学。没法子,赶鸭子上架也要干。这样,就干下来了。"最后,韦君宜还给屠岸提了一条意见,要多参加一些社会活动。

屠岸只有接受组织的安排,先担任常务副总编辑,1983年升任总编辑,同时担任该社党委书记。上任之初,屠岸就在社务会上公开讲,领导班子要团结。他知道人文社总编辑的官不好当,必须小心谨慎,诚惶诚恐以防触雷——政治失误。

应该提倡翻译批评

1946年,屠岸看了郭沫若的《沫若译诗集》后,觉得郭有开拓的一面,但是也有译得不准确的地方。50年代人民文学出版社再版《鲁拜集》（波斯诗人奥玛尔·哈耶姆原著，美国诗人菲茨杰拉德英译，郭沫若中译）没有修订，屠岸就专门写了一封信寄给人文社编辑部，提出批评意见。过了一阵子，屠岸在长安大戏院观剧时见到郭老，问他有没有收到信。郭老很和气，说收到了，但他不太赞同屠岸的意见，说"酡"的意思就是脸有点红。屠岸说："'酡'这个字我懂。那首诗的原意是夜莺唱'来酒'叫蔷薇花喝酒，夜莺自己把面颊变红，并不是如您译的夜莺唱歌把蔷薇的脸儿唱酡。"郭还是笑笑，没有肯定屠岸的批评。

不久，屠岸就收到人文社转来的信，信是人文社编辑写给郭沫若的，上面有郭沫若的批语。郭老用毛笔写道："我承认屠岸同志的英文程度比我高，但菲茨杰拉德是意译，既然他是意译，那我也就不改了。"屠岸在信中批评郭老译错多处，不止一个"酡"字。

回忆起年轻时的自己，屠岸觉得太认真、太较真儿。李岳南翻译的诗集《小夜曲》，许多地方译错了，有的则是剽窃了别人的译诗，他便写了《译诗杂谈》投给《大公报》，在1948年发表了，一点不留情面地批评了李岳南，同时也批评了其他名家，包括李唯建、胡适、朱湘、袁水拍、高寒（楚图南）等。屠岸此后又写了《译诗杂谈》（二），也在《大公报》发表了，批评了徐志摩、傅东华，还批了周作人。当时有人说，周作人虽然是汉奸，但有学问，可以让他翻译希腊的文学作品。屠岸说不对，不能"让狗来说人话"。他是汉奸，这点屠岸至今也不予原谅，但也改变了原来的观点，认为未尝不可以让他做翻译工作。

屠岸说，自己的性格中有两方面，其中一方面是稚气、狂妄，后来，狂妄的方面被磨掉了。

他和翻译家方平的结识，则是缘于笔墨交锋。1950年，屠岸译的

《莎士比亚十四行诗集》出版，在译后记里提到所见到的一些零散的莎翁十四行诗的汉译，其中有方平译的两首，指出其中的不妥之处。1951年，董秋斯给屠岸转来一篇方平写的文章，对屠岸的译本提出批评，指出翻译上的多处错误。董秋斯时任出版总署主办的《翻译通报》的主编，问屠岸，方平的文章能否发表。屠岸看到批评文章有些紧张，他写信给方平，问文章能否不在刊物上发表。他的《莎士比亚十四行诗集》马上要再版了，他想把方平的文章附在书后，同时他可以改正错译的地方，并向方平表示感谢。方平不同意，屠岸只得同意发表。但他向方平建议，应该将批评中批错的地方改过来。因此最后发表的文章都批得对，没有批错的。

屠岸说，当时自己是经过内心的剧烈斗争的，他终于说服了自己，应该"闻过则喜"。方平虽然批评了自己，但书稿经过改错，质量提高了，这是好事。后来，90年代在北京大学召开的一次翻译研讨会上，屠岸就翻译批评问题发言，主张"大力开展批评，以改进翻译质量。批评不会使人对立，处理得好，批评者和被批评者会成为好友"。他举的例子就是早年方平对他的批评。他和方平就是不打不成交的好汉。在会上，方平表态说，批评是可以的，但我的态度不好。

翻译之路

屠岸说，他的成长受父母的影响很大。父亲对自己的影响是必须爱国。他对文学艺术的爱好，则主要受母亲的影响。母亲是常州人，出身于书香门第，早年当过教师。屠岸还上小学三四年级时，母亲就教他读《古文观止》和《古文辞类纂》。"她规定我读三十遍，我就不能只读二十九遍。她又教我读《唐诗三百首》《唐诗评注读本》，让我用常州方言吟诵唐诗,她总是自己吟,等于示范性吟诵。没有耳提面命,但我听熟了,而且心灵受到很大的震撼,那种梦境般的吟诵,直到今天还在我耳边回响。"先是诵读文章,后来是吟诵诗歌。他从母亲那里学会了常州吟诵。直到现在,他仍然能将王勃的《滕王阁序》、杜甫的《秋兴八首》,以及李白、白居易、陶渊明等人的诗背得滚瓜烂熟。

在20世纪90年代,屠岸翻译的《济慈诗选》(人民文学出版社版)获得了第二届鲁迅文学奖翻译奖。屠岸不止一次说过对英国十九世纪浪漫派诗人济慈诗歌情有独钟的原因。第一,济慈22岁得肺结核,屠岸也是22岁得肺结核。在解放前,没有特效药,肺结核是不治之症,屠岸最尊敬的小学老师余宗英,最要好的大学同学张志镳和一位邻居都是死于肺结核。他当时得病之后就感觉和济慈的处境非常地相似,想到自己可能遭受到和济慈同样早夭的命运,因此,在感情上就时常受到济慈的打动,被他吸引。第二,济慈和屠岸有相似的美学观点,济慈在《希腊古瓮颂》里讲到"'美即是真,真即是美'——这就是/你们在世上所知道、该知道的一切"。济慈这两行诗成为屠岸的箴言,内容非常深刻,和屠岸的想法吻合。随着时间的推移,屠岸后来对济慈诗歌的爱好甚至超过了莎士比亚。

对于中国古典诗歌,屠岸同样也有很深的浸染。1938年写出第一首旧体诗,题目是《客愁》:"落叶满沙坡,长空铁鸟过。天边雁影断,江上客愁多。秋老悲红树,乡心感棹歌。蒙蒙迷雾漫,桅影撼深波。"他比较注重诗的语言提炼和表现张力,能比较自觉地把个人感受与思想意蕴结合起来。他尤其欣赏唐代诗人杜甫的诗歌。"中国诗人我更亲近杜甫。我小时候经历过军阀混战、抗日战争,抗战时我与家长从常州逃难到武汉,又逃到广州、香港,颠沛流离。因此,杜甫的诗对我更加亲切，杜甫历经安史之乱，也是一路逃难，读他的诗好像是读我自己的经历。"屠岸说。

关于翻译，屠岸有一个观点："要真正译好一首诗，只有通过译者与作者心灵的沟通、灵魂的拥抱，两者的合一。"

以他几十年的翻译经验来看，翻译应该是轻车熟路，但是实际上他翻译的速度很慢。屠岸说，自己翻译诗歌一般先看诗歌原文，仔细阅读原文好几遍，再进行翻译。济慈的诗早在40年代就翻译过了，但数量不多。80年代人文社外文编辑室负责人任吉生约屠岸再翻译济慈，他用了四年的时间翻译出版了《济慈诗选》。他认为，翻译诗歌要凭感悟，要有体会，要渗透到原作的精神中去翻译短诗。一般一天或者大半天可以译成一首，当然是较短的，比如十四行诗。翻译长诗就要花更多的时间。他会把译成的诗搁置一段时间，然后再去审视翻译得是否满意，再进行修改和润色，过些天可能再重复一遍这样的工作。有时会发现修改的译文不如第一稿，那么就再改回去，直到满意为止。所以翻译得不是很快。

无论是诗歌创作还是为人处世，屠岸都崇尚真善美。可是在现实中人品和文品往往是不统一的。屠岸说，自己崇奉真善美，它和假恶丑完全对立。对于假恶丑，他势不两立。他说，人品和文品有时不能完全画等号，但有密切关系。张爱玲有才华，但她追求大汉奸胡兰成，是她人格上的污点。中国的女作家里，屠岸佩服萧红、林徽因、丁玲，她们有才华而且爱国。他说，周作人对新文学是有贡献的，但是他缺失民族大义，当了汉奸，很无耻。他说，有些人人品不好，但不涉及民族大义，比如英国作家培根，他的哲学散文非常有名，但人品不好，他踩着有恩于他的人向上爬，品德太坏，但不是卖国。屠岸去英国访问时，拒绝在培根的塑像前留影。

2015年，92岁的屠岸和80岁的金波联袂出版了《诗流双汇集》，包括屠岸的《窗里窗外》。两人互相评点，妙趣横生。在《窗里窗外》里，屠岸精选了40首英美经典儿童诗歌的译作，同时还新创作了10首儿童诗，不逊其译的大师经典著作。关于《诗流双汇集》，编辑岳洪治评价说："我们不仅可以在阅读中重返金色的童年时代，让儿童诗和所有儿童文学作者，获得诸多有益的启迪与借鉴，更为重要的是，它还将成为一代人的审美再生之源。它会重新唤醒和澄清，由于社会雾霾的侵袭，而使我们日渐退化和变异了的审美能力。"这种奇伟的力量，或许是本书作者和译者所未曾料到的，而对于有幸能够阅读这两部诗集的人而言，一次邂逅，就好似忽然吹到了一阵奇异的风，从而弥补了对于真善美缺失的神经。

屠岸说，诗歌给自己带来精神上的寄托。他最喜欢济慈的三首诗——《秋颂》《希腊古瓮颂》和《夜莺颂》，到现在他还能够流畅地背诵这三首颂诗。晚上上床睡觉之前，屠岸常常在心里默念这些诗，就能慢慢地进入梦乡。济慈的英文诗、白居易的《长恨歌》、陶渊明的《桃花源记》、杜甫的《秋兴八首》、李白的《梦游天姥吟留别》等，都能默背，背着背着就睡着了。

女儿问屠岸来世希望做什么，他说："还是做诗人。缪斯是我的上帝。我不会当小说家。虽然爱画画，想当画家，但也不一定当得成画家。如果是当动物，最好变成一只小鸟。"

冯其庸：真实严谨做学问

采访手记：

有一年采访二月河，问起他如何走上文学创作的道路，说着说着，话题扯到红学大师冯其庸身上。

二月河称和冯先生的关系是"私淑弟子"。他从小对《红楼梦》感兴趣，连续写了一些见解独特的论文。冯其庸看了他的论文说："你有写小说的才能，你的形象思维很好。"冯其庸把二月河的论文刊登在《红楼梦学刊》上，并吸收他为全国红学会会员。

二月河告诉我，在《康熙大帝》之前，自己接到的都是退稿，内心很沮丧。此时得到冯先生的鼓励，他"写起来就大胆了"。

听他绘声绘色讲述冯其庸的故事，我的眼前渐渐浮现了一个平易近人的红学大师的形象，遂萌生了拜访冯先生的心愿。

和很多同时代的学者一样，冯其庸一生受过不少磨难。日本侵华期间，他从日本鬼子的刺刀尖下躲了过来；三十岁那年，冯其庸到了北京，常常受到当时极左运动的批判，后来又熬过噩梦似的十年浩劫。1975年，冯其庸被借调到文化部，主持《红楼梦》的校订工作，他的命运发生重大转折，陆续完成很多极具影响的学术著作。

在冯其庸之前，红学研究经历了以评点派、索隐派为代表的旧红学，以胡适、俞平伯为代表的新红学；从20世纪50年代起有了向现代红学过渡的趋势，这其中的代表就是冯其庸，冯其庸在《重议评点派——〈八家评批红楼梦〉序》中，从11个方面介绍了评点派的研究成果，恢复了评点派在红学发展史上应有的地位。

艰难的童年岁月对自己是一种磨炼

从五年级失学起，即1937年到1941年，冯其庸在家里种地，有空就看书，到处找书读，陆续看完了《三国演义》《水浒传》《西厢记》，每天的清早，天不亮就点蜡烛读书，《古文观止》《史记菁华录》《浮生六记》《唐诗三百首》，等等，都是那时候读完的。抗战时期，冯其庸养成了自学读书的习惯，也培养了爱好广泛的兴趣。

1941年，冯其庸报考了青城中学。因为他读书多，语文水平比一般同学都要高，国文老师非常喜欢他，印象最深的是初中一年级的老师丁约斋，冯其庸一直记得丁老师讲过的三句话：一句是"读书要早，著书要晚"。一个人的生命有限，要尽量早读书。而写的书是给后人看的，假定自己的认知不够，就会贻害后人；第二句是"读书是从识字始"，是说读书不能囫囵吞枣，尤其是读古书，要把每一个字都搞清楚；第三句是"自己写的文章要能背"。这三句话，冯其庸记了一辈子。

冯其庸说，自己的名字，本来叫冯奇雄，是大哥帮他起的，希望他做一个杰出的人物。但是初中三年级的时候，语文老师方伯霄觉得名字不该太露，就在初中毕业文凭上改成了"冯其庸"。

1942年，初中毕业之前，冯其庸已经在无锡的报纸上发表诗词和散文。他小时候喜欢斗蟋蟀、抓蟋蟀，就在农忙之余捉了很多蟋蟀，还能做引逗蟋蟀的草，所以写了一篇《闲话蟋蟀》，发表的文章和诗词，他都精心保留着。

1943年下半年，冯其庸考取了无锡工业专科学校。在这里，他第一次接触到《红楼梦》。教印染学的范光铸先生，文学修养高、书法好，他告诉冯其庸："你喜欢写诗，你去看《红楼梦》吧，《红楼梦》里都是讲诗的。"冯其庸以为《红楼梦》是讲怎么写诗的，高高兴兴借来看，发现是讲故事。"那时候我特别喜欢《三国演义》《水浒传》那种英雄豪侠的故事，《红楼梦》是女孩子的故事，是他们自己作诗，也不是讲怎么作诗，就没兴趣读下去。"

1944年下半年，因为交不起学费，冯其庸回到了老家，在镇上的一所小学当老师，后来又到礼社中学兼任初中的语文课。起初他觉得自己不能胜任，结果一讲之后学校的校长和同事都非常赞赏。

冯其庸是地道的江南草根学者，他丰厚的学养无疑是从江南农村浓郁的古典文化传统中孕育出来的。冯先生一生的最高学历是无锡国立专科学校的专科毕业生，即使在他上专科学校期间，也因为经济或者政治的原因而时断时续，并没有完整地得到过全面的教育。可是，当年的无锡国专聚集了一批中国最杰出的古典文史和书画、戏曲艺术研究大家，例如王蘧常、唐文治、钱穆、钱仲联、周谷城、童书业、顾起潜、龙榆生、朱东润、吴白陶、陈小翠、赵景深、葛绥成等，都是当时的一代学术和艺术名师。冯先生毕生追随这些大师，广集众长，接受了他那个时代最好的中国古典文化、艺术和学术的熏陶。

1954年，而立之年的冯其庸被中国人民大学聘为大学语文老师。

"我8月份到,9月份开学,安排我上法律系和经济系的大一国文,我很紧张。但是因为我平时喜欢古典文学,古代的典范的散文我都能背诵,就拼命备课。"当时的中国人民大学只有国文教研室,主任王食三不放心冯其庸的教学水平,亲自跟着听课,发现果然如学生所反映的:"冯其庸教学能力不错。"他很快就在京城崭露头角,并以诗书、文章名世。最早产生较大影响的学术作品是他组织编写的一部教材——《历代文选》(中国青年出版社,1962年),其中有他写的一篇长篇导论,专讲中国散文发展的脉络。这部《历代文选》被长期用作大学语文教材,还得到了毛主席的赞赏。

走上"红学"研究之路

冯其庸说,自己研究《红楼梦》,是从1954年的"批俞运动"开始的。1973年8月,冯其庸被北京市委宣传部调至评论《红楼梦》写作组,写了一篇《两百年来围绕着〈红楼梦〉的斗争》和《曹雪芹的世界观和他的创作》。次年,他向当时国务院文化组的副组长、著名诗人袁水拍建议,组织一个班子重新校订《红楼梦》。没想到,很快被批准,1975年确定了校订组的人选,从此开始了他的《红楼梦》研究。

新校订的《红楼梦》需要有个序言,要交代作者创作的整个历史,可是没有可靠的史料依据,而"曹雪芹祖籍是丰润"的说法,同样没有史料。冯其庸下决心写《曹雪芹家世新考》,这样才能把校订工作做完美。而此时校集本的底本问题还没有解决,他就用这段时间,写了一本《论庚辰本》。

为什么写这本书,是有原因的。冯其庸说,当时究竟用什么本子做底本,大家争论得很厉害。他主张用庚辰本,但有些人不同意。"我想把主张用庚辰本的原因写成文章,这样,道理就可以说得明白些了。"没想到的是,原来想写万把字,一写就写了将近十万字,新发现的材料越来越多。

"研究庚辰本,我用最笨的方式。我用各个本子跟庚辰本来对,一句一句对。曹雪芹生前留下来的本子,只有庚辰本是最完备的。而且它包含了己卯本的残缺部分,所以一部庚辰本,等于是己卯本、庚辰本两部。"冯其庸说,自己研究学问,一直坚持的一条原则,就是:"我坚信科学上的是非真伪,不能凭个人的主观自信而只能由客观实践来检验,只有实践才是检验真理的标准。"他写的每一篇文章,都是抱着这样的态度写的。这也是他一贯的学术思想。

1978年9月,冯其庸写成《曹雪芹家世新考》一书,用大量的史料,论证了1963年发现的《五庆堂重修曹氏宗谱》的可靠性,指出了此书在研究曹雪芹家世方面的重要的历史价值。但在此之前,此谱自1963年发现后,直到冯著问世前,它的可信性,一直是被怀疑的。直到冯其庸的《曹雪芹家世新考》出来,以大量的无可辩驳的史料雄辩地论证了此谱的可靠性(同时又指出了它的少量谬误),才被学术界公认。冯其庸在《曹雪芹家世新考》中,还指出了前人在曹雪芹家世研究中的一系列谬误,特别是考定了曹雪芹上祖的籍贯应是辽宁辽阳而不是河北丰润。

冯其庸在《红楼梦》方面的所有工作都是为《红楼梦》研究"回归文本"做准备的。他主编的《红楼梦大词典》是一部阅读文本的工具书。《脂砚斋重评石头记汇校》《八家评批红楼梦》等都是研究文本的重要参考资料。《曹学叙论》概括和论述了自胡适发表《红楼梦考证》以来有关曹雪芹家史资料的史料、研究、争论等成果。他主编的

80多辑《红楼梦学刊》中的大量的思想、艺术研究和人物论等都是研究文本的新成果。

1982年，前后历时7年的《红楼梦》的校注工作完成，新校注本《红楼梦》由人民文学出版社出版，受到国家的重视。国务院古籍整理出版规划小组组长李一氓看到后非常高兴，认为新校注本《红楼梦》正文校得好，注释繁简得宜，可以作为《红楼梦》的定本。

不有艰难，何来圣僧

作为一个学者，冯其庸不仅以他严谨求实的学风和勇于探求的精神取得了一系列的成果，写就了他个人的学术专著；更可贵的还在于他具有了一个学术带头人的气魄和识见，倡导和组织了那些卷帙浩繁的学术基础工程，为红学的学科建设和队伍培养竭尽心力，倡导和协同红学界的前辈和同辈，组织了国内外一系列重要的红学活动。

他曾十赴新疆，三上帕米尔高原，查实了玄奘取经回归入境的明铁盖山口和经公主堡到达塔什库尔干石头城的瓦罕古道。之后，他又穿越米兰、罗布泊、楼兰、龙城、白龙堆、三陇沙入玉门关，查实了玄奘自于阗回归长安的最后路段；他经历了前后二十年的时间，查证了项羽未死于乌江的历史真相。他的学术研究，是重视文献记载，重视地面遗迹的调查，重视地下发掘的新资料。三者互相印证，才做定论。

冯其庸先生是以红学家名世的，其实他的领域远不止红学。

2000年9月，"冯其庸发现·考实玄奘取经之路暨大西部摄影展"在上海开幕。为了寻找玄奘东归古道，1998年8月15日，冯其庸以古稀之年第七次赴新疆，25日，终于在寻路去明铁盖山口的途中，发现了"瓦罕通道"的路牌，实现了这一宏愿。

冯其庸发现的从达摩悉铁帝国经瓦罕通道，度明铁盖达坂，沿山谷间河道（应是喀拉其库河上游，汇入塔什库尔干河），经公主堡再到盘陀的玄奘当年东归故国的古道，距当时已有1355年了，过去一直没有人能够找到它。

在《红楼梦学刊五十辑感言代序》中，冯其庸写道："我曾说过，《红楼梦》是一个永恒的认识对象，对它的认识，是不可能有终极的境界的。所以我们的细小进程，不过是无限征途的初步而已，对于一个跋涉者来说，他的眼光永远应该朝向未来。学术的道路，犹如唐玄奘西天取经，只有不怕跋涉、不畏难险、不惧妖魔的人，才能取到真经，我们必须自觉地认识这一点，'红学'的征途也是如此。玄奘当年艰苦卓绝的情景，绝非今天的旅行所可比拟。玄奘是以生命去求取真经的。他曾发誓出玉门关以后，绝不东归一步，甚至要绕道先向东然后向西行他都不干，可见其志之坚，其心之诚，其情之笃。这是一位成大事业、大学问、身体力行的真实学者的形象，是中华民族伟大意志的象征！"我们或可从中窥见冯其庸对玄奘的兴趣缘自何处。

他曾多次深入甘肃、新疆的戈壁沙漠，做实地的调查考察。特别是1990年9月末到1991年1月初，三个多月的时间，冯其庸一直在陕西黄土高原及甘、新西部地区的沙漠中，历尽风雪严寒，深入到祖国的最西部，做艰苦的调查考察，为他的另一部新著《中国西部旅行记》做切实的准备工作。1993年秋，冯其庸第四次去新疆，深入塔里木盆地，并到祖国的最西部喀什，拍摄了上千幅珍贵的照片。

冯其庸的全部学术活动、学术著作的最大特点是坚持调查研究、坚持亲知亲闻，七十多岁的时候，他仍克服重重困难，连续坐三个多月的汽车，经行三万华里，有时在大西北的黄土高原上，有时在戈壁沙漠中，有时一天只能吃上一顿饭，有时连水都喝不上，在吐鲁番还曾遇到非甲非乙肝炎流行，但以上种种困难和危险，都没有改变他深入沙漠，进行实地调查的勇气和决心。为探寻甘、青边界上积石山中的丝绸古道和"导河积石"的黄河之源，他冒着严寒，翻过十多重大山，进入了白雪皑皑、险峰重叠的积石山深处，拍摄了大量珍贵的西部照片。他说："我深敬玄奘排除万难的伟大意志力，所以我得出一条启示：不有艰难，何来圣僧。为学若能终身如此，则去道不远矣，为人若能终身如此，则去仁不远矣！"

冯其庸集学者、诗人、书画家于一身。其书法楷书初学大小欧，篆书学《石鼓》，隶书学《张迁》《孔宙》《衡方》《朝侯小子》，行书初学李北海，后专学王字，从《圣教》到《兰亭》，数十年浸淫于此。于苏字则欣赏《寒食帖》，于米字则喜《蜀素帖》，尤重《秋深帖》，于晚明则特重黄道周、倪元璐、傅山、张瑞图，而于倪元璐尤为心仪。清初王铎也是他最为欣赏的一家。

冯其庸的画学青藤白石，而钟情石涛、石溪、石田、昌石，先生曾名自己的画室为"五石轩"。其画为大写意，笔法灵动，雄浑典雅，畅快而变化无穷，元气淋漓，情深意厚，无处不透露其才情和学问。

冯其庸一生克勤克俭，孜孜不倦，以抄书、藏书、读书和写书为人生之至乐，虽各种磨难不期而至，"风雨纵横入小楼"，但他始终不改其乐，无怨无悔。2012年，青岛出版社出版了他的《瓜饭楼丛稿》，有三十五卷之巨；2015年，商务印书馆出版了他的《瓜饭楼外集》，又有十五卷之巨。当代文人、学者，有如此宏富之学术著作和艺术作品者，冯其庸之外恐再难以找出第二人了。

高莽：实现梦想花了60年

采访手记：

2016年8月，我接到高莽先生电话，他说，看到我写诺奖得主阿列克谢耶维奇的文章，问她是否到北京来过。因为，他曾翻译过阿列克谢耶维奇的《锌皮娃娃兵》。

我回答了先生的问话，说有机会一定转达云云，却不曾想，那是我们之间的最后一次通话。2017年10月6日，高莽先生在北京去世，享年91岁。

高莽有个笔名叫乌兰汗，这是他十几个笔名中比较为读者熟知的一个。人民文学出版社出版的《普希金诗选》译者署名"乌兰汗"，就是高莽。2013年11月，高莽凭借译作阿赫玛托娃的叙事诗《安魂曲》，获得了"俄罗斯——新世纪"俄罗斯当代文学作品最佳中文翻译奖。

我和高莽先生相识多年。2005年在北京图书订货会上，我参加《白银时代》图书发布会，初见高莽，同时见到他的优雅大方又天生让人愿意亲近的女儿宋晓岚。更让我意外的是,在请高老签名之后,他提出给我画一张画。

"现在?为我画?"我惊喜不已。活动刚刚结束,很多人围观高莽的现场素描。我又激动又幸福,红着脸在众人围观下当了一回"模特"。

我们看到高莽笔下多为名人画像,其实他画得更多的是普通人。高莽为人特别谦虚。每次与他通话,浑然不觉电话那头是一位享誉文学界、翻译界、艺术界的著名学者。"我自认为在画画上自己的手不懒,脸皮比较厚,不怕别人耻笑。明知真正画家在身旁,我也敢胡涂乱抹,有机会有条件就画。"在《画事拾趣》里,高莽寥寥数语勾勒出自己画画中遭遇的若干趣事、傻事和无奈之事。画画虽只是业余爱好,却成为一种精神需求,滋养着他的多味人生。

若没有贯通中西的学养,他的文章大概不会这样视野开阔又胸襟宽广;若没有对中俄文化的深入了解,他的笔下大概不会有对文学如此透彻心扉的理解。高莽是幸运的,文字和图画成为他与这个世界沟通的渠道,"有时,我觉得文字不能穷尽的,我就用图画来说;有时我觉得图画不能穷尽的,我就用文字来讲。"

对于翻译,从厌恶到用心领悟

高莽出生在哈尔滨,1933年进入一所教会学校,同学中以俄罗斯人居多,老师也是用俄语讲课。每天放学回家他都哭,因为听不懂别人说话,憋得难受。但是在一群讲俄语的孩子中成长,他很快就学会了俄语。高莽的功课不怎么样,好玩好闹,几乎所有的球都爱打。学校四楼大礼堂同时也是室内体育场,在全市都很有名气,那里经常举行各类的球赛，而且售票。

高莽所在的学校出过很多大人物，世界著名核物理学家尤·伏尔科夫教授是他们学校的毕业生；有著名诗人、翻译家彼列列申，他被俄罗斯文艺评论界公认为拉美世界最杰出的俄语诗人与翻译家；还有好莱坞演员尤尔·伯连纳，他与英格丽·褒曼合演过《真假公主》，与黛博拉·蔻儿合演过《国王与我》。从学校毕业的中国学生，绝大部分当过俄语翻译和俄语教师，其中在北京工作的就有张子勋（北京电影学院）、关予素（北京外交学院）、徐立群和徐坚（中央编译局），等等。

高莽很早就喜欢画画，也学过画。教他画画的老师也很有名，且是名师的后人。虽然他们只是教一些简单的绘画技巧，高莽有悟性，掌握了一些绘画的基础知识。1937年普希金逝世100周年，老师让高莽临摹了普希金的像并挂在教室的墙上。对于他这是第一次，无论上什么课他都偷着看。那时高莽就产生了一个想法，希望有一天画一个他心里的普希金。实现这个梦想他花了60年时间。

17岁，高莽在当地的《大北新报》上发表了第一篇译文——屠格涅夫的散文诗《曾是多么美多么鲜的一些玫瑰》。发表屠格涅夫散文诗的时候，他已经在学校读了十年，爱上了俄罗斯的文学。屠格涅夫那首散文诗写的是他晚年在法国生活的时候对过去日子的回忆，他的文字特别美，这种美有音乐感，很短，有一种说不清楚的韵律感，给高莽一种很强烈的感受，他就试着翻译。

1945年抗战胜利后，高莽到哈尔滨市中苏友好协会所属的机关报《北光日报》工作，常常翻译些俄国的诗歌散文，但他并不愿意从事翻译工作。他是在日本帝国主义占领下的东北长大的，当时看到奴相十足的"翻译官"，高莽十分厌恶。他觉得翻译是给别人服务，替统治者做事。高莽曾用过至少七八个笔名,其中一个名字是"何焉",用此名是在反问自己:"我不喜欢做翻译,为什么还在做?"

1949年初的一天,路过哈尔滨的戈宝权同志想和当地的俄苏文学译者、研究者见见面。那时候,他很有名气,是研究苏联文学的头面人物。高莽跟戈宝权说了自己不想做翻译的想法。戈宝权说,那要看是给谁做翻译,翻译的是什么作品。几句话解开了高莽心里的疙瘩,他立刻领悟了,从此决心要为人民做翻译,并起了新的笔名"乌兰汗",即"红色的人"的意思。高莽想当一个红色的革命者。

《保尔·柯察金》是高莽的"红娘"

1947年,高莽翻译了根据苏联作家尼古拉·奥斯特洛夫斯基长篇小说《钢铁是怎样炼成的》改编的剧本《保尔·柯察金》。他第一次读到《保尔·柯察金》这个剧本,就非常震撼,才知道居然有这样的人。日军在东北建立伪满政权的时候,占领区的人好像都跟奴隶似的,受人欺凌,他想:有这样的人一辈子为人民的解放事业奋斗,这种顽强奋斗的精神太重要了,所以,高莽把这个剧本翻译出来了。那个时候就是需要这种鼓舞人心的作品。这部话剧被教师联合会剧团选中公演,饰冬妮娅的演员孙杰对苏联的情况知道不多,经常向高莽询问一些作品中人物的服饰、性格以及生活的环境,高莽帮助她详细分析冬妮娅的人物性格,查阅许多相关的资料和书籍,为孙杰在舞台上出色塑造冬妮娅的形象做好充足的准备。两人从《保尔·柯察金》相识、相知,后来孙杰成为高莽的妻子。

1956年,《钢铁是怎样炼成的》的作者尼古拉·奥斯特洛夫斯基的夫人赖莎来到中国访问,她在中国各地做了多场报告,高莽给她担任翻译工作。赖莎得知了高莽和孙杰的情况，紧紧拉着他们的手说："记住，我是你们的媒人。"这位"媒人"在他们的生活中促进了彼此相互支持相互关爱的作用。她还送给他们一张照片，照片上双目失明的尼古拉·奥斯特洛夫斯基躺在病床上，脸上洋溢着幸福的笑容，赖莎守护在他身边。赖莎工工整整地在照片背面写了一句话："祝你们像尼古拉的微笑那么幸福。"

中国传统经典是翻译的根基

高莽曾长期从事外事工作，为我国各界代表人物担任过翻译，特别给文学界的名人做得更多。这项工作十分光荣也十分艰巨，使他不仅学到了许多本领，而且学会了如何做人。高莽陪同出国的作家也很多：茅盾、巴金、老舍、丁玲、冰心、阳翰笙、田汉、曹靖华、季羡林……他们每个人都有自己独特的性格、作风、为人处世的方法和交谈的方式。高莽觉得自己的知识结构上有一个很大的缺陷，就是对中国传统文化了解不够。

很多年前有一位编辑曾对高莽说："高莽你的文字30年没有进步。"这句话对他打击很大。"为什么我30年没有进步？语言在发展、在进步，但是我的翻译方法太保守。我接受了一些教训，意识到自己对中国文化理解太差，于是认真阅读中国经典作品，有意识地提高自己的文字能力。"后来高莽发现，阅读对自己的帮助确实很大，俄语不太讲究文字，一首诗里可能重复多次同样的文字，看了别人的文章，他渐渐明白了自己的翻译所存在的缺陷。他曾说过，搞翻译太难了，绝不低于创作，有时候看起来很简单，要想翻译好，把文字表达出来，真的是睡不着觉，有时为用四个字还是五个字来表达，翻来覆去地想。

高莽的东北方言曾经是做翻译时一大障碍,年轻的时候他没离开过日本殖民统治之下的伪满洲国,以为全国人民都是这么说话,所以翻译出来的作品也是东北味儿。他翻译的《保尔·柯察金》剧本,其中有很多台词是东北话,后来别人提醒,他才逐渐改过来。

2009年是中俄建交60周年和中国"俄语年",中国举办了"俄罗斯语言文化周"等活动,对充分展示俄罗斯文化的独特魅力,增强两国人民学习彼此语言的热情,促进各方面交流起到了推动作用。年轻人除了学习国外的优秀文化,还要知道中国传统文化的精华。现在一些年轻人连中国自己的优秀作家都不知道,想象不出来有多么的无知。高莽年幼时,爷爷曾经逼着他练字,在语言文字上有了一点功底。但是对他影响最大的是文盲的母亲,她不允许高莽坐在报纸或者书上,不让他破坏带字儿的东西。母亲对文化和知识的尊重令高莽终生难忘。

关于画画,不得不说的故事

1945年日本投降,高莽在哈尔滨中苏友好协会工作,那时只有东北有中苏友好协会。1946年东北正式解放后,新民主主义团报找高莽画画,主题是反对浪费。高莽记得画里引了毛主席的话:浪费就是犯罪。画了7幅,刊登了4幅。哈尔滨中央大街曾挂过那张画,不知哪个老同志"发现了问题",说作者思想立场不对,讽刺对象不对,丑化了劳动人物,美化了资本家。高莽开始检讨,报社也检讨,从此一辈子背负着这个检讨的"罪名"。

从事漫画和文艺评论工作的部分同志,讨论分析过高莽的这几幅漫画,并委托华君武和蔡若虹两位美术界领导同志写批判文章。美协有两个副主席批评高莽,"规格"很高。后来华君武给高莽写信,称"我的老友高莽",说"当时我批你,可能扼杀了一个漫画家"。高莽则对华君武说"你挽救了一个生命"。后来高莽就"学乖"了——你说什么,我就相信什么。这样下来,大的错误没犯,保住了一条命,但把他的棱角个性都磨没了。"我这个人胆小,'文革'时想过自杀,是我妻子救了我。她说,我们在一起这么多年,我认为你是好人,不能死!妻子的话给了我活下去的勇气。她当时的处境也不比我强。但是,女人是伟大的,她们可以不动声色地承担种种难以承受的重压,不向别人诉苦。"高莽说,自己一生遇见三个伟大的女性:母亲、妻子和女儿。"母亲给我生命,教我怎么做人;爱人给我理解;女儿延续我的生命,为照顾我,女儿放弃了在巴西的工作。"

  高莽说,艺术必须得创作,没本事的人才临摹。画画不是想画就能画。没有生活积累,理解不够也画不好。画普希金,是经过很长时间的酝酿的。普希金的作品全部译成了汉语,而且普希金全集在中国不止一个版本。世界上没有其他国家像中国翻译他这么多作品。20世纪80年代,高莽主编《普希金抒情诗全集》(浙江文艺出版社出版),读了普希金的每一首诗,更深刻地理解了他的作品。1989年普希金190周年辰,高莽画了12张一组画表现他的生活,从他小时候一直到决斗身亡,每一张都有名家题词,比如冯骥才、王富洲等。王富洲1960年从北坡登上珠峰峰顶,有一次,他来高莽家做客,看到高莽正在画一幅关于普希金的画,便随口谈起了自己对普希金的看法。他对普希金的了解使高莽大吃一惊。高莽请他在画上题句话,他便拿起毛笔写道"普希金——俄罗斯文学的珠穆朗玛峰"。后来一位俄罗斯朋友看到题词,激动得泪流满面,说这是他见过的最贴切的比喻。高莽这才知道普希金的诗歌有这么大的感染力。"我认为对他的研究还不够,没有了解他和沙皇、夫人以及保姆的关系。画画需要准备，我为什么没画普希金的夫人？很长时间，外界都对他的夫人没有好的印象，认为她只会跳舞、出席晚会、打情骂俏。普希金的死是因为他夫人和另一个人恋爱，才引起普希金和那个人的决斗。实际上并非如此。我看了她很多材料，包括她少女时期的文章，她怎么研究诗歌，婚后怎样忠于普希金，最重要的是普希金临死前，她喂他吃草莓……"

1999年，为纪念普希金诞生200周年，高莽创作了普希金组画，其中一幅题为《普希金在长城上》。其实，普希金哪一个国家都没去过，普希金的中国之行也因受沙皇阻挠没能实现，但他的诗作中出现过中国长城。李瑛在画上题诗："未了的心愿／已成历史的隐痛／至今不朽的诗句／仍在扣敲长城／有的如长风浩荡／有的似山草青青。"后来这幅画赠送给莫斯科国立普希金纪念馆，馆长说："你把普希金的理想变成了现实。"那一次，朋友拉着高莽，寻访了普希金生活过的地方，重走了由莫斯科到圣山那37年的天才之路，回国后完成了《圣山行：寻找诗人普希金的足迹》（中国社会科学出版社出版）。

画伟人，更多的是画平凡人

高莽的母亲对他说过，画女人得画漂亮一点，画男人要画得年轻一点。看起来是迎合，其实是真理。他说有个女人看完丁聪为她画的画后要暴打他。"文化大革命"时期，高莽和妻子被下放到河南信阳。那时不许看外国小说，高莽就看了《马克思生平》，发现马克思也有爱情，有信义，有不忠，也有怀疑，各方面都有。马克思是伟人，但他首先是个人，其次才是伟人。画画时高莽就想着把人和人的关系表现出来。劳动之余，高莽开始画组画《马克思、恩格斯的战斗生平》。

从画油画改画国画，是因为妻子对调色油有过敏反应，高莽就改画国画。国画讲究笔墨，油画讲究透视。可是高莽不懂，他用画油画的方法来画国画，人家不承认他画的是国画。高莽没有笔墨实践经验，线条不行，也不敢承认自己的画是国画。他就画朋友。"有人说我专给名人画画，对我来讲，这是不符合实际的，我画过很多普通人，只是很少发表。刊登的都是文化名人，别人就误以为我专给这些人画。"

高莽较早画的文化名人是茅盾。"文革"结束后他到茅盾家里去，茅盾忽然问："高莽，你还画画吗？"高莽说："还画。"当时就给茅盾画了速写。回家后，高莽根据速写像又在元书纸上画了一幅水墨像给茅盾寄去。没多久，茅盾在画上题了一首诗，又寄回来了。过了几天，茅盾又写给高莽第二封信，信里说，肖像上题了一首歪诗，没有挂号，不知你收到没收到。过了两年，高莽收到茅盾的秘书陈小曼来信，让他把题诗抄录一份寄给茅盾，收入到茅盾的《茅盾诗词集》中。

给巴金画像也很巧。1981年，巴金经由北京乘飞机到法国开会，高莽去看望他，当时曹禺夫妇也在场。高莽把他画的肖像给巴金，说："你看画得行不行，行的话上面签个名。"巴金说："我很久没有用毛笔写过字，不敢把这画破坏了。"说完就没再出声。过了一会儿他忽然问："带笔了吗？"屋里挺暗的，他走到临窗的小桌前，展开画像，写下了"一个小老头，名字叫巴金"。高莽曾为巴金刻了枚图章，告诉他不喜欢就不用。后来有一次，高莽到北京大学参加赫尔岑的《往事与随想》中译本首发仪式，发现巴金最后一封信里钤印用的他刻的图章。

大家很奇怪，高莽为什么给那么多名人画过画，其实都是因缘际会，也是闹着玩。"我不认为自己画的是画。我都是闹着玩儿的，不是正经事儿。如果我专门地画,可能画的不是这个样子。"

开了两个先例

在画中国文化名人的同时,高莽也画了一些外国名人,是从俄罗斯作家开始的。因为他跟俄罗斯作家来往比较多,也比较方便。

1989年,俄罗斯作家艾特马托夫和拉斯普京、扎雷金一起与在北京的俄苏文学工作者进行了座谈,高莽当时为他画了几幅速写像,又根据速写像画了一幅大的肖像。艾特马托夫在画像上题了一句话:"这么大的肖像摆放在哪里呀?"

2007年高莽完成了肖洛霍夫的画像,请我国专门研究肖洛霍夫和翻译其作品的草婴为画像题词。草婴写了极为感人的四句话:面对静静流淌的顿河,心里翻腾着哥萨克的血泪;通过一个人的悲惨遭遇,控诉法西斯的滔天罪行。高莽也特别珍惜他画的赫尔岑像,因为画上留下了巴金的手迹和感情。

有人说,高莽在为名人画像、名家题词上开了个先锋,高莽不敢认同,但是写墓碑文章这件事上,他确是开了先锋的。从第一次参观俄罗斯墓园带给他的震撼,到第一次动笔,经过足足几十年的时间。这期间,每次出访俄罗斯,高莽都抽出一定时间去参观各地陵园墓地。从动笔写第一篇有关俄罗斯墓园的文章到出书,又花了几年的工夫。他研究每位墓主的生平和墓碑的雕塑,这是充实知识、填补学识的一个机会。他是把墓碑作为一种文化现象来写的。墓碑的雕刻者也尽是大家,如安德烈耶夫、沙德尔、科年科夫、穆欣娜等,他们高超的艺术成果,在亡者与活人之间构筑了感情的纽带。

1997年,高莽获得俄罗斯总统颁发的"友谊"勋章,1999年获中俄友好协会颁发的"中俄友好纪念奖章"和俄中友好协会颁发的"俄中友谊纪念章",同年俄罗斯科学院远东研究所授予他名誉博士称号。2006年获俄罗斯美术学院"荣誉院士"称号。高莽说:"我选定了这条路,任何荣誉不给我,我也会这么干。"

美术的根基不只在技巧

俄罗斯"中国年",奥斯特洛夫斯基纪念馆要举办展览,高莽带去了40幅肖像。他画的是奥斯特洛夫斯基同时代的作家,画下面没来得及写说明书。给俄国人看俄国人的肖像,又在很有历史意义的地方,究竟人家承认不承认,高莽心里也没底。"那天我去时,很晚了,人们已经都聚齐了。我正担心时,馆长告诉说画展特别成功。不仅画出了形象,而且把精神表现出来了,把命运表现出来了。俄罗斯好几家纪念馆都找我要这些画并希望展出。我不研究俄罗斯文学,不可能画成这样。画这些画,是因为有文学的根柢。"

高莽把文学和美术结合起来了。他说,自己挺喜欢写东西,所写的文章不见得比他的画和翻译的作品少。但是他很奇怪为什么自己对音乐不懂,一般来说绘画和音乐有相通之处,而他喜欢音乐完全是从文字上的喜欢。

俄罗斯要搞展览馆,找高莽要画,旧画他不愿给,他想画一幅托尔斯泰和孔子的画。100多年前的外国作家和2000多年前的中国圣人怎么能画在一起?如果不搞文学,他没有这个胆量。"托尔斯泰是专门研究过孔子的,试图翻译过孔子。其实托尔斯泰更喜欢的是老子,但是俄国人不太熟悉老子,就用孔子代替古代的圣人。我想把两个伟大的圣人、哲人结合到一块,这是我现在要干的事情。"

宗璞：即使像蚂蚁爬，也要写下去

采访手记：

"我最想做的事情是周游世界，可是如今我只能'卧游'！"90岁的宗璞说话间朗声大笑，看不出丝毫倦意。她想到唐河父亲的纪念馆去看看。2011年建造的冯友兰纪念馆，参观的人很多，可她一直没有去过；世界上许多地方她都想去，桂林、希腊……她笑着说，自己只能梦游世界。

"我这一生，一个求真一个求美。我一直在想，在民国时候常常提的真善美，现在好像不大提了。"她希望历史能够真实，不要瞎编乱造；希望艺术创作能够真的像个艺术品，不是很粗糙的一堆。

曾经有人问她，为什么写小说？她说，不写对不起在身边凝固的历史；为什么写散文？不写对不起胸中的感受；为什么要写童话？不写对不起脑子里的梦；为什么要写诗，不写对不起耳边歌唱的音符。

现在聊可告慰的是，她写了自己想要写的长篇小说。"看我和它谁先到终点吧。生命剩下的已经不多了。"语气既风趣洒脱，又有些许悲凉。

少年时，宗璞读到苏东坡《行香子·述怀》一词，最后一句是"几时归去，作个闲人，对一张琴一壶酒一溪云"，她觉得这正是她想要的理想的生活。可是现实生活的纷扰，让她永远也过不上那样的日子。现在的宗璞，自评为"一只蚂蚁"，她的写作则像蚂蚁在爬，写一天病两天。可是如果不写完很不甘心。于是每天卧床之余，她仍会坚持一个小时坐在电脑前，继续写作。

2018年，多卷本长篇小说《野葫芦引》的压卷之作《北归记》出版，这时宗璞已九十高龄。

写完《北归记》，宗璞先生在后记中平静地向大家做了告别。她写道："一是告别我经过和我写的时代。父母把孩子养大，好像重新活了一次，写一部书也是重新活了一次……二是告别书中的人物，他们都是我熟悉的人，是我'再抟''再炼''再调和'创作的人，但又是完全崭新的人。我把自己的生命给了他们，我不知道我的贞元之气能不能让他们活起来，能活多久，我尽力了……需要奋斗的事还很多，要走的路还很长，而我，要告别了。"

孙犁评价宗璞的文字时曾说："明朗而有含蓄，流畅而有余韵。"的确，《北归记》对日常生活的讲述，多有"红楼风"，"方壶"里外进出的人物以及对话方式，与《红楼梦》确有谱系关系。而小说蕴含的浑然天成的高雅气质，更是令人过目难忘。

中国作协副主席张抗抗表示，《北归记》的出版，无论于作者、于读者、于文学，都是一件令人欢喜庆幸的大事。宗璞先生前后耗时三十余寒暑，苦累经年，以九十高龄终成百万字长卷，可谓一个文学奇迹。宗璞先生从五十多岁开始"忧心南渡"，至九十岁"慨然北归"，有谁能像她那样，用后半生三十多年时间，从容不迫、气定神闲地完成这部大书。从"渡"到"归",由"藏"到"征",四字箴言寓意深远。"渡"是劫难中的历练,"藏"是隐蔽的斗智迂回,"征"是出击与抵抗,而"归",不仅是地理概念上劫后余生的回归故园,而且是一代知识分子在危难之中苦觅归途、在风暴的迷惑与彷徨中寻找灵魂归宿的精神之旅。如此庞杂的故事结构、浩大的小说体量、纵贯半个中国的地理空间、长达一个甲子的时间跨度,故事起伏起落、云卷云舒,其驾驭难度可想而知。

父亲是自由主义的教育家

2015年,冯友兰先生120周年诞辰,学界和出版界举办了多种活动纪念先生。台湾商务印书馆特别出版了《中国哲学史》的精装版,北京大学出版社联合善品堂藏书推出《中国哲学史》《中国哲学简史》宣纸线装版。宗璞说,父亲的一生有三方面的贡献:一是写出了第一部完整的运用现代逻辑方法的中国哲学史,是这个学科的奠基人之一;二是建立了他自己的哲学体系;第三他是一位教育家。

"父亲是自由主义的教育家,几十年如一日,始终在北大、清华、西南联大维护和贯彻那些教育理念:学术至上、为学术而学术、思想自由、兼容并包等。他认为大学要培养的是'人'而不是'器'。器是供人使用的,知识和技能都可以供人使用,技术学校就能做到。大学则是培养完整灵魂的人,有清楚的脑子和热烈的心,有辨别事物的能力,承担对社会的责任,对以往及现在所有的有价值的东西都可以欣赏。"宗璞将父亲的教育思想概括为三点。第一点,教育出的人应该是合格的人,而不是器,是有独立头脑、通晓古今中外事情、能自己做出判断的人,而不是供人使用的工具。第二点是大学的职能，父亲非常善于把复杂的事情用简单的话说出来，他用四个字概括大学的职能，这四个字是"继往开来"，就是说，大学的职能不仅是传授已有的知识，还要创造新知识，清华大学的传统就是富有创造性，清华校箴"人文日新"就有"开来"的意思。第三点，怎样办大学呢？大学不是教育部的一个司，大学应是自我管理的专家集团，就是自己管理自己，懂得这个事情的人有权发言，一般的人不要发言。

冯友兰先生常年专注在纯粹的精神世界里，从不为俗物分心，因为在他生命的不同阶段都有贤淑女性静静地辅佐。他曾感叹自己的一生得力于三个女子："早岁读书赖慈母，中年事业有贤妻。晚来又得女儿孝，扶我云天万里飞。"晚年的冯友兰先生曾打算写一本《余生札记》，把哲学之外的各样趣味杂感写进去，但是这本书最终没有写成。多年来宗璞一直守候在父亲身边，做他的秘书、管家、医生和护士，她是最了解父亲的。她猜想这本书里会有"论文学""论诗词""论音乐"等，大概还会有一篇讲《红楼梦》的文字，因为父亲曾高度赞扬《红楼梦》的语言，便是三等仆妇的话也都很有节奏，耐人寻味，而且符合讲话人的身份。一次在饭桌上，父亲边吃饭边谈论《儿女英雄传》，说这本书思想不行，但描写有特点。他讲到十三妹的出场，和以往旧小说的出场完全不同，有现代西方小说的手法，不是先自报家门，而是在描写中逐渐交代人物。他还讲到邓九公洗胡子，认为写得很细，很传神。

她很遗憾自己没有先见之明，应当记下来。"父亲对诗、对词曲、对音乐，都有很好的见解。父亲曾说：如果一个人对中国哲学和西方哲学都懂，他会喜欢中国哲学；如果一个人对中国古典音乐和西方古典音乐都懂，他会喜欢西方古典音乐。"

"诚乃诗之本,雅为诗之品"

宗璞的作品,一向追求"诚"和"雅"的品质。她觉得,没有真性情,就写不出好文章;但要做到"诚",就要正视生活的很多问题。她认为,"雅"是文章的艺术性,这只能靠改,不厌其烦地改。

她在很小的时候就开始背诵古典诗词。从五岁开始上小学,父亲会给宗璞选一些诗,每天早晨背上书包在母亲床前背完了再去上学。父亲让她背的第一首唐诗是白居易的《百炼镜》。但是他从来不讲,主张书读千遍,其义自见。规定每天背的诗词,宗璞都比较容易完成,因为她很有兴趣,背起来并不觉得吃力。儿童读物也是宗璞爱不释手的。她读了《格林童话》《爱丽斯漫游奇境》,以及在小孩子中流行的如清代俞曲园改编的《七侠五义》,其他诸如《隋唐演义》《小五义》《水浒传》《荡寇志》,她都读了。有一套少年儿童读物的文库,其中改写的《西游记》非常好读,不像她早先看的《西游记》,一上来就是"有诗为证",很烦琐。她还看了不少成人读物,八九岁时就读了《红楼梦》,看到林黛玉死,哭得泣不成声。

童年时候的阅读,尤其是诗词对宗璞的影响是巨大的。1944年,15岁的宗璞发表一篇滇池月光的散文,此后尝试创作小说。1948年她的短篇小说《A.K.C.》发表在《大公报》上,从此走上文学创作道路。1957年发表在《人民文学》的小说《红豆》,为她赢得了声誉,同时也带来了麻烦。《红豆》被打上"毒草"的标签,宗璞无奈搁笔,直到"文革"结束后,才陆续写了《弦上的梦》《三生石》《我是谁?》……

50年代下放回来后,宗璞写了篇小文章《第七瓶开水》,开头第一句话:天下的母亲都爱自己的儿子。后来一想,不行,这不是人性论吗,要批判的,赶紧改掉了。但这句话她却永远记住了。后来宗璞发明"心硬化"这个词,就是说在"文革"中,人人要硬下心肠来说假话。

她很早就想写一部反映中国读书人在抗日战争时期的生活的长篇小说,因为抗战这段历史对宗璞的童年和少年时代的影响太深了。她想写写父兄辈的历史,写一部长篇小说来表现知识分子身上所体现的民族风骨,"不然对不起沸腾过随即凝聚在身边的历史"。小说最终定名为《野葫芦引》,包括《南渡记》《东藏记》《西征记》和《北归记》四卷。从50年代起意,如今六十多年过去,四卷已陆续出版,其中,《东藏记》获得了第六届茅盾文学奖。

"在文坛上,宗璞是一面以自我生命守护中国文学真火的孤独的旗帜。近30年来,她在病中笔耕不辍完成的四卷本系列长篇小说《野葫芦引》,以至真至纯的文学结晶为它所描述的时代立言。"清华大学哲学系教授肖鹰在已经出版的前三卷中读出"立言"文学的不朽品质,这种品质是中国文心的薪火相传。

"痴心肠要在葫芦里装宇宙,只且将一支秃笔长相守。"宗璞自状"人道是锦心绣口,怎知我从来病骨难承受"。从上世纪90年代以来,她的作品几乎篇篇是同疾病斗争所得。从写《东藏记》开始,宗璞的视网膜脱落,头晕频频发作,半边身子麻痹,只能在助手的帮助下口述成文,7年才写完。《南渡记》写完,父亲去世了。《东藏记》写完,宗璞的先生去世了。经历越来越多,宗璞对人生的态度也有一些变化。现在她设计的《北归记》的结尾,和最初想的便略有不同。"在经历了'文革'以后,对世界的总的看法已经定了。不过,经历了更多死别,又经历了一些大事件,对人生的看法更沉重了一些,对小说结局的设计也更现实,更富于悲剧色彩。"宗璞说,"我写得很苦,实在很不潇洒。但即使写得泪流满面,内心总有一种创造的快乐。小说里的人物都慢慢长大，孟灵己出场的时候十岁，回去的时候19岁了，而且经历了西征的战争、李家大女儿的死、凌雪妍的死，尤其是玮玮的死，这都影响她成长的过程。有人说我每本书要死一个人，我想生活就是这样，一面向前走一面就要消失，旧的消失然后又有新的。"

《野葫芦引》有一股侠气

《野葫芦引》以"南渡""东藏"和"西征""北归"为叙事结构，谱写了一代中国学人的抗战史诗。随着一部又一部作品的完成，仿佛就像徐徐展开的一幅历史长卷，人物形象越来越清晰丰满，作者的思绪也越来越深厚。我们熟悉的抗战小说，绝大部分是描写农村敌后战场的（如《铁道游击队》《风云初记》等）或是以抗战为背景的（如《围城》《未央歌》），《野葫芦引》与之完全不同，它全面、细致、深入地刻画了抗战时期中国知识分子阶层的精神面貌，这在1949年以后的中国的文学作品里几乎是绝无仅有的。在这个意义上说，《野葫芦引》是一部非常珍贵的作品。

作家王蒙曾评价《野葫芦引》"喷发着一种英武，一种凛然正气，一种与病弱之躯成为对比的强大与开阔"。也有评论者认为，宗璞书中的知识分子形象，体现了"漂泊与坚守"。"很多知识分子的人生似乎都与这个主题相关。"宗璞说，那时人的精神境界和现在距离很大，以至有人认为她写的人不够真实。他们很难想象，会有人像书中人物那样，毁家纾难，先公后私。其实，对于那一代人的品格，她自认为写得还不够。"野葫芦"是一段源自真实生活的动人故事，是小说，也是历史。"七七事变"后，一大批教授、学者在战火硝烟中跋山涉水，把西南边陲造就成保存中华民族文化命脉的"圣地"，在物质极其艰苦的条件下，他们精神富有，理想不灭。"我写这部书，是要寻找一种担当的精神，任何事情要有人做，要有人担当，也就是责任感。在担当起责任的时候，是不能只考虑个人得失的，这是很自然而然的事情。"

《野葫芦引》中，知识分子在面对抗战与投身抗战的过程中，在羁绊中成长、在实践中不断地摸索前行，最终完成了自身的蜕变。对宗璞来说，这部作品是"不得不写"的。"第一，西南联大先后毕业学生共2000多人，从军者800余人，当时别的大学如重庆中央大学，从军的也很多，从军抗日是他们的爱国行动，如果不写上这一笔，就是不完整的。第二，滇西战役是中华民族抗日战争的一次重要战役，十分辉煌，长时间被埋没、被歪曲。抗日老兵被审查，流离失所，翻译官被怀疑是特务，他们徽章上的号码被说成是特务编号。把这段历史从尘封中磨洗出来，是我的责任。第三，从全书人物的发展看，走上战场，也是必然的。玮玮在北平沦陷后，就憋足了劲要去打日本。第四，我的哥哥冯钟辽于1943年志愿参加中国远征军，任翻译官，那年他19岁。随着战事的推移，他用双脚从宝山走到畹町，这段历史对我有一种亲切感。现在用各种方式写这段历史的人已经很多了，但《西征记》是独特的，我是尽心而已。我看见一篇评论说，这样一部作品，没有出现在充满豪气的男儿笔下，倒是宗璞写出来了，令人惊叹。我很感动，还要继续努力。"

最大的困难是写战争。宗璞经历过战争的灾难，但没有亲身打过仗。凭借材料，不会写成报道吗？困惑之余，澹台玮、孟灵己年轻的身影给了她启发。材料是死的，而人是活的。用人物统领材料，将材料化解，再抟再炼再调和，就会产生新东西。掌握炼丹真火的是人物，而不是事件。书中人物的喜怒哀乐烛照全书，一切就会活起来了。她不知道自己能做到什么程度,只有诚心诚意地拜托书中人物。他们已陪伴自己三十余年,是老朋友了。

"我惊讶地发现,这些老朋友很奇怪,随着书的发展,他们越来越独立,长成的模样有些竟不是我原来设计的。可以说是我的笔随着人物而走,而不是人物随着我的笔走。"宗璞说。当然,并不是所有的人物都这样。最初写《南渡记》时,她为人物写小传。后来因自己不能写字,只在心中默记。人物似乎胆大起来,照他们自己的意思行事。他们总是越长越好,不容易学坏。

"我国的外国文学研究应带有中国个性"

宗璞曾不止一次地想,如果一个人有三个头就好了,一个搞创作,一个搞研究,一个搞翻译。但是,人只有一个头。她和前辈们谈到几个头的问题,冯至先生说:"不止一个人想同时进行创作和研究,都觉得是不可能的,只能是有所侧重。因为,一个是形象思维多,一个是逻辑思维多。"

在五六十年代,宗璞曾将美国作家霍桑的一篇童话译成中文,故事说的是:一个国王爱金子,魔法师使他能够把碰到的任何东西都变成金子,他得到很多金子;但是灾难来了,因为他碰到的东西都变成了金子,食物到嘴里也变成了金子,他亲爱的小女儿,向他扑过来,一下子也变成了金子。宗璞很喜欢这篇作品,但译成后不知放到哪里去了。在70年代,有一段时间,大家已经上班,可是没事做。当时的领导安排宗璞和另外两位同志翻译韩素音著的《早晨的洪流——毛泽东与中国革命》,他们完成了。大概是《世界文学》复刊以后,宗璞翻译了霍桑的小说《拉帕奇尼的女儿》,很得好评。后来,有人向冯至先生建议，让宗璞翻译美国作家菲茨杰拉德的作品，但她没有接手这项工作。后来，宗璞只翻译了英国女作家曼斯菲尔德和波温的一些短篇小说作品。

宗璞的翻译以及对外国文学作品的理解秉持怎样的原则？她说，研究外国文学要时时关心中国文学，尤其是现在的创作。她和冯至先生在一起谈过，冯至先生也是这样认为的。我们的外国文学研究所是注意到这一点的，这是一个自然的事实，当时外文所的老一辈先生们，许多位都是曾经从事创作的。冯至先生自己在新诗方面和小说创作方面都很成功，他的小说《伍子胥》是有探索性的。冯先生对中国古典文学也很有研究。卞之琳先生本身就是诗人，《十年诗草》篇幅不多，却能流传。杨绛先生的小说和戏剧也有一定的影响，"我记得有一个剧本《弄真成假》，台上有一只猫，坐在一堆书上，有人把它一提就放在椅子上，我和我的弟弟都喜欢这个场面。我说我们的外国文学研究，应该带有中国特色，不是应该有，应该是自然就有。并不是说研究外国文学的人必须也要创作，只是说要关心中国文学。"宗璞认为，关于翻译，一般说要做到信、达、雅；当然，那也不是容易做到的。至于文学翻译，那就应该是一种再创造，而且最好是适合原作风格的再创造。读者从翻译中要感受到原作的全部是不可能的。文学是语言的艺术，读者不能看到原作语言的美，要靠翻译的文字来代替，可以感受到与原作相等的各方面的价值。如《鲁拜集》原为波斯诗人奥玛尔·哈耶姆所作，爱德华·菲茨杰拉德翻译成为不朽的英诗，这是再创造。

彭荆风:"驿路梨花"今何在?

采访手记:

还记得以前中学语文课本里的那篇小说《驿路梨花》吗?还记得那个充满朝气的哈尼族小姑娘和那寻不见的草房主人吗?

2014年,我去云南,特意拜访了这篇课文的作者彭荆风。他站在我的面前,红色外套,银发满头,伸手相握,能感觉到他的双手传递过来的温暖与力量。84岁的彭荆风,依然透着一股青春之气。他的书桌上,同时摆着四部长篇,80岁才学会五笔输入法的他,全力投入长篇纪实文学《旌旗万里——中国远征军在缅印》的改稿当中,这部作品8年间修改了6次。

1977年,曾被打成"右派"的彭荆风,在被剥夺了22年创作权之后,重新舒展开写作的双翼,于11月27日在《光明日报》上发表小说《驿路梨花》,立即在当时的文坛产生强烈反响。

20世纪50年代,彭荆风以短篇小说《当芦笙响起的时候》(电影《芦笙恋歌》据此改编)、电影剧本《边寨烽火》(合作)等享誉文坛,成为云南边地军旅文学的开拓者之一。80年代以来,彭荆风先后出版的文学作品达23部之多。2010年,他耗时12年创作的《解放大西南》,获得第五届鲁迅文学奖。这部作品修改了10次,手稿重达27公斤。

回望70年的创作历程,彭荆风说:"为什么这么执着,因为文学是我的生命。"

2018年7月24日,彭荆风在昆明去世,在他那飘满梨花的89载的人生路上,留下了31部呕心沥血的文学作品。

自任主编

彭荆风的父亲彭复苏,1911年参加辛亥革命,后来被保送到日本留学,回国后,在北平民国大学担任文科教授,刘白羽是他的学生。20世纪30年代,一起参加辛亥革命的同学熊式辉担任江西省政府主席,希望彭复苏回家乡参政,他便以无党派人士身份出任铅山县县长。

在彭荆风的印象中,父亲为人耿直,为官清廉。但是,由于彭复苏难容国民党当局对共产党人的迫害而遭免职,从此失业多年。

1944年,彭复苏的铅山佛教界朋友念他当年为政清明,在他急寻一立锥之地时,邀约他回铅山居住。彭荆风的母亲和弟弟于1946年冬,也从赣州乡间的巫家凹迁来,分散多年的一家人终于团聚。

从那以后,铅山就成了彭荆风的第二故乡。但是,铅山的生活比僻居赣州山区时还困难,因为在城里没地方种菜砍柴,一切全得掏钱买。幸好,彭复苏懂《易经》,又是书法大家,能给人看病,写字,收点"礼仪",以补家用。

1946年,彭荆风初中二年级还没有读完,就因家贫失学。于是,他在九江县的一家私人报纸——《型报》当起了练习生，白天干学徒，晚上当校对。按合约规定，一年期满后可以转为校对，但是，报馆为了使用廉价劳动力，一年多后，以裁员为名把彭荆风辞退了。

那时候，彭荆风刚读了张恨水的长篇小说《似水流年》，被书中那个在流浪中写作最终成为作家的人物所感染。他也想在流浪中去寻找写作素材，就沿长江东下流浪了半年多，最终也没找到工作，只好再回铅山。

在家闲居了一两个月后，父亲的一个朋友介绍彭荆风去河口镇的税务所当收税员，除了每月的薪金外，还会有些外快。可是彭荆风不愿去，他希望能再找家报社一边工作一边学习写作。母亲拗他不过，只好托铅山名流严心眉作介绍，让彭荆风去上饶的《民锋日报》当校对。

此前，彭荆风就常给《民锋日报》副刊投稿，而经常编发这位年轻人散文的编辑汪肖吟也愿当伯乐。虽然要从凌晨12点工作到早晨6点，而且薪资微薄，但彭荆风却喜欢这份工作，更重要的，他有机会在报社的资料室翻阅各种书籍。

汪肖吟常把朋友寄来的进步书刊借给彭荆风看。自此，彭荆风迷上了沈从文、鲁迅的著作，并开始学着写一些小说和历史故事，写楚霸王的《乌江泪》，写吴三桂引清兵入关的《山海关之夜》，写范雎的《赠绨袍》……这对他来说是一个必不可少的练笔过程。

有一天，彭荆风在报社附近散步时碰到小学同学李耕。李耕当时正在一所粮食仓库当临时雇员，也爱写诗。他们在聊天时萌发了办文学社的念头。于是，"社长"李耕负责对外联系，"主编"彭荆风负责选稿、编排、校对。

"牧野文艺社"诞生了。

第一期于1947年12月12日在《民锋日报》上出刊，有彭荆风的散文《乡愁》、程若虚的小说《二虎嫂》、郑草风以《夕阳》为总题的14首短诗以及杨乃居的一幅木刻《农家》。李耕还把朱光潜以前写给他的一张明信片作为"作家书简"拿来发表。

朱光潜对处于生活底层的文学青年如此关切，使彭荆风很受感动，也使他难以忘怀，并在以后的文学生涯中，也用这种精神去对待年轻作家。

朱光潜对文学的见解在《牧野》发表，大大地提高了刊物的档次。但是，1948年3月26日，因发表了嘲讽国民党抓壮丁打内战的短诗，《牧野》被查封停刊。彭荆风也被开除出报社。汪肖吟同情彭荆风的处境，介绍他去南昌找其老乡洪道镛。

洪道镛私人办了张四开小报《南昌晚报》，正需要人。彭荆风见洪道镛时，同时送上了他那贴满了自己小说和散文的剪报本——那是对他的文学才能很有说服力的证明。彭荆风也由此顺利地当上了副刊编辑。

携笔从戎

1949年5月，南昌解放，20岁的彭荆风考入了中国人民解放军第二野战军军政大学第四分校。同年8月，他响应校长陈赓的号召，投身于解放大西南的洪流，在参加两广战役之后，又参加了解放大西南的战役。

彭荆风所在的广州纵队有个油印小报，这份小报在行军、战斗中出了100期，彭荆风发了35篇小稿子，常常是行军途中，背包一放，坐下来就开始写作。

部队进驻昆明后，彭荆风在改造起义军官的云南军政大学做了近一年的宣传工作。1951年春，他又调到原云南军区的《文艺生活》月刊担任编辑。期刊社有个书库，方便他阅读了大量的文学经典作品。

部队领导知道彭荆风爱好文学，曾派他去曲靖、昭通等地组稿、采访。但是，彭荆风更想要了解多彩的边地。他觉得长年在舒适的城市里，写不出好作品。

思来想去，彭荆风决定离开军区去边防部队。

从1950年春起，云南各地持续了三年多的剿匪战斗接近尾声，只有地处滇南的澜沧还在艰难地进行。澜沧属于热带地区，虽然美丽富饶，但过去由于痢疾、恶性疟疾等传染病长久流行，死亡率极高。像商业重镇思茅，就因为病死和逃亡的人太多，一度成为空城，被人形容为"蛮荒瘴疠之邦"。

1952年初，全军开始"文化大进军"，彭荆风也踏上了那条蜿蜒于哀牢山与无量山脉之间、南去澜沧的古驿道。他背着沉重的背包，夜间就歇在少数民族的竹楼里，或者公路勘测队的帐篷中，或者干脆与露宿在山野里的赶马人一起在火堆旁过夜。

1200华里，彭荆风一共走了三十多天才跟连队接上头，担任文化教员。刚到时，没地方睡觉，他就在老乡家的鸡笼上搭块木板当床，被鸡虱子咬得全身都是红点。

1952年冬，彭荆风所在的第一一五团二营五连结束了大黑山的剿匪战斗后，奉令在当年12月初进军西盟佤山。解放西盟后，部队又连夜急行军攻取了边境要道——大力索寨，并以那里为驻地负责该区域的巡逻、打伏击及发动群众等任务。

彭荆风经常随同部队活动于班同、图地、打洛、班帅等拉祜族、佤族村寨。部队在佤山的一些大部落分驻了民族工作组后，彭荆风又成了联络员。多数时间,他一个人背着一支卡宾枪、四枚手榴弹在人迹罕见的山路上行走。

就这样,彭荆风走遍了西盟佤山的大小部落和山林,接触了各式各样的人物,看清了西盟佤山的全貌,了解了那些古老而特异的民族习俗。

彭荆风利用晚上时间蹲在佤族、拉祜族人家的火塘前,就着时明时暗的火光写作。南行途中,他因为背包太重而多次轻装,但总是舍不得把日记本和两本稿纸扔掉。

这期间,彭荆风写出了记录云南边防部队战斗事迹的众多作品,其中,短篇小说《倮黑小民兵》(拉祜族在1954年前还被称为倮黑族)是有史以来第一篇反映拉祜族人生活的小说。

1955年5月,彭荆风离开西盟佤山时,已出版了短篇小说集《边寨亲人》《卡瓦部落的火把》,与人合作了电影文学剧本《边寨烽火》和《芦笙恋歌》,并在1956年9月加入了中国作家协会。

芦笙恋歌

1956年9月的一天,主持连队工作的副指导员和排长们都去了60华里外的营部开会,连部只有彭荆风在值班。傍晚,一位拉祜族妇女突然带着她被抓去当土匪的丈夫来见他。

原来,这个拉祜族汉子是趁着匪徒们睡熟后逃出来的。他告诉彭荆风,匪首戴老六在队伍被击溃后,带着3个人隐藏在离卡马寨约半天路程的一座原始森林里。

虽然军事干部都不在,但情况紧急,彭荆风急中生智,即刻把在附近活动的4个班调回,加上卡马寨的战士共40余人。彭荆风把指挥战斗的任务交给了一位老练的班长，由那个拉祜族汉子做向导，引领他们冒着大雨翻山越岭、穿林过涧远程突袭。

半夜，部队终于摸到那座原始森林里的一座小窝棚前，可匪徒们已经不见了。这时候，天更黑，雨更大了，无法去更远处搜索，也不能立即回程。人多，小窝棚里挤不下，他们只好分散在窝棚周围，几个人一组，背靠着背过夜，与彭荆风靠在一起的是那个拉祜族汉子。

秋末的雨夜，原始森林寒气四溢。彭荆风把竹拐棍劈成细片来引火，好不容易才把半干半湿的树枝引燃。虽然烧起了几堆火，但大家还是冻得难以入睡。

彭荆风便与那位拉祜族汉子聊起了彼此的生活。那汉子聊得很详细，谈到痛苦的经历和悲惨的处境，已是泣不成声。这次雨夜长谈，构成了《当芦笙响起的时候》的创作素材。

《当芦笙响起的时候》完成后，彭荆风传给几位朋友看，他们都很喜欢。他又改了几遍，寄往昆明军区办的内部刊物《部队文艺读物》。

但在向外投稿时，却很不顺利，彭荆风曾经寄给北京的一家刊物，遇到了一个不了解边地生活的编辑，在退稿信上说"这只是属于猎奇类的故事"。彭荆风不服气，心想，我是真实地写拉祜族人的苦难，怎么会是猎奇？

1957年9月，彭荆风去重庆开会，把小说和退稿信给刚从朝鲜战地回来的作家寒风看，想听听这位经历了血与火的战斗者对小说的看法。寒风是个热心人，他仔细阅读后，表示很喜欢这部作品，并为彭荆风的被退稿鸣不平。

此时，恰遇殷白主编的《西南文艺》来约稿，彭荆风就把《当芦笙响起的时候》给了他们。《西南文艺》则在4月号的头条位置发表了这篇佳作。而据此改编的电影《芦笙恋歌》，甚至远去苏联、东欧、东南亚等地放映,颇受欢迎。

时过22年,1981年,彭荆风从中国电影发行公司写给时任文化部副部长陈荒煤的报告中得知,《芦笙恋歌》这部电影重新洗印发行时,大小拷贝有1280个。这是个很可观的数字。

《芦笙恋歌》让彭荆风声名鹊起,可他却感到很空虚。彭荆风总觉得自己书读得不够多,离他心目中的大作家沈从文、孙犁相距甚远。

彭荆风给自己明确了目标:多读书,多深入生活,充实自己。"我要在文学道路上走得远,走得坚定,必须多读书!"

彭荆风像蜜蜂飞入花丛,不放过任何中外经典作品,而反右时,他也因此被加上了一条"爱读资本主义作家的作品"的罪状。

彭荆风确实爱读书,尤其醉心于文学经典。莫泊桑、巴尔扎克、契诃夫……这些都是彭荆风放在案边常读的作品。参加解放大西南战斗的途中,他一路都带着奥斯特洛夫斯基的书。

所谓先锋派的作品,彭荆风更是领先一步阅读。他认为,蒲松龄的《聊斋志异》比马尔克斯的《百年孤独》更魔幻;他尊崇托尔斯泰,那种气势是自己无法抵达的;肖洛霍夫的《静静的顿河》,他读了二三十遍,直到现在仍然在读。

佳作频出

1957年,彭荆风被打成"右派",在农场劳动了4年。秦基伟将军发现昆明军区的创作上不去,就问:"怎么军区创作不行了?彭荆风这些人哪里去了?"

就是这句话改变了彭荆风的命运。他因此得以回到昆明军区创作组（当时，昆明军区打了许多"右派"，彭荆风是唯一能调回的作家）。虽然仍不能发表作品，但有了充足的时间阅读、下部队，他走遍了云南边疆的山山水水。

彭荆风认为，世界上有两种人的生活最有特点：一是总统的生活，总统很难当上，所以总统回忆录最畅销；二是牢狱的生活，坐过牢的人不少，可有几个人是作家呢？"文革"中，彭荆风坐了7年牢，云南四大监狱全待过了（一监、二监、军事监狱、四营煤矿监狱），还挖了一两年的煤。

《绿月亮》中，有读者说彭荆风描述挖煤的技术很娴熟，殊不知，这些都有丰富的生活积累。在监狱里，彭荆风也不忘创作，他把写交代用的纸张裁成小条，揣在身上，一有时间就偷偷地写作。出监狱时检查行李，管理人员见了那一大摞手稿，很吃惊，这就是后来的《断肠草》。

虽然在长达22年的困境中不断挨整，彭荆风却坚信自己没有错，迟早要平反，因此从来不灰心。他的这种乐观影响着周围的人，他们都说：彭荆风不像个"右派分子"。

一直到1975年，彭荆风才出狱。

改革开放以后，彭荆风一共出版了23部作品，还有一大批散文随笔、纪实文学等待付梓。历经磨难，他落笔更为慎重，每部作品要改五六遍，精雕细琢。

谈到这段时期的创作，彭荆风说，所有的苦难都是严峻的考验，无论什么时候，他都有一个坚定的信念：我对文学不能扔，一定要成为大作家。

彭荆风的短篇小说《今夜月色好》是在炮声中诞生的。当时，炮弹不时地在他们身边爆炸，彭荆风看到了这个场景，立即构思动笔。

与他同在阵地的战友说，命都保不住，耳朵都震聋了，你还有心思写小说！可是，对彭荆风而言，这是自然而然的事情。

《今夜月色好》发表在《人民文学》上，几天后，彭荆风在《文艺报》上看到了冰心对这篇小说的评论文章。1988年，这部佳作以全票获得中国作家协会第八届优秀短篇小说奖。

1944年，云南腾冲的抗日军民宁愿全城被毁，也誓要全歼日寇。而腾冲，这座修筑于明代的古城全部成为残垣断壁。当时的人们这样描述：城里不仅没有一间完整的房屋，甚至每一片树叶上都有弹孔。

这场悲壮的大战令彭荆风长久感动。

20世纪八九十年代，彭荆风几次前往腾冲。2005年，他攀上陡峭的高黎贡山去寻觅从前的战地，当地一位研究抗日历史的专家看他年过七旬，劝他不要上去。彭荆风却坚持要去："给我一根棍子做拐杖就行了。"

整整一个月，彭荆风把书中提到的高地重新勘察了一遍，一双登山鞋磨坏了。他的长篇纪实文学《挥戈落日——中国远征军滇西大战》问世，全景式地展现了中国远征军滇西大战的历史。

这场抗战中唯一驱敌于国门之外的战役，让中国人扬眉吐气。用伤亡近七万人的代价，取得了毙敌两万余人的战绩。其中，许多经验和教训值得中外军事专家们去研究探讨。

《挥戈落日——中国远征军滇西大战》被评论家称为是所有描写中国远征军滇西大战的文学作品中最真实、最广阔的一部。

彭荆风的另一部得意之作——《滇缅铁路祭》，被认为填补了铁路史的空白，而小说的线索来源于一次茶余饭后的谈话。

有一年，彭荆风去临沧，偶然听说抗日战争时，有一条30万人参加修建的铁路，刚要修成，日军就打来了，不得已又给拆掉了。由于种种历史原因,这条滇缅铁路没再修复,并且鲜为人知。

得知有20万人为修建这条铁路献出生命,在中国铁路史上绝无仅有。彭荆风当即决定,沿着铁路去看看。回到昆明后,他又跑到铁路博物馆查资料,被回复说没有任何资料。他便四处寻访当年的老工人,但是,当时处在社会底层的工人也并不太清楚更多的详细情况。

为了解更多真相,彭荆风奔赴云南省图书馆、云南大学图书馆,都一无所获。

一片空白,反而激发起了彭荆风浓厚的兴趣,最后他在省档案馆查到了相关资料,那些深藏在郊区地下仓库的档案纸张早已泛黄,一捻就破,翻起来满手灰尘不说,积满的尘菌更是让人奇痒无比。

档案材料是不完整的,也没有经过整理,都是一些零碎散乱的记录。但是,彭荆风却凭借作家特有的敏感和才能把它们串联起来,写出了《滇缅铁路祭》。

作品一经出版,就引起了强烈反响。直到现在,彭荆风的博客里还有那些筑路工人亲属的来信。他们说,读一遍哭一遍。其中,有人特地从国外赶到云南,希望此书再加印1万册,送给当年那些筑路工人的后代。

战争容不得虚构

1999年,过完70岁生日,彭荆风对女儿彭鸽子说:"云南和西南地区有几件重大历史事件,只有我了解得翔实。我要趁着精力还好,把掌握的素材写出来。年纪再大些,怕是记忆衰退写不动了。"

《解放大西南》排在了第一位。20岁时,作为解放大西南的战士,彭荆风参与了这场消灭了近一百万敌人的战争。

彭荆风早年认为，这场战争应该由当时级别更高的老同志来写，像冯牧，他在解放大西南战役中，就是新华社十三支社社长。而冯牧也有此愿，但是后来因为忙于行政工作，这件事就被耽搁了。

彭荆风之所以重新考虑《解放大西南》的写作，一方面是因为多年来，他从没停止过积累素材，另一方面也因为那场大战已过去半个多世纪，他还没有看到一部像样的此类题材作品。

写作时，彭荆风依然按照自己的习惯，重走作品中所涉及的战地。他说："材料不是问题，关键是，每一个时间、每一个地点、每一个细节，都不能含糊。那一天是刮风还是下雨，都要查清楚，有时候一个番号要查一天时间。"

彭荆风说，他要把真实的历史呈现给读者，战争容不得虚构。

"八旬高龄的彭荆风，历时多年，十易其稿完成了《解放大西南》。作者以高度的历史责任感和充沛的激情，全景式再现了人民解放军进军大西南的壮阔图景，将战争融入民族史、军事史、情感史去抒写，在中国当代报告文学创作中，显得十分可贵。"这是第五届鲁迅文学奖授予《解放大西南》的颁奖词。

《解放大西南》改了十稿，而现在彭荆风手里的《旌旗万里——中国远征军在缅印》，已经是第六稿了。他说，纪实文学既要保持纪实性又要富于文学性，比较难把握。事件本身很重要，但更重要的是，用文字去表达的功力。

"我这一辈子好像没有其他娱乐，除了吃饭睡觉外就是写作。"彭荆风说，当年担任昆明军区宣传部副部长，工作很忙，他就早上6点起床写两个小时，再去上班。

以往写作，都是彭荆风写好后由女儿彭鸽子打字录入，然后再打印成册，由彭荆风修改，这样效率很低。80岁时，彭荆风学会了五笔输入法。84岁时,彭荆风的写作日程排得满满,正在交替地修改他的四部长篇。

彭荆风每写完一部作品后,稍事休息,读书、思考,再接着写第二部、第三部。然后,折回来修改第一部。这样,每部作品在修改过程中都会有新鲜感,有新的思考。

"我在云南这块土地上生活了60多年,比对我的故乡还熟悉。"彭荆风说,地域性不会对作家的创作形成局限。生活是一个地方,但是你的观念、思想、学识不能限制在一个地方。

不论写《挥戈落日》,还是《孤城日落》《旌旗万里》,彭荆风都是和当时第二次世界大战的整个形势联系起来,《解放大西南》也是和整个解放战争的局面结合在一起。这样的写作,视野开阔,纵横捭阖。

近70年的时间未曾中断对于云南边疆的书写,既因为彭荆风是云南许多重大历史事件的亲历者,也因为他对云南红土高原、对少数民族有深厚的感情。他在《发现和传播生活中的美》一文中说:"为了建设边疆,几十年来,多数时间是在少数民族地区生活、工作、战斗,足迹遍及红河、怒江、澜沧江流域。边疆地势险峻,人民性格淳朴,风俗特异;那个时期一般人难以经历的战斗生活和民族工作,更是深刻地留存于我的记忆中。我的许多作品,都真实地表达了我对云南边地的美好感情。"梨花盛开的祖国西南边疆,是彭荆风用文笔奋斗一生的地方,也成为他灵魂安息的地方。

徐怀中：我希望织造出一番激越浩荡的生命气象

采访手记：

1962年，34岁的徐怀中流着泪将20万字的《牵风记》初稿亲手烧掉。这部正面描写1947年晋冀鲁豫野战军挺进大别山、正面表现我军战略反攻取得胜利的书稿，未来得及和读者见面就付之一炬了。小说中描写的野战军充满艰难险阻的悲壮历程，在徐怀中心里打下了深深的烙印，时时不曾忘记。

56年后，徐怀中完成《牵风记》，郑重地在扉页写下"献给我的妻子于增湘"。是的，没有妻子的鼓励，他不可能在90岁的年纪还能完成这部长篇。本来年老多病，写作只能是时断时续，又是以写诗的工夫没完没了地在文字上抠抠搜搜。十多万字的一部小长篇，徐怀中在手上团弄了四个年头。

"我是文学写作上的一个爬行者，回首望去，土地上哩哩啦啦留下了两行我的手模足印。"徐怀中说。

回想起来，徐怀中觉得当年烧毁那本书稿毫不足惜，"写了不过是多出一本书，沾不到这本书的气息。年轻时没有这种思考写不出来。老了，有了思考，身体又不行。"2019年初，《牵风记》终于完成。

无论是最初徐怀中走上文学道路，还是后来的创作历程，都与妻子于增湘的鼓励分不开。1965年秋冬，徐怀中从柬埔寨边境秘密进入越南南方，作战地采访近五个月。于增湘当时参加"四清"工作队，被分配在陕西农村。有一天，她在报纸上看到美军对越南南方实行地毯式轰炸的新闻报道，晚上点亮油灯，边哭边反复看那张报纸。听着外面蛐蛐儿的叫声，整夜整夜不能入睡，后来大病一场。多年以后，徐怀中以这一段战地生活创作长篇纪实文学《底色》。此书完成历经八年，这漫长的进程中，仿佛耳边总是萦绕着土窑外面蛐蛐儿不住的叫声，如同一串串风铃叮当作响。长篇小说《牵风记》的写作，如同徐怀中的每一件作品，同样凝结着妻子于增湘太多太多心血。在《牵风记》扉页上的这行献辞，表达了徐怀中对一生伴侣心存感激之情。

假如战争是"树冠"，《西线轶事》写的则是"树冠"下的"根须"

作为一位军旅作家，只有争取到最前线去经受种种考验，积累丰富的战场体验，才可能进入文学写作的殿堂。以往每次去前线，徐怀中像小孩子过新年穿新衣，满怀激情跃跃欲试。但奔赴对越自卫反击战前线，以及写作《西线轶事》，他的心态要复杂得多、沉重得多。

1979年的一天，徐怀中突然接到电话通知，领导决定让他参加战地采访小组赶赴云南前线。那时，他刚刚大病初愈，身体非常虚弱，一度出现休克。军人以服从命令为天职,他提着几大包中药丸子上了飞机,看上去完全不在状态。1979年2月17日对越自卫反击战打响,3月16日战争结束,中国部队采用"倒卷帘"(即交替掩护)战术撤回国,徐怀中又随着作战部队来到四川乐山访问某师通信连女子电话班。在连队写出了小说《西线轶事》的一部分,他读给女电话兵们听,征求她们的意见,姑娘们谁都不说话,一个个低下头笑个不停。那笑声里含有女孩子的羞怯与抑制不住的欢乐,显然她们对作品给予了完全认可。

初稿为中篇,6万多字,徐怀中把中越两方面人物交叉在一起写的。那时《人民文学》只登载短篇,编辑建议把描写我方人物故事的章节抽出,压缩为不超过3万字的短篇。从初稿中抽出的描写越方的另一部分文字,经作者重新整理,拟题为《阮氏丁香》,作为《西线轶事》的姊妹篇,发表在《十月》杂志。这一来,倒形成了一种鲜明的效果,对比之下,能够清晰地看出中越两国是在怎样一种特定社会背景下投入这场战争的:中国刚刚从十年动乱的梦魇中挣脱出来,是最需要休养生息的时候;越南则是连绵二三十年遍地烽火刚刚熄灭,未及疗治创伤。两个社会主义邻国鸡犬相闻,他们的战士却用对方的语言彼此大叫"缴枪不杀"。

"文革"刚刚结束,思想解放运动随之潮涌般到来,《西线轶事》的写作,实际上是十年浩劫后在心中积郁已久的沉思愤懑,以那场边界战争为井口喷薄而出。如果将战争比作一株大树的树冠,引发战争的社会原因就是深扎在泥土中大树的根须。徐怀中并没有过多描绘那场战争的树冠,而是着力于地面以下的根须部分。作者写道,"文革"中有关部门竟发出通知,征集新的国歌歌词,随即他发现周围的一些词作者兴高采烈地投入创作,徐怀中觉得又可笑又可气:国歌是可以随便修改的吗？虽然聂耳、田汉的《义勇军进行曲》是电影插曲，却正像是预先为新中国准备好的一首国歌。建国多年，徐怀中仍觉"中华民族到了最危险的时候"。所谓"文革"，即是中国害的一场政治天花，但上帝没把免疫性给予我们。一个国家混乱、落后、贫困，是要挨打的，我们再经受不起了。

徐怀中谦虚地说："不是《西线轶事》《阮氏丁香》写得多么好，也并非自视颇高，但这两篇战争题材小说，包括刊载于1966年3月3日《人民日报》《解放军报》的一篇通讯——《坚贞不屈的女英雄阮氏珠》，我都十分珍视，诚可谓敝帚自珍。"他说，这篇通讯拿给现在的年轻读者，他们会感觉枯燥无味，难以卒读。但通讯被译为越语，在战火纷飞的南方丛林中广为传播，南方"民族解放阵线"总部以及各地军民，每天傍晚准时集体收听广播。这令徐怀中感动不已。这两次战争，他都是亲历者，自然会在感情上产生某种特殊联系。他总是自作多情地想：我的这些文字，是为在战争中失去生命者和苟活至今的人保留下他们彼此相通的一线信息。

一页翻不过去的生活经历

一次搬家时，偶然找到了近40年前在越南南方作战地采访时的两个日记本，这使徐怀中颇为惊喜。翻阅旧时日记，他似乎可以仰探时空纵深，俯拾流云逝水。从越南南方最高军事指挥员阮志清大将、越南的"圣女贞德"女副司令员阮氏定，到普通士兵，以及城市武装的女"交通员"们，徐怀中在他的塑料封面小本上记录下了多少可歌可泣的人物，记录下战地生活中那些平平常常又颇有声色的逸闻趣事，也描述了炸沉美军"卡德号"航母之役、布林克饭店之战、公理桥伏击失败之憾等重大事件……

徐怀中决定放下其他创作,先着手写一部长篇非虚构文学《底色》。若以历史事件发生的时间为顺序,这一部新作《底色》在前,本应该列为"上集";《西线轶事》《阮氏丁香》在后,本应作为"下集"。也就是说,在推延了三四十年之后,作者才来补写了"上集"。

20世纪下半叶,以意识形态为分野,世界进入了一个两极对峙的"冷战"冰河期,越南战争便是在"冷战"格局中的一场局部"热战"。越南这片焦土上播撒的是中、美、苏彼此牵制激烈竞逐的火种,这个"等边大三角"内部的一垄一畦间,又生发出了中、苏、越三个社会主义国家形成的"小三角";就像玉米地里常常套种豆角,高粱地里往往套种倭瓜。比之"大三角",中、苏、越"小三角"错综复杂的"内部游戏"则是更尖锐、更复杂、更激化。

"中国作家记者组"是在中苏论战高潮时出去的,大家学习了"九评",用"防修反修"理论武装到了牙齿,随时准备进行针锋相对的斗争。但实际上当时徐怀中尚不能很清晰地观察那场战争和国际关系。在写作《底色》的前后,徐怀中阅读了国内外大量关于冷战史研究的文章以及有关解密档案,受到启发,才真正认识到当年这场战争是怎样的多变诡异。

正是在抗美援越激战犹酣之时,时任美国国务卿的基辛格秘密从南苑机场进入了钓鱼台国宾馆,"小球转动大球"的进程开始了。中美历来是针尖对麦芒,情势急转直下之际倒启动了建交谈判,"栽刺栽刺栽出了一朵花"。徐怀中说,除了"菊香书屋"的主人外,没有人想得出这一步棋,就是想到了,也未必就敢主动提出来。越南被挤在几大国的夹缝里,自会施展他们的生存哲学和外交智慧,虽是谦恭低调,却也时时期待着国际战略上的超常发挥。"我不能就此得出

'春秋无义战'的结论,但套种在冷战中的这场热战,绝不是以正义或非正义战争这种简单逻辑解释得清楚的。"

《底色》的写法,融小说、散文、通讯、政论于一体,同时又显示出作家长期的知识储备、文化修养和战争思考的底蕴。他确定要用非虚构形式出现,做到观察高度真实、客观、公正,强调作者的亲历性,作为自己戎马半生的一行足迹;同时又希望在宏观展现上更开阔,揭示复杂多变的冷战国际格局,既有一条时间顺序的线索,又力争突破呆板的回忆,尽可能适应叙事的需要。现在看来,基本上达到了预期效果,但徐怀中也坦言尚有不足:"还应该写得更活脱灵动一些。有关冷战与大国关系的议论部分还应该更加鲜明犀利,进一步强化思辨意义。"

在越南南方的四个多月,给徐怀中留下了太多难忘的记忆。在他看来,越战和抗日战争及抗美援朝有根本的不同。现在到处都在讲"非对称性战争"——一个陌生的军事学术语。其实,越南南方抗击美国大举入侵不就是典型的"非对称性战争"吗?交战双方军力以及支援能力差距之大根本不成比例,使得这个差距已不能说明什么问题。说明问题的是什么呢?是越南人的加重脚踏车,是绑在车座和车把上的两根木棒棒。直到越战结束,美国的补给物资还在海港码头堆积如山,而越南人多是靠光着脚丫子推着脚踏车驮运大米,来支撑这一场战争。

徐怀中在《底色》后记中写道:"1979年中越两国兵戎相见,这一页历史插曲过于沉重,道理上可以讲得清楚,但从感情上翻过去这一页绝不是那么容易。"在战争生活中,徐怀中不仅看到毁灭和绝望,也看到无限希望和光明,看到永不泯灭的人性光辉。他到南线收容所访问越南女俘,炮火停息没几天,越南女孩子已经在向中方小卫生员递纸条了:"我觉得你的性格特别好,你可以写纸条给我吗?"她全然忘记了不久前她们如何争先恐后报名参加青年冲锋队,誓与"北寇"战斗到底。

一部战争史,往往讲不清楚究竟是因为什么,两国之间或是多国之间竟至于妄动干戈。天下兴亡系于一身的最高决策者们,不论多么伟大英明,也不免在战争这里留下败笔。所幸的是,人们世世代代经历多了,也便懂得了抛却仇恨,越过种种有形无形的警戒线走到一起来,彼此给予同情,给予友善,给予援助。而那个越南女俘,更是不顾一切,把寄托着她无限遐想的一张小纸条递过去了。她是何等痴心,不受任何观念的束缚与驱使,仅凭一缕倾慕之情,就足以抵消国家战争动员令。人的纯粹感情属于天性,不是任何战争力量所能阻挡所能改变得了的。

《底色》是为越战"打谱"

苏轼说他素不解棋,只是喜好看别人对弈,在一旁安坐竟日不以为厌。偶尔步入黑白世界,全不在意胜负,"胜固欣然,败亦可喜,优哉游哉,聊复尔耳"。作家徐怀中也是如此,看高段位的国手们在电视大棋盘旁边讲棋,不到节目结束不离开座位。

围棋有"打谱"一说,对照棋谱,把前人的名局一着着摆下来,捕捉盘面上此消彼长的每一个玄机,以触发自己的灵感。或者可以说,长篇非虚构文学《底色》是徐怀中为越战"打谱",是他对"越南流"所做的独特注脚。"略观围棋兮,法于用兵",战争与围棋同理同义。不仅围棋,中国的琴棋书画,都是"观夫天地万象之端而为之",含有东方古老文化深厚的底蕴,透着人生智慧哲理的光辉。而徐怀中说,他虽然在《底色》中多处以棋理评点战争风云,仿佛深谙此道,其实只不过是借用了围棋的一点皮毛而已。

1966年初,徐怀中作为"中国作家记者组"组长,率组从金边秘密进入越南南方"民族解放阵线"总部,自1965年冬至次年春,经历了四个多月战地采访,多次近距离领教过美军B-52战略轰炸机"地毯式"轰炸。少年时代,徐怀中曾经在太行山经历了日军的"二月大扫荡",接着又是"五月大扫荡",日军连续实施铁壁合围和篦梳式清剿。没想到20年多年后,徐怀中又同越南南方军民一起,见识了美军陆、海、空立体化的"一月大扫荡"……

对战争的亲历未见得就可以转化为文学作品,但是徐怀中做到了。他曾经写出《西线轶事》《阮氏丁香》等具有广泛影响的作品。《西线轶事》以9万余读者直接票选获得1980年全国优秀短篇小说奖第一名,被誉为"启蒙了整个军旅文学的春天",无愧于"当代战争小说的换代之作"的美誉。48年之后,他根据当年的"战地日记"完成了长篇非虚构作品《底色》,真实地记录了20世纪六七十年代一位中国军人作家、记者,在战火纷飞中的种种情感阅历与生命体验,记录了他对战争冷静客观而富于哲理的观察思考。因为有"抗美援越"以及1979年"对越反击"两次参战经历的"换位"经历,加之拉开了近半个世纪的时空距离,他获得的是在以往战争中从未有过的深思明悟。

对战争的反思,也是对自己思想感情的反思

澳大利亚记者贝却迪在越南待了十多年,以第一手新闻向世界发出自己的声音;加拿大广播公司驻远东记者迈克尔·麦克利尔也在越南待了十年,写下了《越战1000天》。这些战地记者的职业精神对徐怀中有很大的触动，他发自内心地感到钦佩。"我们与西方记者不同，我们只能集中时间做战地采访。他们是自始至终跟踪越战，追求历史观察，着重从战争各方领导层的决策谋篇加以宏观把握，对态势发展有透彻的了解，这是我们做不到的。"美国记者在前线以身殉职的就有135名，多数是摄影记者。全世界战地摄影家，国籍不同、肤色不同、语言不同，到头来却总是不可避免地相聚在同一个陌生的"故乡"。

在徐怀中他们之前，有"中国新闻工作团"一行九人经胡志明小道，行军九个月才到达南方。徐怀中出访的时候，我方已经和金边打通了关系，徐怀中之行已不必由河内南下走胡志明小道，而是直接从金边潜入越南南方民族解放阵线总部。正因为对胡志明小道没有亲历，感同身受欠着一层，导致了他顺水推舟的描写，说什么在战争后期，"胡志明小道上的女志愿者们，已经悄无声息地度过了青春期，发育成熟，成为健壮俊美的南方妇女了"。而事实上，在极端恶劣的生存条件下，女志愿者们身体受尽摧残，不可挽回。"胡志明小道"作为一个无法仿制的战争品牌保留了下来，而留给十多万女志愿者的只能是无尽的苦难和悲惨。

好在《底色》初稿中这段文字得到及时改正，但徐怀中一直感到很愧疚。他坦言："我不能不承认，自己并没有真正感知这一场战争，并没有真正感知越南南方。作为一名战地记者，我缺少内心情感的充分投入，我太麻木，太冷漠，我太轻松愉快了。"又说："根本上讲，还是有'做客'思想，毕竟战争是在人家国土上打，真情投入不能与越方人员相比。我回敬人家的是低度酒，兑了水的。"老作家的自我反思令人感动。

美军驻越司令、四星上将威廉·威斯特摩兰曾说，在"越共"高级将领中，"阮志清是唯一具有第一手知识的人，只有他懂得，面对美国火力进行常规战争是多么大的不幸"。正因为阮志清痛切意识到了美军的火力超常强大,他打定主意,迫使对方不得不分散兵力,疲于奔命。"逼美国人用筷子吃饭",阮志清大将的言语通俗化、生活化,充满军事辩证法。最基本、最高的作战原则,被他一语道破:趋利避害,把握主动。

无论是冷兵器时代,还是现代战争,这个原则始终被兵家奉为圭臬。

"中国作家记者组"南方之行分量最重的一项安排,就是采访最高军事指挥员阮志清大将。在徐怀中的印象中,阮志清就像一团火,极端热情,两眼穿透力很强,好像能洞悉人的一切。阮志清被认为是越南劳动党上层的一个"亲华派",他口无遮拦,讲了一大段完全是同情中国的话,令徐怀中非常吃惊。因为机密性太高,访问没有做记录,徐怀中后来凭记忆写出阮志清的原话,再三跟同去越南的战友核对,以求准确。

战争,无论规模大小或时间长短,也无论内战还是对外战争,无论是最神圣的保卫战争还是最无耻的非正义之战,最终都是以人的个体生命来结算的。在《底色》中,徐怀中以凝重与激越的笔触记述了阮志清之死。这位大将并非如河内讣告中所称死于突发心脏病,而是同众多"越共"官兵一样,在B-52轰炸机的机翼之下定格了自己生命的最后一刻。"一位将帅,无论他怎样大智大勇,怎样久经历练沉稳老到,也无论他建立了怎样的丰功伟绩,在某种必要情况下,个人所能采取的最后一个动作,和所有参战士兵们一样,那便是交出自己活扑楞楞的一条性命。"

徐怀中对战地摄影大师卡帕怀有深深的敬意。卡帕的作品被誉为"战地摄影不朽之作",他总是擅于捕捉战争中稍纵即逝的动感形象,将人在生死交替的一瞬间定格为永恒。徐怀中说，卡帕以他无声的语言塑造了一系列人的生命雕塑，他的镜头纵深无限，他摄取到的是人类战争的"底色"。

所以徐怀中决定，自己的新作就以《底色》为书名。战争是人类历史的"永动机"，无论以何种名义发动这一部机器，它的"底色"不会有任何区别，那就是死亡，是毁灭，是残酷，是绝望。卡帕本人也没有逃出战地摄影者的宿命，他正是在越南战地触雷身亡的。他原希望出现在他镜头下的种种惨剧有一天能够停止上演，看来卡帕的一番苦心恐怕也只能是付诸东流。正如卡帕的挚友唐·麦库里所说："我不再生活在幻影中，人类只能一直遭受苦难，直到时间尽头。"

时过境迁，《牵风记》写得痛快淋漓

早在1962年，徐怀中着手写作长篇小说《牵风记》，写了近20万字，却不得不含泪将书稿烧掉。

那部书稿，是从正面描写1947年刘邓野战军挺进大别山、取得战略进攻历史性胜利。小说笔墨所至，正是作者所亲历过的，那一段充满艰难险恶的悲壮历程，如同身体的烙印，始终伴随着徐怀中，永远不会淡忘。

五十多年后重新完成的《牵风记》，以1947年晋冀鲁豫野战军千里挺进大别山为历史背景，主要讲述了三个人物和一匹马的故事：投奔延安的青年学生汪可逾，知识分子出身的团长齐竞，骑兵通信员曹水儿，还有一匹灵性神奇、善解人意的老军马。小说以独特的视角切入这场战役，让我们了解到那些牺牲者的平凡和伟大。

对于《牵风记》中的"风"，徐怀中有多重解释。既可以理解为在总体力量敌强我弱的形势下，突破战争史局限，牵引战略进攻之风；又可以理解为相对于原稿与今作，在立意与创作方法上牵引出写作转变之风。"风"为《诗经》六义之首，而"国风"部分的诗歌，或反映周代先人们生活的恬淡浑朴，或表现青年男女的浪漫爱情，与小说含义相契合；也不妨理解为牵引古老的"国风"之风。"牵风"二字，原本空幻，作其他意象联想也未尝不可。

小说问世后，迅即引起极大反响。有称道者，也有质疑者。甚至有的老同志读后说，刘邓野战军浩浩荡荡挺进大别山，胜利完成了几乎是不可能完成的重大战略任务，难道就像小说所写，竟是如此简而单之走过来的吗？也有人说，书中出现曹水儿这样目无军纪的人，哪里还像是我们这一支英雄部队？又有人讲，青年作者这样写情有可原，竟然是出自亲身经历了战争全过程的一位老作家之手，让人无法理解。

在徐怀中看来，这些都在预料之中。年深日久，人们的阅读习惯已然成为一种思维定式，对于探索性的作品一时很难适应。"可以想见，他们心目中认为我应该写出的，应是我1962年未完成的初稿，从正面全景式地反映这次重大战略行动，记述野战军如何历尽艰险，千里跃进大别山及坚持大别山斗争的伟大胜利。问题在于，历经几十年之后，我交出来的完全是另外一本书，前后两个文本，虽是同一个书名，却不可同日而语。"

随着新时期思想解放大潮的到来，徐怀中和中国作家们一样，文学观念发生了根本性的转变，经历了一个根本性的"解冻"过程。

"不过与年轻一辈作家不同，我的这种内部变化，主要体现在尽可能摆脱有形无形的思想禁锢与自我局限，清除残留的概念化、公式化影响，实现弃旧图新轻装上阵。"徐中说，自己其实并没有"新到哪里去，只不过是回归到小说创作所固有的艺术规律上来。一条河断流了、干涸了，只有溯流而上，回到三江源头，才能找到活命之水。晚年的创作，这种感觉十分真切，恰如干渴已极，回眸之间发现了一汪清澈的泉水。

这个漫长的思想"解冻"过程，也正是《牵风记》必需的创作准备过程。

20世纪80年代，徐怀中接受任命，主持解放军艺术学院文学系教学工作。领导安慰他说，这一来不能不牺牲一些你个人的创作，以后补上好了。

然而在徐怀中看来，不仅不是什么牺牲，两年学期对学员们和他同样是一个金色的收获季节。所不同的是，35名部队学员坐在下面，他陪同客座教授坐在讲台上，大家一同听课一同学习，一同接受了为期两年的超信息量强化灌输。他用"凤凰涅槃"形容自己文学观念上的觉醒和明悟，这也为以后完成长篇《牵风记》，准备了艺术修养上必须具有的基本条件。

《牵风记》的字里行间闪放出中华五千年文化底蕴的灿烂光辉。作为一部战争小说，小说在整体寓意上也因此有所扩展与延伸。这与徐怀中步入老年之后个人的阅读兴致有关。他更多地侧重于古代文化典籍，以及自然哲学方面的著作。

小说《牵风记》并没有写作提纲，只是建立了一个"备忘录"，偶有所思所想就记下几行字，以免随时就会遗忘。徐怀中的备忘录上，抄写了老、庄等古代哲人一段一段语录，他反复阅读品味，沉浸在某种理性幻境之中不能自拔。不知从什么时候起，他开始明确起来，希望凭借自己多年战地生活的积累，抽丝剥茧，织造出一番激越浩荡的生命气象。并且拿定主意，依循这样一个意向，逐步来搭建小说的整体构架。这里应了一句老话：曲径通幽，别有洞天。回头看去，那一场大规模现代战争向历史深处退隐而去，显得那样遥远，朦朦胧胧。

《牵风记》只有十二三万字，给人感觉是，作者荡涤了生活阅历中所有的庞杂之物，仅提取自己生命体验中属于日月精华的部分呈献给读者。同时，作品更融入了徐怀中对于战争文学的深入思考，写得很艰难，然而极有力度。

徐怀中说："我用去了几十年时间挣脱种种思想顾虑。孔夫子讲四十不惑，我已经活了两个不惑之年还要多，就像一棵老树，树干都空了，应该有一定的容量了，不再有迷惑与顾虑重重。写这本书，我完全放开了手脚，难得有这样痛快淋漓之感，尽管自己并不十分满意。"徐怀中觉得，《牵风记》应该是古琴的空弦音，如钟声一样浑厚悠远，弹奏者的技艺指法应该是炉火纯青的。他设想相约读者，一同抵达自己也从来没有抵达过的那么一个风光无限的大好去处。

李国文：作家的浪漫气质，在其全部创作史中

采访手记：

李国文转向随笔创作已有二十余年。

"从封建社会、资本主义社会到当今，文人遭遇的大环境也没有太大差别。古代学而优则仕，把文人害苦了，攀附权力成为文人基本的情结。文人应该离官场远一点，过去是这样，现在也是这样。"在2015年出版的《中国人的教训》中，李国文试图通过对一个个中国古人个体命运的历史发掘、哲学思考、文学再现，让读者在借鉴古代中国人生存智慧的同时，更多地感悟每个人今天的生活方法。

在中国古代，"一为文人，便无足观"。不可计数的中国文人中，既不乏流芳百世者，亦不乏庸碌无为者。这些饱读诗书满腹才情的文人，他们的生活状态如何，是仕途得意且名垂青史，还是壮志难酬？对于中国文人的观察与剖析，也许只有李国文才能做到如此的深刻幽默，如此的酣畅淋漓。《中国文人的非正常死亡》《中国文人的活法》《文人遭遇皇帝》……均以历史上有影响的人物的命运入笔，所写虽

多为文人，却也是国人的一面镜子。

为什么他如此钟情于文人，一而再地将笔触深入文人的内心世界？这位曾经以小说见长，出版过《冬天里的春天》《花园街五号》《危楼记事》等作品并多次获奖的小说家，无意间打开了另一扇门，却引领读者发现了更为广阔、更富魅力的世界。

大约从20世纪90年代开始，熟悉李国文的读者发现，在完成《垃圾的故事》之后，他突然转向了随笔散文。《文学自由谈》《随笔》《当代》和《人民文学》均开过他的专栏，一发不可收拾。为什么不写小说了？李国文坦率地回答说："我觉得小说应该是更年轻作家的事情，写小说写不过人家就不要写了。我始终认为，写小说是文学的、形象的东西，不是靠思索的，年轻人想象力丰富，写得比老年人好一些，比如青年人写诗居多。一般情况，很多作家不像巴尔扎克、雨果那样越老越辉煌。"

小说创作成就斐然，自己却看得很淡

1957年的夏天，李国文将一组稿子寄到《人民文学》，随后，收到崔道怡先生的一封信，认为可用，并约他到东总布胡同的编辑部一谈，李国文去了。没想到，来了一屋子人，问这问那，似乎认为他还写过其他作品。于是，李国文写了《改选》寄去，很快，得到答复说，原来的稿子撤下，先发这一篇，放在头条。当时，做梦也想不到，这一步竟决定了他的一生。

《改选》一出，舆情大哗。有一位获得斯大林文学奖的前辈在《文艺报》著文批判《改选》，他认为李国文的文笔老辣，应该是一位成熟作家的化名之作；紧跟着，姚文元也在《中国青年报》长篇累牍地对李国文口诛笔伐。

"诸如此类的批判,不但屁用不顶,反而增大我的文学信念,巩固我的创作信心,而且支撑着我,无论怎样艰难困苦,无论怎样拿你不当人,也要坚忍不拔地活下来。"中国人习惯三十年为一代,而每一世代的更迭,都会随之发生一些或大或小的变化,这在李国文读过的那些史籍中是有据可查的。他想,试以二十加三十,难道自己会熬不到五十多岁吗?对所有的批判,李国文一一笑纳,并以"阿Q"精神,借此证明自己的写作能力。

《改选》七八千字,获罪二十多年。成功与失败,只是须臾之间事。随后,李国文被发配到太行山深处修新线铁路,开山劈石,接受高强度的劳动改造,以及一言难尽的屈辱和折磨。起初,他以为自己活不下去,或者,即使活下去大概也活不多久。是《改选》能够在《人民文学》头条发表,给他带来的创作自信,成了他必须活下去的动力。他相信有一天定会重新执笔,会写出一些东西,而且还是说得过去,成个样子的东西。这绝对是可能的。"我特别相信那句名言:'人,是需要有一点精神的。'物质变精神,精神变物质,因我深有体会,也是笃信不疑的。"1999年,李国文为丁聪先生给自己所画的漫画,打油一首:"学画吟诗两不成,运交华盖皆为空。碰壁撞墙家常事,几度疑死恶狗村。'朋友'尚存我仍活,杏花白了桃花红。幸好留得骂人嘴,管他南北与西东。"其实正是当时这种内心反抗的写照。

进入20世纪70年代,年过半百的李国文开始了《冬天里的春天》的构思。在这部作品中,李国文运用了大量意识流、蒙太奇、象征等艺术手法,打乱了叙述节奏,穿插写作今昔之事,充满新意。

"新意"是李国文萌发重新执笔,回到文学创作以来的始终追求。在这个世界上,所有的手工劳动,都是永不停歇的或简单,或复杂的无数次重复，独有文学创作，最忌重复，重复别人不行，重复自己更不行。所以，李国文在写作《冬天里的春天》时，抱定主意，尝试变换长篇小说的传统写法，不是按照人物成长，故事进展的A、B、C、D时序，逐年逐月，一路写来；而是打乱顺序，时空交错，以C、B、A、D或B、D、C、A的架构，通过主人公两天三夜的故乡之行，来叙述这个延续将近四十年的爱恨情仇、生离死别的故事。这种写法，至少那时的中国，在长篇小说领域里，还没有别的同行在做类似的实验。他想，如果不是写法上的这点"新意"，未见得会入评委的法眼。

但是，对这种时空错置，前后颠倒，故事打散，多端叙述，第一人称和第三人称交替使用，东打一枪、西打一炮的碎片化写法，能不能得到读者认可，李国文一直心存忐忑。直到审稿的秦兆阳先生给他写了一封有十几页的长信，密密麻麻，语重心长，表示认可的同时，提出不少有益的改动意见；并腾出自己的办公室，让李国文住进人民文学出版社，集中精力修改，李国文这才释然于怀。

《人民文学》的涂光群先生，打探到李国文的住处，跑来约稿。那时，李国文的《冬天里的春天》脱稿后，循着"大地、人民、母亲"这样一个母题，驾轻就熟，写出来《月食》。尽管两者人物、故事、情节、内容大相径庭，但《月食》等于是《冬天里的春天》的缩微版。因此，李国文很受在解放区生活过的老同志赏识，甚至被问过："你是晋察冀几分区的？"

北影导演水华先生，有意要将《月食》搬上银幕，约李国文与当时还健在的钟惦棐先生对谈。先用车拉上李国文，然后再去接钟先生。钟先生一上车，水华先生就为之介绍，这就是写《月食》的李国文，钟惦棐侧过身子打量了李国文一番，然后说："你的这篇小说，可让我流了不少眼泪啊！"

沉寂二十二年以后初试身手，能得到那时的读者青睐和文坛认可，李国文心里已是相当知足。《月食》发表在1980年3月的《人民文学》，次年获得了第三届全国优秀短篇小说奖。

更让他意想不到的是，1982年，《冬天里的春天》获得首届茅盾文学奖。"我的作品如何入围，如何中奖，我一无所知。直到有一天，接到一纸通知，某月某日，到王大人胡同华侨饭店报到，是不是携全国粮票若干，我也记不起来了，不过，就在那里，我们六位获奖者，分别拿到了各自的奖金3000元。3000元，对当时月入八九十元的我来讲，也相当于一个天文数字了。"李国文说，平心而论，获奖作品并非统统都是实至名归、足以传世的上品，用平庸之作与精粹之作并存、泛泛之作和优秀之作同在来概括的话，大概接近于事实。因此，对参差不齐、难以尽美的现象，也不必求全责备。中外古今，历朝历代，凡文学作者的结群，凡文学作品的组合，薰莸同器，良莠不齐，是可以忽略不计的常规现象，一点也用不着奇怪。而他评价自己的获奖作品《冬天里的春天》，是属于"平庸和泛泛之作中的一部"，他说，可以预料，随着时代的发展，文学的演化，作家和评论家的成熟，特别是读者的长进，估计对这部作品，无论公开评价，还是背后议论，当会每况愈下，也是情理中事。任何时代，任何社会，大作家写大作品，不大的作家写不大的作品，各得其所，各展所长，并行不悖地瓜分文学市场，只不过大作品存活的时间，要比不大的作品存活的时间长久一些，但茅奖作品中的"长久"，距离真正的不朽，恐怕还有相当遥远的路程。

李国文坦诚地说，自己写作，从不追求长久。他认为，写作，尤其写长篇小说，是个力气活，犹如举重，超过自身能力极限，1公斤或0.5公斤的突破，也往往是徒劳无功的挑战。所以，他写作更在意当时效果，作品问世，三头两日，一年半载，有人赞，有人弹，有人高兴，有人跳脚，就足够了。

有一次，李国文和意大利作家莫拉维亚对话，问他笔下曾经写过的几篇有关中国风物的作品，因何而来？莫拉维亚的回答干净利落：一，我老了；二，我写得太多太多；三，我忘了。

在李国文的记忆中，那时的莫拉维亚也就七十出头、八十不到的样子，但他最后"我忘了"的答复很精辟，被人遗忘或者被自己遗忘，也是绝大多数作家和绝大多数作品的最好下场。

告别小说创作，转向随笔散文

在李国文看来，凡文人，无不具有浪漫气质，古今皆然。不过只是量的不同，质的差别而已，而同是浪漫气质，具体表现到不同年龄段的作家身上，也是在不停变化之中。所以，写诗的人，多青年，最浪漫；写小说的人，多成年，浪漫则次之；写散文的人，写随笔的人，年岁要更大一些，浪漫则次而次之了。因此，作家的浪漫气质，在其全部创作史中，就得经历由躁动的气体状态，洋溢满盈、踌躇满志，到激动的液体状态，汪洋恣肆、波澜起伏，再到以静制动的固体状态，凝重沉稳、泰然安详这样三个阶段，然后，大概就该画其人生的句号了。

多少年前，李国文随萧军先生访问港澳，闲谈时曾问过萧军：您在《八月的乡村》《五月的矿山》以后，为什么就此搁笔了呢？萧军没有直接回答，而是反问李国文：当一个作家对异性都不产生任何欲望的时候，你还指望此人再写小说吗？

李国文自此悟到：写小说是需要浪漫的，你已经木了，你已经乏了，你已经是熬过两过的药渣，你还以为自己是恐龙，你还以为自己生活在侏罗纪，你还要把小说进行到底，那就等于拿读者开心了。

20世纪的90年代末，李国文写了自己的最后一篇小说《垃圾的故事》，寄给了《上海文学》的厉燕书，自此和这种文学体裁告别，转向随笔创作，直到今天。

从一个有才华的小说家转向随笔创作，这种转变是偶然的还是必然的？李国文实实在在地说："既不是偶然，也不是必然，而是我写不过人家，就识相一点，退出小说领域，不再瘦驴拉硬屎，在那里强撑着了。当然，努努力，也未必写不出来，也未必写得太不好，但太费力气了，没有那么多浪漫，还要挤出浪漫，就是伪浪漫。这些年来，这样的小说实在不少，我就用不着再去凑那份热闹了。"

应《随笔》的杜渐坤先生和《文学自由谈》的任芙康先生约请，李国文陆陆续续以中国古代文人的生死存亡为题，发表过若干文章，出版了几本文集，影响越来越大。他把这收获归功于20世纪60年代开始的古籍重印，这是他那些年里唯一可以精读死啃的书籍，也成为他日后写作文史随笔的基础。

李国文始终认为，写作是一门手艺，更是一门谋生之道，放弃小说创作以后，作为一个手艺人，总得干些什么，于是，改弦更张，另找饭辙。好在他的同行们在古籍（特别在史料方面）的阅读和收藏上并不比他更多，所以他说自己"笨鸟先飞，积微致著。这些年来，文史随笔写得还算得心应手，正因拥有的都是真材实料。当有了一把年纪以后，浪漫气质已经接近于零状态的人，钻进故纸堆，也许是一个不坏的选择"。

语言可看出作者的学养，想象力则是创作的原动力

在李国文大量的随笔创作中，《中国文人的非正常死亡》《中国文

人的活法》《文人遭遇皇帝》等写古代文人的命运,偶尔涉及当代,一笔带过。

评论家认为是"当代将学识、性情和见解统一得最好的作品之一"。

多年前在《小说选刊》工作的时候,李国文有一个读稿习惯,比较关注语言。作家与作家比,比什么呢?有人说比思想,有人说比真实,有人说比典型化,有人说比技巧,比来比去,人言人殊,很难分出高低。唯有语言,具有量化的可能,虽然也不甚可靠。第一,不大容易做到统计学上的精确;第二,一篇两篇作品,不足以概括作者的全貌。所以,秘而不宣,只是他私下的看法。

"那时,我的职业就是阅读别人的小说,那不是一桩好差事。所以,我从作品的语言入手,一是注意词语的重复出现频率,一开始也许会忽略,老在你眼下跳出来,就要警惕了。如果这个作家不是词穷语拙、囊中羞涩,那就是疏于推敲、仓促成章了。二是关注作品中新鲜的、流行的、市面上常挂在人们口头上的词语。有,还是没有?有,说明这位作家活在当代;如果没有,当然不能认定这位作家远离现实,但语言,却是最能体现出时代感的文字符号,这点文学修养都不具备,大概是需要补课了。三是看这个作家对于古早词语的使用上,是否准确到位,是否恰到好处。既可以看出这位作家的学养,也可以看出这位作家驾驭文字的能力。"李国文说,他是这样要求别人的,自然也这样要求自己。

近几年,李国文的精力转移到《酉阳杂俎》的注释。《酉阳杂俎》堪称唐代社会生活的百科全书,被鲁迅称为"古艳颖异",认为可以"与(唐)传奇并驱争先"。可是不知何故,这部称得上为中国文学空前绝后的志怪体小说,始终被冷落着、闲置着。于是,李国文"越俎代庖",以作家之见诠释《酉阳杂俎》。"一是希望大家关注段成式这位了不起的文学大师,二是希望大家能从这位大师那无穷无尽的想象力中得到启发,三是希望大家写作之余,将目光投射到古典文学方面,为弘扬传统文化做一些事情"。2017年,李国文注释的唐代段成式的《酉阳杂俎》,约50万字,由人民文学出版社出版。

"《酉阳杂俎》的真谛,在于启示我们,想象力是人类进步发展的原动力。这是我们大家生活在这个极其物质化的世界里,常常不在意,而实际上是绝对不能不在意的事情——试想,在这个地球上,一个没有想象力的民族,能够在这个地球上生存下来吗?同样,一个没有想象力的文人,能够在他的领域里得心应手吗?正是这种想象力的贲张到引爆,才是人类能够超越自我,在时间和空间上得以无限拓展的第一步。"这是唐代博学的小说家与现代博学的小说家的一次强强联合,一部唐代社会生活百科全书的全新解读。李国文在注释和评论中大量引用唐代历史事件和趣闻逸事,更使得这本书生灵鲜活。李国文认为,唐人段成式当年写作《酉阳杂俎》的时候,应该没有特别宏大的愿景,认为会传之万世,认为会对中国文化做出杰出贡献,认为会产生当时还没有、不远的将来一定会有的世界性影响。这是从他书首特别谦虚的序文中看到的,他那将这部书视为小菜一碟的说辞,应该是他的真心话。他并不十分在意他的这部信手之作。因此,写此书之前和写此书之后,都未见有关此书的言论。因为在以诗为贵的唐代,这类稗史演义说怪道异的文字,乃小说家言,大家并不当回事。这种属于饭后茶余的游戏笔墨,他干过,他的文友温庭筠、李商隐也干过。然而,始料未及,他的这部本来以为不足挂齿的《酉阳杂俎》,却脱颖而出,成为中国文学史中一部百读不厌,每读每新的上乘之作,令后来人对其怀着高山仰止的敬意。

乐黛云：把美好的中国文学带到世界各地

采访手记：

回顾自己在北京大学中文系的62年，中国比较文学学科的拓荒者乐黛云说，自己一生中有三个最重要的选择。第一是选择了教师的职业，第二是选择了终身从事文学和文学研究，第三是选择了老伴汤一介。"我们共同生活了58年，心中始终有一颗小小的火苗，那就是忠诚。无论经过多少波折，我始终无悔于我的三个选择。"

曾经，两位老人相携散步的身影是黄昏时分未名湖畔一道优美而温馨的风景。多年前汤一介和乐黛云曾共同出版随笔散文集《同行在未名湖畔的两只小鸟》，在序中，二人曾自喻"未名湖畔的两只小鸟"，他们绕着湖一圈又一圈，从青年到中年，又从中年到老年。如今，"两只小鸟"中的一只已飞往天堂。"未名湖畔鸟飞何疾，我虽迟慢誓将永随。"七年前，汤一介先生去世，乐黛云内心该有多少痛苦和思念，但她那么坚强，总是带给人乐观和温暖的笑容，仍以不倦的姿态面对钟爱的文学。

其实，她真正的学术事业，是在一般人以为"人到中年万事休"的时候开始的，她在比较文学学科和理论开拓中披荆斩棘，取得了斐然成就。因为她，北京大学有了中国第一个比较文学研究机构；中国有了自己的比较文学学会；全国各高校有了一个又一个比较文学硕士、博士和博士后培养点；因为她，中国比较文学学科从无到有、走向世界，成为整个人文研究灿烂星河中最为活跃而耀眼的明星。

2021年1月，乐黛云出版首部自传《九十年沧桑：我的文学之路》。她将自己一生的真实经历、真情实感、真切体察用隽永的文字娓娓道来，令人掩卷深思。是什么塑造了她始终坚韧的性格？又是什么原因使她饱经沧桑却依然乐观？

一、被山水浸润的性格

1931年，乐黛云出生在美丽的山城贵阳。她的父母都是新派人，父亲是20世纪20年代北京大学英文系的旁听生，母亲是当年女子师范艺术系的校花。乐黛云4岁就被送进天主堂跟一位意大利修女学钢琴。可是每次她都被天主堂那只大黑狗吓得魂飞魄散，对钢琴毫无感觉。他们家附近没有小学，父母就自己教她念书。父亲教英语、算术，母亲教语文和写字。母亲嫌当时的小学课本过于枯燥无味，就挑一些浅显的文言文和好懂的散曲教她阅读和背诵，乐黛云现在还能背袁枚《祭妹文》的一些片段。

父亲被聘为贵州大学的英文系讲师后，他们一家搬到了贵州大学所在地花溪。在乐黛云的印象中，那时候的生活像一首美丽恬静的牧歌：一湾翠色的清溪在碧绿的田野间缓缓流淌，四周青山环绕，处处绿树丛生。父亲买了一小片地，就地取材，依山傍水，用青石和松木在高高的石基上修建了一座简易的房子,走下七层台阶,是一片宽阔的草地,周围镶着石板小路,路和草地之间,是一圈色彩鲜艳的蝴蝶花和落地梅。跨过草地,是一道矮矮的石墙,墙外是一片菜地,然后是篱笆。篱笆外就是那条清澈的小溪了。草地的左边是一座未开发的、荒草与石头交错的小山。最好玩儿的是在篱笆与小山接界之处,有一间木结构的小小的厕所,厕所前面有一块光滑洁净的大白石。少年时的乐黛云常常坐在这块大白石上,用上厕所作掩护,读父母不愿意让她读的《江湖奇侠传》和张恨水的言情小说。

二、"不可救药"地爱上文学

在从贵阳疏散到花溪的贵阳女中,乐黛云快乐地度过了初中时代。这所刚从城里迁来的学校集中了一批相当优秀的老师,其中国文老师是刚从北方逃难南来的"下江人",名字叫朱桐仙。朱老师很少照本宣科,总是在教完应学的知识之后给学生讲小说,《德伯家的苔丝》《无名的裘德》《还乡》《三剑客》《简·爱》,等等,这些美丽的故事深深地吸引了乐黛云,她几乎每天都渴望着上国文课。

大约在二年级时,朱老师在班里组织了一个学生剧团,第一次上演的节目就是大型话剧《雷雨》。乐黛云做梦都想扮演四凤或繁漪,然而老师却派定她去演鲁大海。乐黛云觉得鲁大海乏味极了,心里老在想着繁漪和大少爷闹鬼,以及二少爷对四凤讲的那些美丽的台词。但即便未能扮演心仪的角色,乐黛云也在老师的熏陶下深深地爱上了文学,爱上了戏剧。

整个中学时代,乐黛云都沉浸在西方文化的海洋中。每个星期六一定参加唱片音乐会,听著名的音乐史家萧家驹先生介绍西洋古典音乐，然后系统地欣赏巴赫、贝多芬、舒伯特、德沃夏克、柴可夫斯基、德彪西、肖斯塔科维奇的乐曲。每个周末放学回花溪，她宁可摸黑走路回家，也要在星期六下午赶两三场美国电影。当时的《魂断蓝桥》《鸳梦重温》《马克·吐温传》等影片在她心中烙下了深深的印记。她的业余时间几乎全部用来看外国小说，英国 D. H. 劳伦斯的《查泰莱夫人的情人》，法国安德烈·纪德的《田园交响乐》和《伪币制造者》，俄罗斯陀思妥耶夫斯基的《被侮辱与被损害的》《卡拉马佐夫兄弟》，还有霍桑、海明威、辛克莱、斯坦贝克……尤其是傅东华翻译的美国小说《飘》。同学们都在谈论书中的人物，乐黛云和母亲也时常为书中人物发生争论。她喜欢有文化、有理想、有教养的文弱书生卫希礼，母亲心目中的英雄却是那位看透了上流社会的投机商人白瑞德。

三、拜王瑶为师，治现代文学史

1948年，乐黛云考入北京大学。其实，准确地说，是在被保送北京师范大学的同时，收到北京大学、中央大学和中央政治大学的录取通知书。最终，乐黛云在母亲的支持下选择了北京大学。

在北大，老师们博学高雅的非凡气度深深吸引着乐黛云，她觉得自己沉浸于一个从未经历过的全新的知识天地。当时一年级设在宣武门城墙下的旧"国会"会址；离沙滩校本部还挺远，课程有沈从文先生教大一国文（兼写作），废名先生教现代文学作品分析；唐兰先生教《说文解字》；齐良骥先生教西洋哲学概论，还有化学实验和英文……她喜欢听这些课，总是十分认真地读参考书和完成作业，也喜欢步行半小时，到沙滩校本部大实验室去做化学实验。但是1949年

1月以后,学校就再也不曾像这样正式上课了。她甚至觉得,说不定正是这五个月时光造就了她一辈子喜欢学校生活、热爱现代文学、崇尚学术生涯的人生之路。

大学毕业后,乐黛云就选定现代文学作为自己的研究方向,她喜欢这门风云变幻、富于活力和挑战性的学科。王瑶先生劝告她,不如去念古典文学。"现代史是非常困难的,有些事还没有定论,有些貌似定论,却还没有经过历史的检验。"王瑶先生说,"何不去学古典文学呢?至少作者不会从坟墓里爬出来和你论争!"乐黛云反问:"那么,先生何以从驾轻就熟的中古文学研究转而治现代文学史呢?"

二人相视一笑,一切尽在不言中。

四、从中国文化出发

1952年,乐黛云和汤一介结婚了。公公是曾经在美国与陈寅恪、吴宓并称"哈佛三杰"的汤用彤先生。乐黛云回忆说,认识到作为一个中国学者,做什么学问都要有中国文化的根基,是从汤老的教训开始的。汤用彤先生晚年患有脑溢血,乐黛云帮他做了很多事情,找书、听他口述,然后笔录成书。有一次,汤老先生在口述中提到《诗经》中的一句诗:"谁生厉阶,至今为梗。"乐黛云没有读过,也不知道是哪几个字,更不知道是什么意思。他很惊讶,连问:《诗经》你都没通读过一遍吗?连《诗经》中这两句常被引用的话都不知道,还算是中文系毕业生吗?

汤用彤并无责怪,而是耐心地给她解释了这句诗的意思,但这件事令乐黛云惭愧万分,从此发奋背诵《诗经》。她说,五四时期向西方学习的人,都有非常深厚的中国文化底蕴,像吴宓、陈寅恪、汤老先生和后来的钱锺书、宗白华、朱光潜等，他们都懂得怎样从中国文化出发，应该向西方吸取什么，而不是"跟着走""照着走"。

五、听其自然

20世纪80年代以后，乐黛云着力从事比较文学专业，似是冥冥中的缘分。

和同时代的学者一样，乐黛云也经历过一连串痛苦而惶惑的岁月，她在北大（包括门头沟劳动基地、北大鲤鱼洲分校）当过猪倌、伙夫、赶驴人、打砖手，也学会了耕地、播种、收割。她曾赶着四只小猪满山遍野寻食，日出而作，日落而息。她喜欢这种与大自然十分贴近的一个人的孤寂，也经常思前想后，为自己策划着未来的生活，以为最好是找一个地方隐居，从事体力劳动，自食其力。想来想去，还是中国传统文化帮了忙：随遇而安，自得其乐。她说："我似乎想明白了，倒也心安理得，每天赶着小猪，或引吭高歌，长啸于山林，或练英语，背单词于田野。"

由于乐黛云在鲤鱼洲劳动得很不错，还获得了"打砖能手""插稻先锋"等光荣称号，回校后，她被告知可以重返"神圣的讲坛"，给留学生上课。没想到的是，对这个留学生班的三年教学全然改变了她后半生的学术之路。80年代起，她陆续发表和出版了《茅盾论中国现代作家作品》《尼采与中国现代文学》等作品，编译的《国外鲁迅研究论集》引起了相当强烈的反响，开拓了西方文学与中国文学关系研究的新的空间。

乐黛云说，"听其自然"是自己的格言。她没有刻意地想过要成立一个比较文学学科，只是按照自己的方式去讲，慢慢地就形成了一个视角。"我觉得我做人也好、做事也好,很重要的一条线索就是听其自然。这一点可能是受庄子道家的影响比较深吧。听其自然,这也是我为人的一个主心骨。"

六、愿做被遗忘的鸣锣者

从1984到1989年的五年间,乐黛云夜以继日,埋头读书写作,争分夺秒,想要把失去的时间夺回来。她在北京大学不断开设新课,如比较文学原理、二十世纪西方文艺思潮与中国现代文学、马克思主义文论在东方和西方、中西比较诗学等。这些课程都是第一次在北京大学开设,选课的学生都在一二百人左右,听众遍及中文、英语、西语各系,还有许多从外校赶来听课的学生,教室总因太小而一换再换。学生的欢迎促使她要更用心地备课,大量增进着自己的系统知识积累。此间,乐黛云连续出版了两部专著:《比较文学与中国现代文学》(北京大学出版社)和《比较文学原理》(湖南文艺出版社)。在《比较文学与中国现代文学》一书中,她真诚地写道:"我寄厚望于年轻一代……他们可以成为世界第一流的学者,他们可以成为中外兼通、博采古今的巨人。中国文化将通过他们在世界文化宝库中发出灿烂的永恒的光辉,他们将达到一个辉煌的世界,这个世界不太可能属于我和我的同辈人……在他们登上宏伟壮丽的历史舞台之前,也许还需要一些人鸣锣开道,打扫场地!我愿做那很快会被抛在后面的启程时的小桥和小径,我愿做那很快就会被遗忘的鸣锣者和打扫人。"

她开始对外国文学比较看重。鲁迅曾说:"首在审己,亦必知人;比较既周,爰生自觉。"也就是说,必须在与世界文学的众多联系和比较中,才能找到发展中国新文学的途径。乐黛云则把自己的这两部学术著作看作"文化热"的一种结果。一切变革和更新无不始于新的观念。新观念固然产生于内在形势的需要，同时也产生于外界的刺激，两者相因相生。要促成我国悠久文化的转型和发展新阶段，首先要有不同于过去的新的观念。文化之所以"热"，就"热"在争相酝酿新观念，这就要求人们认真了解近年来世界发生了什么，有哪些新的东西可供参考，又如何为我所用。因此，"文化热"偏重于考察世界，研究中国文化与世界文化的接轨。她认为，把比较文学定位为"跨文化与跨学科的文学研究"，它就必然处于21世纪人文精神的最前沿。比较文学的根本目的就在于促进文化沟通，避免灾难性的文化冲突，改进人类文化生态和人文环境。这种21世纪的新人文精神正是未来比较文学的灵魂，也是一切文学研究和文学创作的灵魂。

七、"我很庆幸选择了北大"

常有人感到奇怪，时代的剧烈变化竟然没有引起乐黛云性格上的根本转变，她从不颓废，没想过自杀，从未对未来完全失去信心。她说："支撑我坚守的原因就是一直滋养我的、来自中西文化的生活原则和道德追求，特别是中国文化中的随遇而安，'穷则独善其身，达则兼济天下'的教导，正是这些帮助我度过了那些因难于索解的迷惑而痛苦的年代。"

回顾起来，乐黛云觉得自己的一生体现着佛经讲的五个字："命、运、德、知、行"。第一个字是"命"。你必须认命，"命中注定"的一些事情是无法选择的。第二个是"运"，"时来运转"的"运"。这个"运"是动态的，自己搞比较文学，也真是"时来运转"。当运气很坏的时候，你不要着急；运气很好的时候，你也不要觉得自己怎么了不起，它是有一个你所不知道的力量在后面推动的，并不是你自己有什么了不起。第三个字是"德"，道德是任何时候都要"修"的，这是中华民族传统文化中一个非常重要的因素。第四个字是"知"，知识的"知"。自己无论在什么环境下都没有放弃过对知识的追求，而这些知识对自己以后走上比较文学的道路是很重要的。第五个字是"行"。所有的一切，最后要落实到行为上。"行"其实是一种选择。

乐黛云说，自己大学毕业时，彭真市长调她去做秘书，她选择不去，但也由不得。没想到一来二去，当时竟把她的档案弄丢了，乐黛云也不想去找，后来也就算了。这样，她还留在北大；乐黛云访问过美国、加拿大、澳大利亚等国家，还去过非洲、南美洲和欧洲。她有很多机会长期留在国外，但最终还是回到了北大。

她说："我很庆幸选择了北大，选择了教师这个职业，选择了文学研究作为我的终身事业。我从小就立志从事文学工作，最大的愿望是把美好的中国文学带到世界各地，让各国人民都能欣赏到优美的中国文化，进而了解中国。我努力做着，虽然做得还不够好，但我一直是这样做的。"

邓友梅：轻松有趣的"京味儿"

采访手记：

我曾多次在会议上遇见过邓友梅先生。他总是挂着标志性的拐杖，斜挎一只小包，言必出"老年痴呆症"。

话虽这么说，可邓友梅给我的印象仍然是诙谐幽默，这位被誉为当代"京味儿派"小说代表人物的老作家，虽因视力不好多年不写了，但他的作品在读者的心目中却一直生动着、活跃着。

2012年拜访邓友梅时，我们谈及了他连续担任两届茅盾文学奖评委，以及对茅奖的评价，也谈及了他对自己创作的感悟。他说，最满意的作品还没写出来，如果有来生一定多写好的。

"投笔从劳"20余年后，邓友梅重新拿起了笔，他曾暗下决心，活到老学到老，勤学苦练，紧跟风尚。可是，现在活到老了，却没能学到老。

正为赶不上新潮而苦恼的邓友梅，忽然发现已到了古稀之年，"可以进入被翻过去的一页，没人跟你较劲儿了！"。

就在窃喜之间,时光又倏地过去十年,如今88岁的邓友梅或许早就熬到"身外无累,心中无事"的境界,潇洒一点且糊涂一点,"躲进小楼成一统,管它冬夏与春秋"。

第一笔稿费是一斤花生和几个柿子

邓友梅只读过4年小学,11岁从出生地天津回到故乡山东。在党的抗日救国号召和教育下,他12岁就参军当了交通员。只干了一年,赶上精兵简政,部队发给邓友梅40斤小米和几丈粗布,让他复员。

邓友梅只好又去天津投亲。

天津街头有租小说的,租一本小说一天收几分钱。邓友梅打零工吃饭,别的娱乐玩不起,租书还算能承担,就读起了小说。《薛仁贵征东》《江湖奇侠传》《旧巷斜阳》……几乎碰上什么看什么。

有一次,街头有打着旗招工的,不讲条件也不要铺保,邓友梅见机会难得,求人家把他收下了,谁知拉上船就被送到了日本,做了一名劳工。

1945年,美国飞机把日本工厂炸毁了,没活可干,日本人又把劳工送回中国,打算叫他们在日军控制下的中国矿山劳动。邓友梅在几个大工人的带领下逃出工厂,参加了新四军。

最初,邓友梅在连部当通信员,营长见他爱读书,就送他去一所中学脱产学习,补文化课。可是,邓友梅当兵当野了,穿一身军装跟老百姓的孩子一块儿坐在课堂里念书,怎么也坐不稳当。碰巧军文工团排戏,郭沫若写的《李闯王》,其中有一个放牛小孩的角色,要求会说普通话。

文工团找了几个小孩去面试,最终选中了邓友梅。

放牛小孩的戏不多,没戏演时,邓友梅管小道具、点汽灯,更多的是帮演员提词。提一次词念一遍剧本,连提几场后,就背下来了。

解放战争开始后,文工团开到前线做火线鼓动工作,不能正式搭台演戏了,只能在战场即兴演出。部队走路行军时,邓友梅就和文工团的战友站在路边唱歌数快板,看到什么现编现演。

新四军文工团许多演员都来自上海,成本大套地演戏,他们是专家,可没干过火线鼓动,不会扭秧歌,更不会编快板。邓友梅则靠自己提词学来的本事试着干。

有一回,邓友梅数快板被一个前线报纸编辑听见了,他说:"喂,你编的这段还不错嘛,把它写下来交给我吧!"不久,稿子在新四军内部刊物《歌与剧》上印了出来,这就是邓友梅的处女作《国大代表》。他得到的第一笔稿费是一斤花生和几个柿子。

此后,邓友梅就常常写个快板唱词供即兴演出,但那时的他没读过什么书,也不会写文章,只是一心想当个好演员。

不料,十六七岁到了变声期,唱歌高不成低不就,邓友梅就只能又去点汽灯、管小道具了。就在他有点苦闷之时,遇到了一次调整机会,分到了茹志鹃的班里。

茹志鹃给他上了平生第一堂文学课

在邓友梅的印象中,不论行军多累,茹志鹃都要写完日记再睡。女同志集中住,她怕灯亮着影响别人休息。邓友梅一个人住在磨道里,单独有盏灯,茹志鹃就凑到他那儿去写。

"她(茹志鹃)嘴上也说:'我写我的,你睡你的好了。'但她写字时抽烟,我没法睡,就坐在一旁给她卷烟。她又说,你少睡点也可以,越睡越懒,利用这时间读点书吧。就找出本书扔给我看。"就这样,邓友梅慢慢养成了读书的习惯,以至于后来,一天没书可读就会感到手足无措。

有一次,邓友梅读完鲁迅的《野草》,茹志鹃就问:"什么地方给你印象最深?"邓友梅背了书中的一段话:"在我的后园,可以看见墙外有两株树,一株是枣树,还有一株也是枣树。"

茹志鹃就笑:"明白意思吗?"

邓友梅说:"就是有两棵枣树。"

"那为什么不说'两棵枣树',而要说'一株是枣树,还有一株也是枣树'?"

邓友梅被问傻了。他没想过为什么。

"这叫强调,"茹志鹃解释说,"'有两棵枣树'给人印象不深,这样一强调,读者才会记住这两棵都是枣树。"

邓友梅说,这是他平生上的第一堂文学课。此后,茹志鹃鼓励他写日记,让他往写作上努力。邓友梅这才确立了写作的方向,还在全国性报刊上发表了第一篇文章《淮海战场日记》,《文艺报》在发表时把题目改成了《文工团员在淮海前线》。

作品出现最早而又重复最多的是女兵

新中国成立后,邓友梅从部队转业,调到了北京文联,在赵树理手下工作。有一次,他问赵树理:"您写的文章怎么看怎么顺眼,我写的东西怎么总有疙瘩呢?我该怎么改进?"

赵树理回答:"第一,少用形容词,多写形象。第二,文章写好后关上门,自己先大声念两遍。你念得顺口,别人读着就顺溜;自己念着都结巴，人家读起来也咬嘴。"

1951年，邓友梅加入赴朝鲜慰问团的创作组，发表了小说《咱们都是同事》，写的是朝鲜女兵救助中国人民志愿军伤员的故事。

写好后，邓友梅交给团长田汉审阅。田汉读完后很高兴："小小年纪写女人还写得不错嘛！女兵金大姐形象生动，毫不概念化。八成是你心里有个人做蓝本。"

这篇小说刊登在北京文联的《说说唱唱》上。不久到了"八一"建军节，赵树理让邓友梅再写一篇小说作配合，邓友梅赶写出了第二篇小说《成长》，讲的是抗日战争的故事，主要人物又有个女兵。

其实，在邓友梅作品中出现最早而又重复最多的就是这个女兵形象。他从没意识到这是"志鹃姐"的影子——

"我庆幸以前没有意识到这一点，也没请茹志鹃看这些作品，她看了肯定不喜欢。我写得不像，连她十分之一的面貌也没描述下来。我写她永远不会赶上王安忆。"

连续发表了一些作品，邓友梅对写作有了信心。从此，他就往写小说这条路上奔了。他觉得写作不难，只要有生活，再从理论上补充点知识就能闯出路来。

于是，邓友梅又猛补文学理论。这时他才知道，写小说首先要注意主题的思想性，考虑作品的教育性，要体现时代精神……他按这些"规定"去写，却是写一篇被退一篇，一年多的时间，一篇小说也没能发表。

"赵树理、王亚平等人认为，我虽然有文学细胞，但文化根底太差，于是决定派我去中央文学研究所（后改为讲习所）学习。"邓友梅回忆说，当时所长是丁玲，导师是张天翼。张天翼教给他观察生活、捕捉题材和形象的技能，也是记日记。

进入文学讲习所后,邓友梅认真读书,一天要读上十几个小时。讲习所规定,如果不上课,每天阅读书籍不低于5万字,他每天都读7万字以上。

讲习所没有专职老师,学哪一门就请哪一门专家来讲。比如讲屈原,就请游国恩;学莎士比亚,就请曹禺。

学习外国文学时,必读书目中有但丁的《神曲》和歌德的《浮士德》。后者是郭沫若翻译的,作家和翻译家都是名人,可是邓友梅怎么也读不进去,一看就打盹儿。他就在桌上放《浮士德》,抽屉里放一本爱看的武侠小说,一看所长丁玲走过来,就收进抽屉装着读《浮士德》。

丁玲很开通,她知道邓友梅偷着看武侠小说,但并没有批评。"丁玲说,有的作品知道一下就行了,有的作品爱读我就读两遍。对于作家来说,只有读得进去的作品才会起作用。"邓友梅的体会是,读书就像听收音机,每个人都有他喜欢的波段。

从文学讲习所出来后,邓友梅的小说《在悬崖上》发表在1956年的《处女地》上,接着被《文艺学习》转载,引起文坛的关注,却又因此被打成"右派",转送到辽宁盘锦地区去开垦荒山。

从此,邓友梅22年没再写任何东西,直到后来的"拨乱反正",他才又有了写作的机会。

文学写作绝不能随大溜

直到1976年,邓友梅的"右派"帽子才被摘掉,"提前退休"后回到北京。

有一次,邓友梅听广播,获悉陈毅逝世的消息,心里非常难过。

陈毅是新四军军长。他从小就在新四军军部文工团工作，与陈毅有感情，于是写下了很多回忆性的文字。

恰好茹志鹃到北京开会，专门看望邓友梅，看到这些文字，便鼓励他改成小说。

小说改了两遍，发表在茹志鹃担任副主编的《上海文学》上。这部名为《我们的军长》的短篇小说获得了1978年首届全国优秀短篇小说奖。那段时期，刘绍棠、从维熙、王蒙等陆续回京，他们的激情创作和不俗成绩成为当时的文坛一景。

在《我的写作生活》中，邓友梅写道——

"中国人爱随大溜，而文学就绝不能随大溜。王蒙写意识流被注意，我就决不能跟着写。就算跟着写得有点模样了，人家会说'邓友梅不错，写得有点像王蒙了'。我40多岁的人弄个像王蒙有什么劲？刘绍棠写运河，我也不能跟着写运河。我必须找一找哪些东西是他们没有而我有的……我发现自己掌握北京语言，了解旗人生活状态，和他们比，这是我的特长。我就试着用北京市民的心态语言描述北京人的故事……"

经过衡量比较，邓友梅琢磨出了自己的强项。

邓友梅小时候生活在京津地区，常听到汉族人说旗人爱面子没本事，好吃懒做。北京解放初期，他曾参加过安排旗人知识分子生活的工作，被打成"右派"后又长期和几位满族朋友共同劳动。

邓友梅渐渐发现，旧中国时汉族人对旗人看法带有偏见——

"其实，旗人的平均文化素质相当高。他们不仅会吟诗写字，而且不少人在琴棋书画、音乐戏剧、服装美食等方面都很有一手，学问很深。只因大清国皇帝夺得天下之后给了他们一份特权：子承父职，生来有一份钱粮。"

发现自己掌握北京语言,了解旗人生活状态的特长后,邓友梅试着写了《话说陶然亭》,发表后获全国第二届优秀短篇小说奖;接着又写了《寻访画儿韩》《烟壶》《那五》,成为文坛"京味儿派"小说的代表作家。

评论家认为,老舍之后用京味儿语言写北京风土故事的作家首推邓友梅,他的语言特色是少用形容词、成语,多以鲜活的生活语言入文,叙述语言得北京方言精髓而又用于无形,清爽利落,明净单纯,带着北京人亲切的民间声口。

20世纪80年代,"京味儿文学"一度非常繁荣,然而,近几年却有些萧条。对此,邓友梅的看法是,当时一大批老作家在"文革"中无法从事创作,他们有积累,有创作冲动,一旦条件宽松自然喷发出来。但在这些老作家之后,没有了继承者——

"我们这一代对老北京的氛围比较熟悉,但我们可能是最后一辈人了,比我们小10岁的,解放时年龄太小,记忆比较模糊,而更年轻的人,他们生活的环境完全被改变了,人群也完全不一样,他们写的是新北京人的生活,不再是传统的京味儿。当然,北京在发展,成为'全国的北京'了,并逐渐转为世界级城市,这也会造成其个性的丧失。"

邓友梅觉得,一个文学样式随时代发展而消失,是很正常的现象,就像鲁迅的杂文,后人再怎么写,恐怕也无法写出他那样的精神气质来。而老北京的那种温情、那种踏实,也随之逝去了。

作品不光要"有趣",还要"有益"

邓友梅担任过第四届茅盾文学奖评委和第五届茅盾文学奖评委会

副主任，对于茅奖，他的评价非常客观——

"多数作品得不上奖，得奖有一定比例，也有个平衡，比如反映工人、农民、知识分子生活的都应该有所体现。现在发表意见的平台大了，争论也会越来越多。不光茅奖，整个文学界都这样，这没有什么不好。"

邓友梅回忆起自己当年参与茅奖评选的情形——

"大家关在一个屋子里读几天作品，然后很直爽地发表意见，整个过程是民主、认真、严肃的，没有人拉票。文学界很看重自己的声誉，不注重物质方面的东西。在评奖方面，你想说服我，得有说服我的文学理由。对作品的不同意见那个时候也有，但不像现在这么多。记得有个作品，大家意见不一，后来就投票决定。好的文学作品能够经得起时间的考验，经得住读者的检验。"

一次，茅奖评选中发生了争论，有几位评委拍着桌子说，如果某部作品评上奖，他们就辞去评委职务，当即退席。邓友梅说，他有点儿犯"痴呆"了，先休息一会儿行吗？休息完再进会场后，他发话说："我想明白了，投票选哪个作品是评委神圣的权利，别人无权反对；当不当评委也是各位的权利，别人也无权反对；投谁的票自己决定，当不当评委也由各位自己决定，我一律尊重你们的选择。上午的会到此结束，自愿退出评委的同志下午可以不来了。"

结果，下午的评委会一个人也没少。

邓友梅既写"京味儿"作品，也写战争历史作品。他觉得，自己在写战争作品上花的功夫最大，但除了《我们的军长》和《追赶队伍的女兵们》两篇得了奖，其他并无太大反响。相反，他写的那些轻松有趣的"京味儿"作品，却更受读者欢迎。

邓友梅反复思考过其中原因。他认为，读者读书首先要选有趣的，有趣才好看。他写"京味儿"小说，首先是想怎样把它写得好看。"要把小说写好看，就要写你自己最熟悉的，与你的性格最易呼应，又是你最易于表现的生活素材。生活内容复杂多样，但不是所有的都能写小说。"

邓友梅说，最体现本质意义的才是最值得写作的，但同样的事物从不同的人眼里看来感觉却未必一样。

"张天翼同志让我养成随时观察有趣事物的习惯。第一是有趣，但光有趣也不行，还要有益，要有益于世道人心。"邓友梅说，在自己的所有小说中，90%是大路货，只有10%才是自己特有的产品。哪篇小说写得特别顺，这篇小说故事的结构、情节安排基本上就是好的。写得顺，说明酝酿得成熟。但在语言上要想写出特点就必须反复加工认真修改，这是苦功夫。

"真正讲究文字的是中短篇小说，有一句废话都很刺眼。"

宁宗一：努力给历史留份底稿

采访手记：

在南开大学，宁宗一教授几乎是一个传奇。不是因为他曲折的婚姻，而是因为他快人快语又单纯爽直的性格。

在宁宗一《心灵文本》的代序里，"小字辈"学生"没大没小"地戏称宁宗一是"含羞草""万人迷""万事通""八宝粥""老顽童"……能得到学生的认可，是宁宗一最大的幸福。在南开大学七十年间，他传道、授业、解惑，将从恩师那里继承的学术品格和人生智慧传递给学生；在反思精神的鞭策下，即使年过耄耋他还在不断发表文章，"希望自己重新上路"。

近来，90岁的宁宗一接受中国大百科全书出版社的邀请，做"90年口述历史"。90年，宁宗一经历的事情太多，有太多的故事，他希望调动自己的记忆，总结经验，在反思人生中给历史留份底稿。因为他觉得，反思是知识分子的义务，如易卜生所说，是"坐下来重新审视自己"。

三点意见，影响一生

1931年，宁宗一出生于北京，父亲宁伯龙出身于满洲正蓝旗，母亲是爱新觉罗家族，汉姓金。父亲虽是长孙，可是曾祖父的姨太太却容不得他们，再加上时代新思潮的浸染，父亲带着母亲离开了这个封建大家庭。

父亲很不容易，一家八口全靠他教书、当小职员和卖字为生。但恰恰是这种生存困境，成就了父亲的书法造诣。在宁宗一的印象中，父亲总是伏案勤笔，写字前总要沐浴更衣，点上一炷香，然后摘下近视眼镜，像一位老工匠，神情专注，旁若无人。父亲自然要求宁宗一练字，并且规定放学后要在二尺见方的大方砖上用大毛笔蘸着水写上20个字才能吃饭。可是幼年的宁宗一总是不先练字，而要斗鸟，经常遭到父亲无奈的白眼。父亲精读各种名帖，也要求宁宗一读帖临帖，可是宁宗一总打不起精神。尽管如此，在岁月的流逝中，宁宗一却愈来愈发现一种无法说清的情感血缘纽带，父亲书法作品的魅力和流淌出来的人格精神，在他的生命中渐渐产生了塑造性意义。

1950年，宁宗一考入南开大学中文系，1952年院系调整，李何林、许政扬、陈安湖、朱维之、王玉章、王达津、李笠等诸多名家云集南开，中文系出现了前所未有的兴旺和朝气。对于自己所崇拜的老师，宁宗一采取"有闻必录"的方式。虽然是"笨办法"，却觉得获益匪浅。直到现在，他还保留着许政扬先生的讲课笔记。

1954年6月，宁宗一毕业了，从性格上考虑，他渴望当一名记者。但分配名单下来了，却让他留系任教，而且分到了古典文学教研室。

他愣了。他无法拒绝当教师，但他怕自己教不了深奥的中国古典文学。他提出的唯一要求是，因为自己的毕业论文是李何林先生指导的

《论解放四年来的长篇小说》，所以请求从事现当代文学教学任务。当时担任系助理的朱一玄先生找他谈话，让他服从组织安排去古典文学教研室，并告诉宁宗一：跟着许政扬先生学。这句话使宁宗一安下了心。

许先生听了宁宗一的自我介绍，直截了当地对他说：你古典文学基础不好，我给你开个书单，你从现在起就边讲课边读这些书。

许先生开的30部书的书单，后来宁宗一只记得26部。有朱熹的《诗集传》，王逸章句、洪兴祖补注的《楚辞补注》，还有大部头的《昭明文选》《乐府诗集》，等等。许先生说了三条：一是这些书要一页一页地翻，但可以"不求甚解"；二是这些注本都是最基本的，也是最权威的，注文要读，目的是通过滚雪球，从中可以了解更多的书；三是把有心得的意见记下来，备用备查。这一纸书目，三点意见，对宁宗一的教学治学产生了深远的影响，使他一生都受用无穷。

小说戏曲，互补相生

宁宗一常说，自己是在古典文学教研室熏陶出来的，是由恩师带大的。

那些深奥的古典文学著作，他当时都要看哭了，还要每天点灯熬蜡写讲稿。20世纪50年代南开大学中文系由李何林先生定了个规矩，青年助教上课前必先在教研室试讲，正式上课时导师要抽查。宁宗一在给历史系讲文学史课程时，李何林共听了三次课，许政扬随堂听了六周课。"李师一般多从技术上和仪表上提出意见，比如板书太草，写完挡住了学生视线以及说话尾音太轻，后面学生听不清楚，中山服要系好风纪扣，皮鞋要擦干净，等等。许师则着眼于讲授内容的准确性、分析阐释上的科学性等等。对读错的字，也一一指出。"（摘自宁

宗一《书生悲剧——长忆导师许政扬先生》一文）

对于指出来的问题，宁宗一要在下一次上课开始时，向学生纠正自己讲错的地方。这种反复的训练使他养成一个习惯，只要有讲座，必须准备讲稿，讲稿摆在那儿可以不看，心里踏实。

在宁宗一的学术研究中，小说、戏曲的研究始终同步进行。他一直企望沿着许政扬先生将小说与戏曲相互参订、同步研究的道路走下去，但这一学术理念直到1979年南开中文系古典小说戏曲研究室挂牌，在华粹深先生执掌研究室工作时才得以明确化。

"华先生认为小说、戏曲有血缘关系，中国的戏曲、小说研究必须互补相生，不能独立研究小说或者戏曲。"宁宗一回忆说，自己对戏曲的爱好是华先生激发出来的。有一天，华先生带他去看京剧《玉堂春》，坐在第五排，旁边就是京剧名家杨荣环。结果宁宗一睡着了。从大戏院出来，在路上华先生"训"了宁宗一一顿："你现在正教元曲，怎么能不看戏呢？不看戏，就很难讲好戏。要理解一部剧作的全部构思，是很难离开舞台艺术形象创造的，要多从'场上之曲'来分析作品。"今天，宁宗一的学生回忆宁先生给他们讲课时，总提到师生同去看戏、看画展，正是继承了华先生奠定的好传统。

当然，从恩师那里继承的，不只是带着学生看戏。宁宗一没有忘记一个知识分子应有的立场和良知，在时刻内省中铭记一个学人的文化使命，"恩师、先贤的灵魂，一直激励我寻找、再寻找文化人格的理想境界"。宁宗一说。

精神至上，仁爱为先

有一次小聚，宁宗一带着真诚的忏悔向一位院领导说："当下南开文学院的文脉没能传承下来，在尊师重道方面我们远不如历史学院做得好，差距极为明显。"

他并不是批评某一个人，而是把自己摆进去，进行了深刻的反思。"为什么我写了那么多篇怀念恩师的文章？其意甚明，就是带着忏悔的心情与灵界的恩师进行虔诚的对话，就是愿意舍近而就远，问道于灵界。因为我在反省自我时，想到我的恩师生前都勤于修身、慎于立言，但几乎无一例外地，在他们自己可能的环境内，为我们的民族文化做出了非凡的贡献。他们的人格精神点燃了我的心灵之灯。"宁宗一觉得，恩师们那些无言的思想，带给他在这个世界上坚守和承受一切的力量。他的反思和忏悔，在口述史中真诚地表达了出来。

宁宗一的反思，不只对人生的反思，也有学术研究上的反思。比如对《金瓶梅》的研究。作为文学史上第一个从小说美学角度研究《金瓶梅》的知名学者，宁宗一出版过《〈金瓶梅〉十二讲》《说不尽的〈金瓶梅〉》《〈金瓶梅〉可以这样读》等诸多著作，他在"金学"研究界的权威性无可置疑。即便如此，他也经常反思自己的阅读和研究史，并坦率地表达，显示出严谨的治学作风。

"今天，面对已经步入辉煌的'金学'，我不可能不反思自己对'金学'建构中存在的诸多误读和在阐释上出现的偏差。我一直想通过小说美学这一视角去审视《金》书，并打破世俗偏见，参与同道一起提升《金》书在中国小说史和世界小说史上的地位，还其伟大小说的尊严。"宁宗一说。

他也曾写过一些杂文，如《考据，不应遮蔽审美的视线》，文中就一些问题同大师陈寅恪商榷；《二十一世纪，以东方文化为主流》是质疑季羡林先生在这一问题上前后反复不定的立场；《"中人"考辨》则是同钱锺书的讨论。宁宗一的学术个性，正如田本相所言，有敢于向大师挑战的精神。

宁宗一的学术研究广搜博采,又总能有独特的创见。他尤其看重人生况味的深入感悟对文学研究的影响。

"我认为应该注重作家和读者之间的人生况味。我的书读得不多,但是人生体验、磨难多多,人生的磨难折射了社会的侧面,使我的认识容易与小说合拍——小说是写人生、写心灵、写人性,这是文学真正的自觉。"比如在《红楼梦》研究中,他曾提出,对任何一个真诚的小说研究者来说,细读文本和尊重文本都是第一要义。他从不满足"文学是人学"这一笼统的界定。很多人把《红楼梦》的文本看作曹雪芹心灵独白的外化,他却看作是曹雪芹心灵的绝唱。"一切伟大的作家最终关怀的恰恰是人类的心灵的自由。曹雪芹不正是以他的纯真的心来写作的吗?事实上,文学史上一切可称为伟大的作家,哪位又不是做着'我心'的叙事?"宁宗一认为,任何谈及心灵的写作都带着强烈的回忆与反思的色彩,它是一种对自己的"重读",因为当一个人提起笔来进行叙事的时候,首先需要面对的正是自己。《红楼梦》也只能是属于曹雪芹的心灵的叙写、回忆和反思,是他的"心灵自传"。

秉承这一理念,他在研究武侠小说中,能发现古龙先生善于以心与人生的交融达到对一则传奇故事的生动展现;也能洞察古龙异于梁羽生、金庸两位巨擘之处,是在于他的作品更多地体现了最典型的陈述心灵与心灵处境的小说艺术,因为古龙的作品有时几乎直接针对灵魂,它打动了我们自身内在的精神生活。

他是如此纯粹,又如此真诚,做人、做学问,两袖清风,光明磊落。他说:"我们教书人更应看重精神生活,我们就是要成为精神至上主义者,一个有真正仁爱精神的人。"

林非：做学问要讲学术良心

采访手记：

"有谁从小康人家而坠入困顿的么，我以为在这途路中，大概可以看见世人的真面目。"70年前，少年林非看到鲁迅《〈呐喊〉自序》中的这句慨叹产生共鸣而浮想联翩时，大概不会想到，多年之后自己竟走上鲁迅研究的道路，并视此为一生的志向。

早在20世纪50年代，林非就写出一系列研究鲁迅作品的论文，至现在，林非已出版了《鲁迅前期思想发展史略》、《鲁迅小说论稿》、《中国现代小说史上的鲁迅》、《鲁迅传》（合著）、《鲁迅和中国文化》、《论〈故事新编〉的思想艺术及历史意义》等大量的学术著作，在海内外影响广泛。作为原中国鲁迅研究会会长，林非对鲁迅的研究持续了近60年。2016年是鲁迅先生逝世80周年，作为一个对鲁迅痴迷一生的鲁迅研究专家，林非如何评价鲁迅？对于当下的鲁迅研究，又有何看法？我拜访了中国社会科学院研究生院原文学系教授、博士生导师，中国鲁迅研究会原会长，中国散文学会原会长林非。

在陈荒煤的鼓励下写出《鲁迅传》

1931年,林非出生在江苏海门。在母亲的支持下,他初中毕业进入上海吴淞中学读高中。在这里,林非读了很多鲁迅、高尔基等进步作家的作品,却因说真话得罪了三青团(中国国民党下属的青年组织)。当时与他一块儿读进步书籍的一位同窗好友,因为其父是国民党上海市党部书记长,得知林非已被列入"黑名单",就悄悄告诉了林非,让他多注意。林非索性离开上海渡江北上参加了革命,之后又随解放大军南下,参加了渡江战役。1951年,林非作为调干生考入复旦大学中文系,毕业后分配到中国社会科学院文学研究所。

基于早已认真研读过两遍《鲁迅全集》,林非在文研所写出第一篇论文《论〈狂人日记〉》,见解新鲜而深刻独到,引起了学术界的重视。这篇文章经唐弢先生审阅,发表于1962年2月的《文学评论》上,这是林非研究鲁迅的首发之作。此后,他先后发表《鲁迅小说的人物创作》《论〈阿Q正传〉》《论鲁迅的小说》等文章。1978年,林非完成了他第一部研究鲁迅的专著《鲁迅前期思想发展史略》(上海文艺出版社)。

1981年夏天,在纪念鲁迅100周年诞辰的工作中,主持文学研究所工作的陈荒煤担任纪念委员会的秘书长,林非负责学术组的事务,筹划全国上百位著名学者参加的研讨会。有一次,陈荒煤在走廊上看见林非,约林非去他的办公室谈话。陈荒煤问:"为了鲁迅100周年诞辰纪念,你们考虑过没有,还应该做一些什么工作?"

林非说:"除了已经上报的三部学术专著之外,还发动大家多写一些论文,针对当前存在的问题发表意见,着眼于提高鲁迅研究的学术水准……"

"你们没有想到过其他的工作吗？"他默默地望着林非，和蔼地笑了。

林非无法回答这突然的询问，说："没有。"

陈荒煤说："应该赶写一部言简意赅的鲁迅传，让更多的人准确地了解鲁迅，这既是最有意义的纪念，也是拨乱反正的重要工作啊！"

回忆起这段往事，林非依然觉得温暖。陈荒煤看完他写的文章后，才确定让他写鲁迅传的。"除荒煤之外，还从来没有哪一位领导，是在阅读了我的文章之后，再布置和指点我去从事研究工作的。"

就在纪念鲁迅百年诞辰活动上，鲁迅研究学会成立了，这是"文革"后成立的第一个、也是规格最高的学会。名誉会长是宋庆龄、邓颖超，会长是林默涵，林非担任副会长。同年底，林非和刘再复合作完成了《鲁迅传》，该书不仅追求其研究价值，而且注重通俗性和形象性，记录了鲁迅一生的各个侧面，丰厚有力地凸显了鲁迅的人格、思想、艺术见解和学识。尤为可贵的是，让鲁迅作为一个平凡而又伟大的"人"，抒写出他真实的成功和失败、喜悦和痛苦、愤怒和热爱、憧憬和绝望，完整而准确地展示了鲁迅光辉的一生。

回望三十多年前出版的《鲁迅传》，林非认为，由于当年是仓促赶出的"急就章"，因此还显得比较粗糙，在历史的深度和思想的高度两个方面，开拓得还不够，不少地方应该写得更精致和概括一些。

林非还认为，对于鲁迅批判封建传统思想的独特贡献，应该在研究当时各种社会思潮的基础上，做出细致和深入的分析。为此，林非将鲁迅与同时代的人物以及在中国思想史上各种反封建思想的人物进行比较，还把视野扩大到了中西方人的自觉与精神解放历程的历史中比较，以历史主义的观点指出鲁迅的局限性，使鲁迅具有了更为科学的历史定位。在这一思路的指引下，林非于1978年动笔，写出了

《鲁迅前期思想发展史略》。

林非说，撰写《鲁迅前期思想发展史略》的目的，是希望通过三条思想线索之间的起伏变化，以及鲁迅唯物史观见解的不断递进，突破与替代瞿秋白概括鲁迅思想发展的那个公式。这种符合实际且显得更为丰盈的说法，引起学术界不少朋友的兴趣，也许是在意料之中的。

鲁迅研究专家张永泉于1983年致林非的一封信里提道："时隔二十年，我还是十分清楚地记得当年坐在阅览室里读您的《论〈狂人日记〉》的情景。那服人的论辩，动人的诗情，融哲理与形象于一体的语言，曾使我激动不已。那以后，凡是您的大作，我必找来学习。《鲁迅前期思想发展史略》，我圈圈点点，不知读了多少遍。"

"不免油滑"的利与弊

1984年4月，林非的《论〈故事新编〉的思想艺术及历史意义》出版，对于鲁迅小说的题材问题、所穿插的"油滑笔墨"问题、创作方法问题以及小说的历史意义和时代意义等问题，提出了新颖而准确的结论，再次引起学界的重视。

在第一章论《补天》中，林非指出小说在中国新文学史的地位，在开拓古代题材的现代小说中属于首创之作。"在《补天》出现之前的中国新文学史上，只有郭沫若写过古代题材的作品，然而那并不是小说创作，而是在新诗和历史剧领域的尝试……"然而，鲁迅在《补天》中，穿插了一个"古衣冠的小丈夫"在女娲的两腿之间的丑行恶语的情节，这就直接涉及"油滑"笔墨的现实意义和艺术价值这个颇具争议的问题。"鲁迅对自己的创作有着很严格的要求，他认为这

'小人物跑到女娲的两腿之间来,不但不必有,且将结构的宏大毁坏了'(《南腔北调集·我怎么做起小说来》),他认为'这就是从认真陷入了油滑的开端'(《故事新编·序言》)。"

可是,为什么鲁迅后来创作《故事新编》的其他篇什当中却一再止不住要加倍地"油滑",越发走上这条独特的道路呢?林非没有拘泥于鲁迅对自己作品的严格要求,而是联系鲁迅的散文《朝花夕拾》以及诸如郭沫若同期历史题材的作品进行比较研究,还对照鲁迅的"不免油滑""有一利必有一弊"之说,阐明这里的"利"就是鲁迅作为民主主义战士的责任感,是现实的战斗需要,闪烁着鲁迅对社会停滞状态批判的光芒。"加进现代社会细节的'油滑之处'不能妨碍它作为历史小说的存在,却只能使它成为一种具有独创性的比较特殊的历史小说。"

紧接着,林非在《奔月》的分析中,结合鲁迅所处的"五四"新文化运动的退潮时期和他个人的经历,透过对于羿的塑造,写出了既是作品人物,也是作者本人的孤独和寂寞。"如果他真的追上了嫦娥,是愤怒地用箭射她,还是依旧像往日那样爱抚她呢?这种来源于性格复杂性的合情合理的悬念,产生了耐人咀嚼的蕴藉和含蓄的力量,这正是现实主义艺术的长处。"此外,林非再一次评点"油滑"写法的利弊,点明其中逄蒙陷害羿,既是博采文献,也有刻意点染之笔墨,那就是讥讽文人高长虹,但这里却将他攻击鲁迅的话语直接搬进小说的对话里去,"如果不太了解关于鲁迅详细的史传材料的话,这些话就显得怪诞和无法理解了"。林非说,这确实属于"油滑"之处的弊病了。

鲁迅说过,"除《铸剑》外,都不免油滑"(1936年2月1日致黎烈文信)。但是,林非却逆向而论,认为《铸剑》也有"油滑之处"

的,"不大喜欢红鼻子的人"即指一再评说过的顾颉刚,还有宴之敖居然说出现代的文学语言。这些都属于顺手拈来,涉笔成趣。但对此的否定抑或肯定的评语是相当谨慎委婉的。林非认为,我们完全可以对这种"油滑"发表不同的看法,但是鲁迅想使文学创作产生更大社会作用的意图是不能否定的。

林非指出,《故事新编》中,"油滑之处"的表现最为突出的,要推《理水》,其现代生活的情节占了重要篇幅。至此,鲁迅这种以"油滑"进行讽刺的写法,更趋于成熟。"鲁迅是要通过滑稽和怪诞的讽刺手法,跟读者达到一种会心的默契,提醒他们不要将古代和现代的生活现象混淆起来。这些带上了古代和现代生活不同特点的混合物,正是鲁迅的一种独特的创造,在这显得有些'油滑'的插科打诨的艺术结晶中,讽刺了从古到今的一些丑恶的社会现象。"林非认为,这种被鲁迅自己称为"油滑"的笔墨,在世界短篇小说创作中实在可以说是一个奇迹。鲁迅的艺术独创性正是在这里表露了出来。

林非如此估评"油滑"笔墨,可谓全面、审慎,捕捉到了鲁迅历史小说的艺术创作既不失传统的范式,又有独特性地向前发展。在林非看来,鲁迅远远地超越了当时那种文化氛围的启蒙主义者,显得十分寂寞和孤独。可以说,鲁迅毕生都处于寂寞和孤独的精神境界中间。他说:"当今的中国不会再让鲁迅孤独和寂寞,当今的中国仍然需要鲁迅,鲁迅仍然是科学和文学启蒙主义的旗帜。"

《鲁迅和中国文化》的学术朝气

很多人认为林非温文尔雅,其实内心刚强。因为爱说真话,他一生经历了很多挫折。1995年他当选为中国鲁迅研究会会长。他一直在思考如何才能进一步拓展鲁迅研究，将鲁迅研究提升到新的层次。2005年秋天，李敖在香港凤凰卫视有关鲁迅的四次讲演中以他惯有的"狂放"，对鲁迅进行了不顾事实的贬损。林非注意到后，很快在香港《香港作家》发表《李敖，信口雌黄说鲁迅》一文，对其进行了严肃的批驳。香港凤凰卫视随之对林非先生进行了专访，他认为，必须要维护鲁迅，维护在中国思想史、文化史上无人可以替代的伟大鲁迅形象，这是一个正直的、成就卓著的学者的责任感，学术良心至关重要。

回顾近60年研究鲁迅的心得，林非认为，自己非常在意把鲁迅主要的特点和长处表现出来，在鲁迅思想中重视人的个性。2007年，《鲁迅和中国文化》的撰写和出版，被古稀之年的林非视为自己鲁迅研究的最后冲刺，也是他从事学术研究活动的最终记号。这部学术著作阐述了作为中国文化史、思想史上伟大的思想家的鲁迅研究的历史价值与现代意义，被学术界誉为当代鲁迅研究的一座"高峰"，当代中青年鲁迅研究学者不易超越的不朽之作。

《鲁迅和中国文化》中写到鲁迅对传统文化的批判，传统文化中有精华，也有糟粕。林非强调人人生而平等、自由的思想、独立的人格，这是他在理论上最大的贡献。他不止在考证资料上，更主要在理论上研究鲁迅，强调鲁迅在五四时期启蒙的作用，对国民劣根性的批判和对知识分子的启蒙。

从精神文化视角探索鲁迅与中国文化的关系，自20世纪80年代就已开始了，而林非的《鲁迅和中国文化》使这一视角更为深化。中国社会科学院研究员张梦阳认为，《鲁迅和中国文化》中最耐人咀嚼、发人深省的是，从深邃、丰厚的文化内蕴中发出对"人"的呼唤和对鲁迅"立人"思想的阐发。"立人"是鲁迅自己独立思想的核心，对鲁迅"立人"思想的阐释与发挥是新时期鲁迅研究最重要的收获。同时，林非在中国鲁迅研究史上第一次科学与理性地指出了鲁迅的历史局限性。他在《鲁迅和中国文化》中指出，鲁迅早期受到无政府主义和唯意志论思潮的影响，不可能离开小农经济的基地，对明中叶及黄宗羲以后的民主思想缺乏研究，等等。像这样实事求是地为鲁迅定位，不回避他的矛盾和局限，反而与鲁迅所处的时代达到深度契合。

"林非在鲁迅研究上之所以硕果累累，与他独到的研究方法是分不开的。"学者蔡长青认为，早在1960年代初期研究鲁迅小说时，林非就开始运用比较的研究方法，他的《鲁迅和中国文化》更是运用比较方法进行研究的杰出范例。在《鲁迅思想研究随笔》一文中，他主张"应该把鲁迅的思想，放在他所处的广阔的时代背景前面来进行观察"，"还应该放在中国近代思想史上看其承前启后的重要作用"，"并且跟思想史上各种反封建的思想观点进行比较，从而阐明它历史和现实的意义，阐明它在思想史上的作用和价值"。实际上，林非不仅仅把鲁迅的思想放在中国思想史上来观察，甚至还参照了西方思想史上的诸位先哲，这样更有助于对鲁迅的思想进行合理而准确的评价和定位。与许多学者的认识不同，林非一直强调鲁迅研究不是个人的事情，它是涉及国家和民族发展的大事。在他看来，鲁迅研究的意义绝非停留在学术层面，其思想启蒙的意义更值得重视。

林非认为，一个国家应该日益提高自己民族的精神和文化水准。一个会思考的民族才会产生大的科学家、思想家、艺术家。所以鲁迅的思考、鲁迅剖析国民性的犀利的目光在今天仍然是有着巨大的社会意义的，有些任务我们仍没有完成。从这点来讲，作为一个深刻的思想家、文学家，鲁迅对于我们民族的精神是具有无穷无尽的推动力的。

散文创作,把"心"交给读者

如果说鲁迅研究是林非倾注一生的学术脉络,那么,散文创作则是他的另一条平行线。《现代六十家散文札记》《中国现代散文史稿》……林非的作品充满诗意,又不失理性的思考。《现代六十家散文札记》一开始在南开大学学报连载,反响出乎意外。百花文艺出版社很快出版,第一版印了17万册;《中国现代散文史稿》成为韩国大学研究所的教材。

林非先生最感人的是那些表现亲情、友情的作品,他用爱与真诚温暖着无数读者的心灵。他记叙了与师长、朋友的交往。冰心、刘大杰、陈翔鹤、方令孺、沙汀、荒煤、秦牧、王瑶、赵树理、吴伯箫等著名学者和作家生动地从作品中走来,竹内实、许世旭、丸尾常喜等外国学者浮现于文字间,张晓风、郑明娳、黄河浪等海外华人作家批评家跃然纸上。散文评论家李晓虹认为,在与文学界前辈的交往中,林非始终怀着一种尊重,但这是对才华的珍视,对人格的敬重,与权力和名气无涉。正因为这样,作者每当想到恩师刘大杰时,便会由衷地钦佩他的讲课和过人的才智,并不回避他晚年所做的违心之事,最终从蹂躏和践踏人们灵魂的时代找到缘由。正因为这样,当陈翔鹤这位老作家拿来发表在《人民文学》上的得意之作时,林非说出真话"不太喜欢";但在陈老因为此文而受到自上而下的批判时,林先生却对他深深地鞠躬,在他即将遭受皮肉之苦时,又巧妙地保护了他。

在2002年的全国高考语文试卷中,曾列入了林非的散文《话说知音》。林非在另一篇《渴望着追求更多的知音》的文章中说:"远在自己的青年时代,我就追求着赤诚的友谊,盼望着在许多朋友之间,都能成为相互支撑和生死与共的知己,以及同声相应与击节赞叹的知音。"生活中林非的知音是中国传媒大学教授、作家肖凤。"他很内敛,理性,但又敏感、情感细腻。林非性格直爽,嘴对着心,一辈子不会拐弯抹角。"肖凤因此评价林非是"一根筋"。

学者、散文家王兆胜评价林非散文,认为其叙述方式表面看来比较传统,其实是颇具现代性的,这是一个有着深厚的古典文化素养,而又充满自觉的现代思想意识的学人的一种现代表达。林非散文的叙述模式有其突出特点:一是把"心"交给读者,二是童心与智思的辉映成趣,三是有着同情心和美好的祝愿。这种散文是有君子风度的,它显得特别亲切、自然、优雅和动人,从而与许多喜作高谈阔论、导师式宣讲的散文大为不同。

王兆胜说,散文的情感是当下颇有争议的一个问题。与许多人公开倡导散文情感的虚假和虚伪不同,林非强调散文情感的真实,并将之视为生命。林非散文的情感总体来说,始终坚持真、善、美的内在统一,但又有其独特的关系结构与变化,这主要表现在纯粹与包容、炽热与平淡、粗犷与细腻的辩证关系上。细心体察林非散文的情感世界,可以感到他心弦的律动与震颤,是一种充满知音之感的文学、人生书写。林非曾是一名军人,他年轻时扛过枪,渡过江,还打过仗,但后来却改弦更张读了大学,随后是全力以赴地从事学术研究和文学创作,成为国内外知名的学者和作家;林非一辈子以学术研究为主,但又酷爱散文随笔创作;林非一面执着于鲁迅研究,一面又热爱散文研究。可以说,在林非身上充满着丰富性、多元性、矛盾性、辩证性与和谐性,这是理解其学问人生的一个很好的切入点。就林非散文而言也是如此,粗犷与细腻虽是一对矛盾的情感,但它们却鲜明、和谐地得以共存、共生、共长,成为各自独立而又水乳交融的一个现象存在。

知识分子的良知与覃思

有强烈责任感的作家,不应该盲目地去吹捧专制帝王,而是应该写出历史真相,这样才有助于人们彻底地反省和思考,全面地增强民主的意识。针对当时的"戏说"之风流行,林非写下了多篇历史题材的散文,如《"太史简"和"董狐笔"》《询问司马迁》《浩气长存》《是谁杀害了岳飞?》等。

在学者秦弓看来,从鲁迅研究起步的学术生涯,使林非养成了喜欢思索、长于分析的习惯。"他不是像传统士人那样发思古之幽情,也不是像一些当代文人那样到古代题材中去猎奇或戏说,而是透过历史文献与古典文学深入思考封建专制的本质与历史发展的趋势等重大问题。"秦弓指出,对封建专制始终保持着清醒的理性态度与犀利的批判锋芒,这恐怕与林非从鲁迅那里汲取的精神源泉有关,个中也熔铸进他对自己乃至几代人现代生存体验的深刻反思。

林非在《散文:我写故我在》中写道:"人总是需要宣泄的,尤其是有激情的人,受到现代文明熏陶因而强烈地感觉自己富有独立品格的人,就更迫切地想要倾诉自己丰盈和浩瀚的内心世界,叙述自己对于宇宙人生无穷无尽的印象,表达自己源于心灵中的爱或憎、赞美或讥讽、叹息或向往。"这种情绪融入了对历史的阅读与思考,以笔下人物的性格、命运的发展为线索,对历史背景作审美意识的同化,以敏锐的、现代的眼光进行观照与思考,给予历史生活以新的诠释,体现出创作主体因历史而触发的现实的感悟与追求,使作品获得更大的人生意蕴和延展活力。

在《读书心态录》一书中,林非从对明朝历史的回顾说到了奴才心理,从《正气歌》说到了民族自尊、自由的可贵,从"二十四史"

中读出了愚昧野蛮的封建文化氛围,从奈斯比特的《大趋势》讲到了理性和科学的巨大威力——他的散文穿行在历史与现实、自然与社会、时间与空间中,既吸收了以鲁迅为代表的五四文学丰厚的文化营养,又承接了20世纪80年代中西文化交汇带来的文化财富;既反思传统文化,又呼唤现代新文化的重建;他渴望与古代那些志存高远、灵魂洁净的仁人志士对话,向着悠远的历史敞开心扉寻求知音。他将自己对于历史、哲学、文化的认识融为一个有血肉的有机的思想,与古人交流、碰撞,生成新的思想,融入现实关怀和当代宽阔的文化视野。

作为林非的学生,李晓虹深切地体会到林非的历史文化散文与时下许多同类作品的不同之处,在于他创造了一个庄严而亲切的"聊天室",给这些遥想中的英雄注入血脉和生机,与他们对面而坐,侃侃而谈。在《询问司马迁》中,他在文章开头写道:"曾经有过多少难忘的瞬间,沉思冥想地猜测着司马迁偃蹇的命运,痛悼着他灾难的遭遇",他"好像就站立在我身旁。我充满兴趣地向他提出数不清的问题,等待着他睿智的答案……只要还能够在人世间生存下去,我就会跟他继续着这样的对话,永不终结地询问和思索下去。"

林非以生命叩问和灵魂对接的方式,同这位"萧条异代不同时"的伟大的文学家、史学家探讨着生命存在的意义以及如何对待苦难、如何坚守"史德"等一系列重大课题,做出公允的结论。

再比如《浩气长存》中写到荆轲刺秦王的故事,林非写道:"我多么想超越时间和空间的距离,跟他推心置腹地交谈",吟咏着"易水悲歌","心中竟然燃烧起一团熊熊的火焰,还立即向浑身漫延开来,灼灼的血液似乎要沸腾起来,无法再安静地坐在方凳上,对于抚摸着滚烫的胸脯,竟霍地站立起来,绕着桌子缓慢地移动脚步,还默默地昂起头颅，愤怒地睁着双眼，就像自己竟成了这不畏强暴和视死如归的壮士。"——而这种主体性的写作方式，这种对话姿态与感情的投入，使得读者在不经意中接受并产生共鸣。而他面对审美对象时强烈的问题意识，更使得他的作品长于思辨，显出丰富而深刻的内涵。

作为中国散文界的重要人物，林非对中国20世纪散文的贡献，还体现在他对散文理论和散文史的研究开拓上。在林非之前，对于中国20世纪散文史的研究，仅停留在编年史的选本状态，如周作人编选的《中国新文学大系·散文一集》，郁达夫编选的《中国新文学大系·散文二集》等，虽然钩沉出中国20世纪散文史的线索，但缺乏散文史识、史论、史评方面的总结，很难达到散文史作为一门学科的要求。针对这些问题，林非最早推出《现代六十家散文札记》《中国现代散文史稿》两部论著，由此带动了中国散文史的研究。20世纪80年代初，林非发表了《关于中国现代散文史研究的问题》的演讲，在学界引起很大反响。因为在此番演讲中，他首次明确把中国现代散文创作分成四种样式，为后来的散文史研究梳理了可供参照的科学依据。而他主持或为之作序的散文史研究著作更可谓洋洋大观，既重构了新散文理论观念，更推动了20世纪的中国散文创作。

看上去林非先生儒雅、随和、谦逊而豁达，然而走近他，才知道在他温和宽容的笑容背后，掩藏着一颗真实、善良而倔强的心灵；越了解他，才知道那么多不为人知的善举。1999年，一位青年学者参与组织编辑了《中国著名作家散文经典》，由于出版社未取得作家授权而被起诉。这位青年学者辗转找到林非帮忙，在尊重知识产权的基础上，林非以他的大度、坦诚促成这件侵权案的妥善解决，事后又将自己的稿酬全部捐给了希望工程。2006年，他应邀到内蒙古的两所大学讲学，将讲课报酬悉数捐给了贫困学生。

在散文创作中，最为重要的是思想境界的追求。正因超越了平常庸俗的人格，正因自由真诚的风骨，正因渊博的才识、丰厚的理论修养和现代意识，林非的散文创作才具有独特的精神意趣和文化个性，才显示出他独立思考的文化自觉意识和开阔包容的文化胸襟。如他在《平庸而又奇异的历程》一文中说："在经历了多少艰辛和忧患之后，我愈来愈变得乐观起来。眺望着生命的夕阳冉冉下降时，确实应该更豁达一点儿，更潇洒一点儿，更高兴一点儿。"

谢冕：我毕生追求美文

采访手记：

曹文轩和一些朋友都肯定谢冕的写作风格，说他凸显了某种个人文体，谢冕自称"愧不敢当"。但是，他接着说："我毕生追求美文却是真的。文字传达人的思想情趣，必须让人乐于接受，所以文字要美。我甚至在写学术论文时也要求呈现文字的魅力。我希望我的文字给人愉悦之感。生活中的烦恼够多了，我不希望再给人们增添烦恼。我希望人们在阅读时忘记人间的一切不悦，希望阅读成为人们逃避愁苦的一种快乐。这番认识，是我人过中年以后逐渐形成的。"

散发着墨香的《花落无声——谢冕自述》摆在面前，字里行间流淌着芬芳的诗意。

其实对于这本书的编写，谢冕开始是拒绝的。他不愿意写传记式的东西，尽管很多人都这么做。他说："我的人生基本上很平淡，轰轰烈烈的人有的是，我不值得谈。"

所以有关自传，自己写或别人写，谢冕一概拒绝。更何况主编柳鸣九将这套书冠以"思想者自述文丛"。"我不是思想者,我基本上没什么思想。"但他与柳鸣九是北大同学,盛情难却,只好就请中国社科院文学所研究员刘福春帮忙,勉为其难出了这本书。

谢冕很喜欢封面的照片,因为显得"年轻"。的确,他不喜欢唱老歌,说旧事,也不喜欢絮絮叨叨。他喜爱"二十岁的教授"的称呼,欣赏"老顽童"的谑称,但他不是浅薄的乐观主义者,因为他对世间的苦难早已洞彻于心。

采访谢冕是在首都师范大学诗歌研究会主办的"百年新诗与今天"的会议期间。席间,刘福春大谈由谢冕老师发起的"馅饼大赛"。这个大赛的固定比赛地点是昌平太阳城里的馅饼店,活动已办了三四年,饭店老板一看一行几十人很高兴,但上桌之后这帮人只点馅饼、胡辣汤和大蒜。据说谢老师的最高纪录是八个半,北大教授洪子诚老师也参与其中吃了六个,得了"新秀奖",赛过之后再也不肯吃馅饼。我只在《我所理解的北大精神》一书中读到谢冕建立"批评家周末"文艺沙龙持续了十几年,没想到坊间流传更广的是"馅饼大赛"之说。我们从这一几无思想和学术含量的话题说起,回忆诗人执着坚忍的风雨人生。

17岁,《我走进了革命的行列》

在前行的军队中,中间是汽车,左右是步行的士兵。其中就有17岁的中学生谢冕。在1949年9月16日的《星闽日报》上,他以谢鱼梁为笔名,发表《我走进了革命的行列》:"我并不孤独,因为,我和人民生活在一起。我也不会失望,因为,我有信仰!我有勇气,所以我能够毅然地向前走去。"

小时候，谢冕家里很穷。学生假期都要郊游。他交不起钱，衣服很破，也没有路费，又不能和家里说，就借口生病不去。他躲在家里读白居易的诗，借此忘记内心的痛苦。所以，在谢冕的回忆里，诗歌给他最初的安慰就是：可以使自己在痛苦的时候很富有。

"我在学校成绩平平，数理化都不好，就是偏向文学，作文经常得到表扬，喜欢写诗，学何其芳、林庚、徐志摩、戴望舒，和同学们你写一句我写一句唱和诗歌。功课没学太好，诗歌的爱好与日俱增，1948年底就开始发表作品。"谢冕喜欢诗，曾梦想过做诗人。然而命运却把他带向了另一条道路。

当时，谢冕读的教会学校的学费是要求交一百斤大米。他的学费靠两个人供给，一个是小学老师李兆雄，他哥哥是三一学校的校董，在他的帮助下谢冕可以被减免三分之一的大米；一个是姐姐，变卖嫁妆和首饰资助谢冕。

他读完高一，再开学就快到十八岁了，怎么办？那年暑假，福州解放，部队进来了。8月的福州非常热，又是雨季，可是这些士兵携带着自己全部的行囊和武器，也携带着泥泞和汗水，甚至还有血迹，就这样和衣睡在大街上。谢冕被感动了，先前所知道的光明也好，理想也好，希望也好，都是抽象的，都不及他在福州街头亲眼目睹的这一幕。他跟着学校师生带着水慰问部队。后来部队到学校动员，希望知识分子能加入进来，谢冕没有征求父母意见，下定决心从军。

在部队的六年，行军、训练、守备、修工事、备战，多次历经生死交关，他曾经害怕过，但是没有退路。有一些和他一道参军的朋友，因为受不了部队的严格纪律开小差走了。他暗下决心，无论如何不能违背初衷，一定要坚持下来。"我在军队的最高级别是副排级。现在看副排级不算什么，但在连队是很大的官，让很多连队干部战士看了眼红。一些参加过上海战役、淮海战役的战士连班长都没能当上。"谢冕在部队的大部分时间都生活在基层连队,而且都在海岛驻防。他的很多书生气的习惯,在这段时间都被改掉了。

谢冕敏感地感觉到自己的自由写作受到损害。诗歌本来是表达自由的情感和思想的,喜欢诗歌,却不能表达自我,所以他告别了写作。他在部队也写过剧本、演出过节目,有数来宝和快板等,但是和自己的追求格格不入。所谓知识分子想要表达自由的思想受到抑制。

在正式实行军衔制之前,谢冕因有"海外关系"奉命复员。

文学是自由竞争的

北京大学,带给谢冕的是民族忧患的心理遗传和中国现代知识分子的使命感。从蔡元培到马寅初,其间有着一长串闪光的名字。谢冕为能置身于他们生活的环境和氛围而庆幸。

在等待民政局分配工作的时候,谢冕复习了高中的全部功课。他和张炯(著名评论家,当时在福州第十兵团)借了高中的课本,前后只学了三四个月时间,7月高考之后考上了北京大学。三个志愿中,谢冕的第一志愿是北京大学,第二志愿是北京大学,第三志愿还是北京大学。

在北大中文系读书时,谢冕参加了北大诗社,后来编《红楼》杂志,是诗歌组组长。大三时,他和孙绍振等一起写作《中国新诗发展概况》,这是谢冕从鲁莽幼稚的诗歌爱好者进入到一个研究者的重要转折。

"当时从北大图书馆拉了一面包车的书集中地阅读,我们通过阅读这些原始材料,为写作提供了一个重要的基础,也培养了阅读兴趣。在这之前，不仅是我自己对新诗的认识是局部的、碎片化的，就是学术界也没有一部新诗的历史。我们想通过自己的努力，通过大量史料的阅读，从整体上进行一次历史的梳理。"谢冕说，自己曾被认定是"右倾翻案的急先锋"，但不论经历多大的挫折，他都不曾放弃文学和诗歌。

"它已经与我的生命融为一体，它是我的信仰。"真正属于谢冕的青春是从20世纪70年代后期开始的。尽管这时他已人到中年，还是真切地感到了头顶那一轮崭新太阳的明亮。

1980年5月7日，谢冕在《光明日报》发表《在新的崛起面前》，在诗歌界引起很大反响。他说，自己看了年轻人的诗歌，满心欢喜，知道这是诗歌的希望。中国诗歌的泰斗级人物艾青、臧克家、绿原等都反对如此写诗歌，但谢冕是按自己的感觉说话，认为应该写这样的文章。这也许和北大"思想自由，兼容并包"的风格有关。朦胧诗从地下发展到为大众熟知，很多人认为是古怪诗。谢冕也不赞成诗写得让人读不懂，但他主张应当允许有一部分诗让人看不太懂。世界是多样的，艺术世界更是复杂的。即使是不好的艺术，也应当允许探索。风潮过去后，大家都说朦胧诗是好的，而且朦胧诗推动了我们现在诗歌的发展，改变了原来诗歌的格局。

一直以来，谢冕都认为，文学创作是多元的，应尊重各种写作、各种流派、各种主义，只要是对文学做出了贡献的，都应尊重，不应固守一隅。另外，文学工作者应尊重作家和诗人自由地表达自己的愿望和感情，自由地选择写作方式。这是非常重要的。作为北大的一名教育工作者，他始终秉承学术自由、思想独立。自由地表达对时代的反思和批判的精神。"我在从事诗歌批评或文学批评中，表达意见或写文章都是这样，我尊重每一个作家的自由创作，不因为我个人喜欢什么或不喜欢什么而影响判断。我主张宽容。文学是自由竞争的，不是行政规定，规定是绝路，自由竞争才是活路。"谢冕说。

一辈子只做文学

谢冕曾经走在中国当代文学评论界的前沿。张洁的《从森林里来的孩子》发表于1978年7月《北京文艺》，他在第10期就写了评论《迟到的第一名》。但显然，他在新诗理论研究建树的光芒遮蔽了其他。

作为北京大学的知名教授，谢冕讲课肯下功夫备课是颇有口碑的。

"很多人不知道老师有多苦。和古代汉语不同，教当代文学，为了讲一堂课，看材料，写稿子，单备课内容就是一万多字。"谢冕说，当代文学日新月异，是一门不断"生长"的学科，特别是20世纪80年代之后，创作自由度增大，有关出版物和文学资料"泛滥成灾"。谢冕特别苦恼，也做不过来，就不做了。文学史研究和文学批评的开展，其基本法则是"减法"而不是"加法"。必须不断地从那些混合状态中选择有价值的东西。这些工作的难度，不身临其境往往难知其艰苦。

诗歌评论则是谢冕一直坚持在做的事情。他精力比较好的时候，一年写一篇综合的评论。"我一路跟踪，和新诗创作保持亲密的接触和联系，不离不弃，在诗歌现场随时进行归纳和总结，花了很多工夫。我是诗歌的义工。在一路跟踪的同时，对年轻诗人的诗歌推荐、评论，有的没太大意义，但耗费了不少精力。"谢冕说，一个人一生只能做一件事，杰出的人例外，比如王国维和闻一多。他们做的学问太大了，王国维从甲骨文一路研究下来。闻一多从《诗经》《楚辞》《庄子》到图章、画画都很精通，太了不起了。一般的人只能做一件事。"我一辈子只做文学，文学只作了诗歌，诗歌只作了新诗，新诗只作当代诗。也许我的才华可能在别的方面，我对园林、对服装、对饮食等都有兴趣。但几十年过去了，我只做了一件事。"

邵燕祥：全天候的诗歌爱好者和习作者

采访手记：

邵燕祥，诗人、散文家、评论家，祖籍浙江萧山，1933年生于北平，1948年北平中法大学肄业，1949年至1957年曾任中央人民广播电台编辑、记者。1978年至1994年先后任《诗刊》编辑部主任、副主编。1980年至20世纪90年代，曾先后当选中国作协理事、主席团委员。著有诗集《到远方去》《在远方》《迟开的花》《邵燕祥抒情长诗集》等。他从20世纪80年代中期开始主要从事杂文散文创作，先后出版《忧乐百篇》《当代杂文选萃·邵燕祥之卷》《邵燕祥文抄》(三卷本)，以及人生实录系列《沉船》《人生败笔》《找灵魂》等。

这首《散步的人》写于2013年11月1日，可视为邵燕祥人生经历与创作的写意概括。

　　他曾经奔跑

　　向着太阳

　　向着风雨

他曾经跌倒

不止一次

不要人扶掖

他又艰难地爬起

他在泥泞中练了腿脚的韧性

又在干岸上试过了速度和耐力

最后

这个"老运动员"

选择了全天候的项目：散步

不是为了表演

更不是竞技夺标

他只是按照自己的心意

随性走着

走着

散步着

散步着

从20世纪走到21世纪

从蹒跚学步到从容漫步

这个在中国散步的人

这个在天地之间散步的人

他

就是我

　　从1947年始，邵燕祥一生经历了七十余年创作旅程。1984年，在从大兴安岭林区十八站去沿江的呼玛途中，他以《开花》表达自己"拼一生的情思／开放这一次"的激情，写下"即使只开放一次／即使只开放一天/能够开花/也是幸福的/因为/是在这可爱的大地上/开花啊"。步入老境，邵燕祥依然愿意以"花期"来回顾和总结自己的创作。

"80多岁的老人，把写作比作'花期'，好像不着调，"他温和而自嘲地笑着，进一步解释，"我说诗是'花'。百花齐放是好的，文学作为'花'也是好的。我更进一步认为，诗是诗人的生命之花，是用自己的心血、用精神、用生命灌溉的。"

以有涯逐无涯，殆已！

2020年8月1日，邵燕祥在睡梦中去世，享年87岁。

用诗行编拢的花簇装点诗坛

1949年至1957年，是邵燕祥写诗的第一个"花期"。先以歌颂革命战争胜利的诗集《歌唱北京城》（1951年华东人民版）开局，后又写出了《到远方去》《我们爱我们的土地》等一首首新时代的咏叹调。

周定一于1947年至1948年间在《平明日报》协助沈从文编《星期艺文》，他回忆："投寄诗作最多的是邵燕祥，而且每每是长诗，感情充沛，才华横溢，并处处见到现实批评精神和明朗的进步立场。我想，有必要去拜访一下这位热心的作者了，于是按来稿地址找到东单附近的一条胡同。见面之下，我深为惊异，原来他那时还是个十四五岁的中学生。"（《沈从文先生琐记》）

邵燕祥的童年是寂寞而压抑的——

"1939年上小学的时候，我居住的古城北平已经成了日本人信马由缰的世界。属于我的世界只是学校的教室和自家的院落……我的童年和少年时代的生存环境，就是外战和内战。我家虽勉可温饱，但精神的忧患压得一个孩子早熟了。在这样的国土上，不应有梦。然而我偏要做梦，并学着说梦。这些诗，记下了好梦，也记下了噩梦；记下了好梦的破灭，也记下了噩梦人的惊醒。"

在《邵燕祥诗选·序》中，似乎可找到他早期的诗歌气质形成的因由。他从1947年开始发表诗作，那时正是国民党统治时期，邵燕祥的诗歌基调是悲凉的、控诉的。他用悲凉和控诉鼓舞斗志。

邵燕祥初一的国文老师叫仇焕香，毕业于北大中文系，他第一次看到邵燕祥的作文，赞赏之余批注："文笔老练，非率尔操觚可比。是从何处抄来？"

下课后，邵燕祥找到仇焕香说："仇先生，我不是抄来的，是我自己写的。"仇焕香说："好吧！"第二次作文课，仇焕香就留神了，他在课堂上监考，发现邵燕祥的作文果然不是抄的，从此对邵燕祥另眼相看。

正是在仇先生这里，邵燕祥看到了油印本的毛泽东《论联合政府》，他为书中提到的建立一个和平、统一、自由、民主、富强的新中国的理想所吸引；也正是仇先生，将手头所有的鲁迅杂文单行本全部借给了邵燕祥，使他明确了为人、为文的方向，并从此打下杂文写作的底子。

1947年，邵燕祥参加了"五二〇"反饥饿反内战运动，并于10月加入了中共地下党的外围组织"民主青年联盟"（民联）。他说："我更加全心全意地跟着被反动派诬为'匪谍'的地下党的大哥哥大姐姐们，参加读书会、壁报、话剧团，利用一切可能团结同学，宣传党的主张；还搞过团结老师的尊师募捐活动。我和同志们一样如饥似渴地找一切可能找到的革命书刊来读。"

北平在围城期间曾估计到最后难免遇到傅作义部队的抵抗，那必然会发生巷战。为了给解放军提供向导，邵燕祥和地下党外围组织的成员分片进行调查，哪些街道有军警岗位，哪些是企业单位，等等。这些资讯为绘制军事地图提供了依据。

首都师范大学教授吴思敬曾在《苦难中打造的金蔷薇》一书序言里提到，邵燕祥在1947年4月的处女作《失去譬喻的人们》中写道："指控权力者宰割人民、发动内战，但具体指的谁，诗中并未点明，这在政治上也许是不鲜明的，但这种不点明，恰恰也使这首诗与一般的檄文有了区别，而成为一种历史现象的概括。"

《失去譬喻的人们》的写作受了穆旦的影响，对于邵燕祥是有里程碑意义的。在诗歌的风格和写法上，他最初则深受臧克家的影响。臧克家的《罪恶的黑手》《运河》是邵燕祥特别欣赏的长诗。而他的新诗创作，整体说来主要受"七月派"的影响，如艾青、田间、冀汸、绿原。

"艾青抗战以后的诗，我几乎都买全了。《向太阳》《火把》都是长诗，适合朗诵。《大堰河——我的保姆》《雪里钻》《他死在第二次》《黎明的通知》《在北方》……印象深的我都背下来了，比如在《乞丐》中他写道：乞丐用固执的眼／凝视着你／看你在吃任何食物／和你用指甲剔牙齿的样子。"

邵燕祥说，凡是过去别人的诗里没写过的、有独特发现、有很深内涵的诗句，是很打眼的，能打进你心里，让你长久不忘。艾青的诗，一下子让你体会到抗战初期难民悲苦的状况。他的表现方式和旧体诗不一样。比如，旧体诗有白居易的《望月有感》："田园寥落干戈后，骨肉流离道路中。"邵燕祥是在日本统治下读到白居易这首诗的，他虽然在北平城里住着，没有流离失所，但是作为亡国奴或半亡国奴也能体会难民的痛苦。

邵燕祥少年成名，用他的诗行编拢的花簇，装点了20世纪50年代的诗坛。何西来在《燕祥的诗心和文心》中评价道："他单纯、年轻的诗情和诗心，很让那一代年轻人激动不已。"

在诗歌道路上摸索前行

1951年夏天，邵燕祥出版了第一本诗集《歌唱北京城》。国家第一个五年计划的宏伟蓝图发布，他敏锐地感觉到国土上涌动着即将全面开始社会主义建设的政治气氛和激情，于是写出了《到远方去》。

"我将在河西走廊送走除夕，/我将在戈壁荒滩迎来新年，/不管什么时候，只要想起你，/更要把艰巨的任务担在双肩……"这首充满激情的《到远方去》，是邵燕祥在1952年完成的。初稿有242行，严辰读后认为芜杂，放了几个月后，邵燕祥重新删改压缩，定稿时只有40行。1955年出了第二本诗集，书名就叫《到远方去》。

"工业建设的先行，一是地质一是交通，我作为中央台的工业记者下到东北工业厂矿基地，大半年的时间在鞍山、抚顺、长春汽车厂工地跑来跑去，写了一组以社会主义建设为题材的诗歌。这些诗不是叮叮当当的生产过程的简单再现，而是融入了自己的感情。我的主人公都是年轻的同龄的建设者。"

诗写出来以后，邵燕祥放了很久才拿给报刊"投石问路"，其中有他自己的顾虑。"我担心我贯注在这些诗歌里的激情，是不是用小资产阶级的思想感情，冒充工农兵的思想感情。后来，这些作品不但被广大读者接受了，也被主流文学界肯定了。大家从常识出发，认定从青年工人到青年知识分子无疑都是青年社会主义建设者，我们的思想感情是为第一个五年计划的实现而奋斗、而献身。"

《到远方去》和《五月的夜》都发表在《中国青年》半月刊上。1953年6月,全国青年代表大会召开,邵燕祥作为电台记者参与报道工作。当时的团中央宣传部长杨述和他夫人、《中国青年》主编韦君宜接待参会记者。韦君宜问他:"你就是邵燕祥?你那两首诗这期《中国青年》发表了。"杨述补充说:"再有一点儿力就更好了。"他们的话给予邵燕祥很大的鼓励。

这一时期,邵燕祥经常被人们提到的另一首诗是《我们架设了这条超高压送电线》。这首诗有着特殊的命运,不但上了中央人民广播电台的联播节目,过后又发表在《人民日报》上,这在当时是破天荒的。

"1954年1月29日晚,我的同事写了高压线工程完工的消息,用电报发回中央台了。当天晚上,我写了这首高压线的诗,寄给了中央台的老播音员齐越(他和牛汉是抗战时期西北联大俄文专业同学)。这首诗有很多问答,我建议集体朗诵,由齐越领诵。齐越收到后很快送给总编辑梅益(《钢铁是怎样炼成的》译者)。梅益说好,但是集体朗诵太麻烦,今天晚上就播,上联播。梅益还觉得光朗诵一下不够,又转给《人民日报》,2月6日就见报了。"

1956年第1期的《人民文学》发表了公木的评论文章《邵燕祥的诗》。公木分析了邵燕祥诗歌特色形成的原因:"不只写战争、写工业,而且写任何题材,都充沛着时代精神;这是由于在年轻诗人的心灵里充沛着时代精神的缘故","诗人不仅仅凭借'一种情绪、一种感触',他的热情是有着坚实的思想基础和生活基础的。"

1956年第1期的《文艺报》发表沙鸥的评论文章《年轻人火热的声音》,进一步探索了邵燕祥的诗歌创作——

"他因为在抚顺采访新闻,这种工作职务使他不能不深入去了解工作,他就是在抚顺写出了《我们架设了这条超高压送电线》这一篇好诗的。同年五月,他到了鞍钢,写出了那首淳朴的、毫无矫饰的《十二个姑娘》。十二个姑娘并非诗人虚构。诗人采访了这十二个女润滑工之后,还将原稿朗诵给那十二个姑娘听过,征求过她们的意见。同年的六、七月,诗人又到了第一汽车厂,写出了《中国的道路呼唤着汽车》等四首诗。他在鞍山、抚顺,以及第一汽车厂的感受,又成为他的长诗《我们爱我们的土地》的重要材料。这又说明了这个古老的道理:邵燕祥写出了这些好诗,首先是他深入了生活的结果。"

"还是迎着朝阳出发/把长长的身影留在背后/愉快地回头一挥手!"(《假如生活重新开头》)1978年,邵燕祥回到诗坛。他没有戚戚于个人的伤痛,只是一心想写出好诗,写出跟这个时代相称的好诗。20世纪80年代,邵燕祥出版的诗集中,两本书名都带有"花"字,一本叫《迟开的花》,另一本叫《如花怒放》。

在邵燕祥的诗作中,很少有像《五十弦》这样以女性为倾诉对象,集中处理个人情感的作品。《五十弦》从个人情感上切入,但并不是写卿卿我我。的确,任何个人感情也好,命运也好,都不能脱离他所处的环境。

从1947年开始写诗,邵燕祥已经写了七十多个年头。回首往事,在评价自己诗歌价值的时候,邵燕祥坦诚地说——

"这是一个时代的物证。所以我的诗歌,有一些没有选入自选诗稿的,恐怕多少还有一点认识各个时期文学和诗歌走向,认识我这样一个特定身份的作者在这个大时代下,在文学和诗歌道路上摸索的痕迹。不但有足迹,还有手印。"

邵燕祥说,《找灵魂》等实录文集中保留了各个时期写的东西,可以作为"人文化石",主要供人文社会学者研究知识分子命运,作为文学史、诗歌史的附录，作为资料性的备考。

"我仍然说，我是诗歌爱好者和习作者，并且是全天候的。现在不像当诗歌编辑时关心宏观诗歌走向，对成千上万的年轻诗人，我是寄予厚望，希望他们当中逐渐形成高原，再形成高峰。"邵燕祥说，他对中国的新诗，抱着乐观态度。这需要做切实的工作，诗人要学习，评论家也要解放思想，要敢于表彰也要敢于批评。诗人也要独立思考，不要随大流，不要赶风。

邵燕祥注意到，现在很多人唱衰新诗，也有人说成是网络传播或市场经济的罪过。基本上，我们诗人在追求诗性、追求纯诗的前提下，逐渐淡化了政治，远离了现实，更多地进入所谓内心生活。内心生活是不应该排斥的，对于外宇宙的激情反映本来就是应该通过内宇宙，不应是截然分开的。过去不谈或少谈内宇宙，现在则只提内宇宙，两眼不看外宇宙了，好像都已经仙风道骨了。他认为，这使得我们有些作者、有些年轻的诗人多少浪费了自己的诗情，也浪费了自己的才华。

无论写诗写文，贵在真诚

早在1946年，14岁的邵燕祥就开始发表杂文。但他没有走向持续的杂文创作，而是选择了诗歌。直到20世纪80年代中期，邵燕祥比较集中地写杂文，并慢慢超过了写诗的量。

邵燕祥说，不管是写诗还是写杂文，都是自己向公众的发言。在这样一种理念之下，很长一段时间内他的诗多半取材于公共空间，都是人人理解的公共生活当中的所谓芸芸大者。1983年之后，《光明日报》《人民日报》上常看到邵燕祥老辣犀利、切中时弊而又痛快淋漓的杂文。

他曾提出：把诗融入杂文，把杂文融入诗。但是现在，邵燕祥说，这两句话要修正一下了：把诗融入杂文，把杂文融入诗，后者在一定意义上，如写讽刺或谐谑诗是有用的，而在一定情况下，把诗歌加上杂文笔调是不适当的。邵燕祥说："我不迷信别人了，也不迷信自己。"

"如果说鲁迅教给我用怀疑和批判的眼光去看待'已成之局'，那么巴金就是教给我要奋不顾身地去追求一个未来之世。"在邵燕祥看来，巴金式的热情和鲁迅式的理性，都是不能缺少的。无论写诗写文，贵在真诚，所谓"修辞立其诚"，凭真情，说真话，如巴金说的，"把心交给读者"，读者才易于接受。杂文可以嬉笑怒骂，激昂慷慨，也可以平铺直叙，缓缓道来，但它的内核是说理。

1996年，《邵燕祥随笔》曾获首届鲁迅文学奖。在他心中，好杂文首要的标准，一是针砭时弊尽量中肯到位，二是对社会现实的反映较一般文学作品更及时。"至于杂文的文采还在其次。现在杂文对现实的反映，当然不及传媒组成部分的'时评'更快捷。许多时评作者也在适当吸收'杂文笔法'，这样会吸引更多的普通读者。而纸媒上的杂文不可能在'迅速、及时'一点上跟时评相比，那就必须在每一篇杂文背后力图挖掘更深，手术更细，且更注意提高文化品格，使有耐心的读者从中得到审美的愉悦，同时领受比同一主题的时评更多的思想收获——当然，这都是高标准了，我是做不到了，但希望更多杂文家能做到。"

有出版社希望出版邵燕祥的忆旧之作，他想到丰子恺喜欢的王安石的两句诗："草草杯盘共笑语，昏昏灯火话平生。"于是就用"昏昏灯火话平生"做了书名。

如同一些已入老境的作家们一样，邵燕祥晚年多写回忆文章，比较集中的主题是写恩师：仇焕香、沈从文、吴小如、周定一、严辰、杨振声……他说，没有他们，自己不可能一帆风顺地走上文学之路，并坚持至今。还有在广播局的几位老领导，如梅益、柳荫、左荧、陈庚，他们不仅对自己有知遇之恩，且都是在自己落难时加以援手和保护的。"许多师友和众多同事，乃至我下乡所遇的农民'社员'，艰苦备尝而良知不泯，他们是我做人的榜样。关于他们的回忆，不仅在报私恩，还感情债，更是为了传承中国文脉，让后人知所取则。"

真话其实是指"真心话"

"假如为我过去30年树一座墓碑，应该严肃地铭刻这样两行字：政治上无名的殉难者，文学上无谓的牺牲者。"邵燕祥的很多作品中充满了反省意识。这样的自省，需要勇气、胆识和自我剖析的独立意志。

"人老了，回忆过去，这是人之常情。回忆当中，难免有苦有甘，有得意有失意，有'遗憾'以至'遗恨'，这导致在不同程度上对自己过去的否定（当然，否定不是一棍子打死，而是扬弃），总是不无痛苦的事。那么，以什么态度对待这些往事，是正面穷究，还是背过脸去，应该各随自便。有些老年朋友，说'何必自苦'，愿意设法忘却，以求晚年轻松，也不失为一种选择。"邵燕祥说，对各人的精神世界，切不可强求一致，更不该以"自我反思"作为道德高标责之于他人。他认为，真话其实是指"真心话"，是从心窝子里掏出来的，是不从众，不学舌，不求面面俱到，不一定符合一时"政治正确"的标准；它来自个人的直接观察，直觉反应，基于个人水平的思考以至联想和忖度。"传统文化讲大人物必有'三立'：立德，立功，立言。而我，一个走过大时代的小人物在这里侈谈的'证'，不过是从一己的角度，补充了一些正史所不录的细节而已。"

与"五四"提倡的新诗（白话诗）相对，邵燕祥也把古代口语和书面语基础上的传统诗歌如诗词曲等称为"旧体诗"。他一般不把旧体诗叫作"古体诗"，因为在传统诗歌中，把严格格律化的五、七言律诗（还有一部分五、七言绝句）称为"近体（诗）"，与之相对的乐府歌行才叫作"古体（诗）"。正是在这个意义上，他认为有人号召今人写"新古体诗"，还有写短小新诗的作者自称所写是"截句"（截句本是绝句的另一种叫法），都似有欠妥之处。

谈到自己写诗，邵燕祥说多年不"赶任务"，不作命题文章，故恪守"不硬写"的规矩，总是"等诗来找我"。"不管什么题材，找到我的是新诗的句式，我就写新诗；找到我的是五七言的句式，我就写旧体。好多年没有'长短句'来找我了，所以笔下也没有填词。"他说，消极地"等"诗找来，这里省下了面对一份题材，掂量用什么体裁写才好的工夫。

2019年第27届柔刚诗歌奖将荣誉奖颁给了邵燕祥，认为他"最初面向未来的理想主义讴歌曾激励了无数的同代人；他因诗受难的命运逆折恰与新诗曾经的跳崖式悲剧及其追求现代性的内在悖谬互为印证；而他'归来'后创作的大量以'找灵魂'的独特心路历程为背景，以'痛定思痛'为基调的作品，直透当代诗歌复兴过程中的众声喧哗，凸显出其间最诚挚、最深沉、最强有力、最不可或缺的部分"。

在他的诗作中，巨大的政治激情和透彻的人生思考混而不分，锐利的批判勇气和精微的修辞策略相互拥挤，笔锋所至，犹如绽开一丛丛蓝色的火焰，辐射着一个诗人、一个知识分子的人文情怀在际会新的历史语境时彼此激发的光和热；其直击人心的力量，既来自他对国族和人类命运强烈而持久的关注，又来自他对个体生命经由反思和感悟，超越精神苦难，实行自我救赎并探询未知的不泯信念。

严家炎:"大侠"的精神世界

采访手记:

他谦和,严谨,不苟言笑,心里却有一个隐秘而丰富的大侠世界。

严家炎,北京大学教授。曾任北大中文系主任、中国现代文学研究会会长……看上去哪一项也和"大侠"不沾边儿。但是,宗璞说北京大学有两个"大侠",一为郝斌,一为严家炎。

2018年12月16日,90岁的宗璞在接受采访时依然认同自己当年的判断:"严家炎是有侠气的好人,助人为乐,绝不计较一些小事,心胸很大,敢说真话。说真话有时候会惹麻烦,但他不考虑那些,事情该怎样就怎样——这在现在很难得。"

我问严家炎:"如果请您将自己和金庸小说里的人物对比,您觉得自己这种研究学问的精神,有能对得上的人物吗?"他思索了一下,说:"用郭靖学武作比方是合适的。"

是因为从小看书时就喜爱侠客的仗剑天涯除恶扬善之义气,还是中学时期就开始创作武侠小说?总之,在严家炎八十余年的坎坷人生中，尽管经历各种磨难，尽管看上去书生气十足，在他的禀性中却始终有一股刚正不阿的侠气，从他犀利睿智的文章和观点中，从他"清源方可正本，求实乃能出新"的学术追求中，或可略见端倪。

自幼崇尚侠士精神

小的时候严家炎就喜欢读小说，《江湖奇侠传》等武侠小说也读了不少，尤其喜欢侠士们见义勇为、肝胆相照的精神。高中二年级的时候，严家炎即在上海《淞声报》发表过两部短篇小说，还学着写过一两万字的武侠小说。

那时候，高中部八九个有兴趣的同学，自发组织了一个文学小组，阅读和讨论毛泽东的《在延安文艺座谈会上的讲话》，丁玲的《太阳照在桑干河上》，邵荃麟、葛琴编的《解放区短篇小说选》。母亲希望他去上正规的大学，严家炎却觉得，有出息的文艺工作者，应该到群众中去，到火热的斗争生活中去，通过自己的体验写小说。为了圆自己的文学梦，他坚持上了华东人民革命大学。事后不久，接二连三发生的一些事情，使严家炎感到极度震惊。他无法理解，一群被公认为进步的作家，包括刘雪苇老师，都成了"反革命"。

他决心改变自己的环境和道路。1956年，正好周恩来总理提出"向科学进军"，动员知识青年读大学、读研究生。严家炎就在这年9月以同等学力考进北京大学中文系，成为文艺理论方向的副博士研究生，从此由文学创作转向学术研究之路。

清本正源，苦练内功

入学后，钱学熙老师告诉严家炎，五分制的题目，英语是五分，文学史不及格。可是到后来，因为中文系缺少老师，系里就把严家炎调出来当教员。严家炎当时不愿意接受，心想：我好不容易考进来，是想认认真真学习的。但是组织上先后三次找他谈话，说已上报给北京人事局和市委科教部，调动申请已经被批准。他只好硬着头皮到中文系来，算是工作了。

在学术研究道路上，严家炎认为对自己影响最大的是杨晦、钱学熙两位先生。"要我们从头读作品，读注释，从《诗经》《楚辞》起的各种重要注本要抄录下来（如毛氏传疏，《诗经》的朱熹注本等），要求将基础打得扎实，给我们开了很长的一串书单。不但中国的，还有欧美的，从荷马史诗、希腊悲剧、柏拉图、亚里士多德起，直到19世纪、20世纪的重要作家作品，其中还包括《圣经》，因为它也是西方文学的一个源头。我们也受了唐弢先生的影响，他强调让研究生读过去的期刊，掌握原始资料。"

严师出高徒。严家炎在读了刘绶松先生、王瑶先生、丁易先生等人的著作之后，发现50年代前期出版的现代文学史著作，有些往往来不及核实原始材料，结论不能令人信服。比如把1916年酝酿、1917年兴起的文学革命当作"新民主主义性质"的运动，划入"中国社会主义现实主义的萌芽时期"，认为陈独秀、李大钊当时都已经接受了马克思主义思想。

如此种种说法，严家炎都持怀疑态度。于是他连续二十多天到北大图书馆去查阅1915年到1920年间的《新青年》杂志。反复阅读和思考，不仅弄清了两位重要人物思想转变的具体事实，还考察了1918年以后《新青年》文学活动的若干新因素、新变化，写出《五四文学革命的性质问题》，其中的观点得到李慎之等学者的认同。

严家炎研究"五四"文学的另外一些文章，也大多采取这种从疑点入手的方式，对大量的文章著作细读、研究和考辨，基本都得到国内外学术界的认可。

这是一种由发现疑点而起步并紧追不舍的研究方式，使严家炎取得了开拓性的学术研究成果。

举例说，朱自清的《赠友》一诗，歌颂"手像火把""眼像波涛"的革命者，这对于说明作者的思想和交往应该说都很重要。但他所赠的这位友人是谁，原诗发表于何处，都不清楚。严家炎翻阅了20年代初期的一些期刊，发现此诗发表于1924年4月26日出版的《中国青年》第28期上。在此之前四个月，《中国青年》曾刊登过邓中夏《贡献于新诗人之前》一文，其中引用了邓中夏所作的两首旧体诗，正是表达了"共产均贫富"的理想。那么，朱自清笔下的"这位友人"也许就是邓中夏。但是也不确切。

严家炎又进一步了解，发现朱、邓二人都是"五四"时期北京大学的文科学生，虽然朱在哲学系，邓在国文系，却都是1920年毕业，完全可能是熟识。但还不能真正落实。他又从朱自清将此诗收入《踪迹》集时改题为《赠A.S》方面查找线索，后来总算从《红旗飘飘》上看到一篇回忆文章，说邓中夏1923年在上海大学工作时，曾改用"邓安石"的名字，正好符合A.S的英文拼音，这才算一切口径都对得上，获得了定论。

严家炎曾经两次参加编写教材。第一次是1961年。那时中央有关部门正组织力量统一编写文科教材，王瑶、刘绶松、刘泮溪先生等十多人都参加了《中国现代文学史》的工作。唐弢担任主编，制定了几条重要原则。第一条是：必须采用第一手材料。作品要查最初发表的期刊，至少也应依据初版或者早期的版本，以防辗转因袭，以讹传讹。另一条是：注意写出时代气氛。唐先生认为，文学史写的虽是历史衍变的脉络,却只有掌握时代的横的面貌,才能写出历史的纵的发展。关于复述作品的内容,他认为应力求简明扼要,既不违背原意,又忌冗长拖沓,这在文学史工作者是一种艺术的再创作。再一条是:文学史尽可能采取"春秋笔法",褒贬要从客观叙述中流露出来。这些意见,直到今天看来仍对编写文学史教材甚为有益;在当时的条件下,更对整个编写组,尤其是对当时年轻人树立严谨、求实的学风,起着良好的推动作用。

20世纪80年代中期,三卷本《中国现代文学史》,获得全国第一届优秀教材奖。

在编写教材之外,严家炎著书立说,其中,《中国现代小说流派史》便是他很重要的一部著作,也是中国现代文学史中不可忽视的一部杰作。他在研究中对新感觉派和后期浪漫派的重新发掘,意义重大,有论者认为,它标志着残缺不全的小说史研究的历史终结。

这也是严家炎写得最艰苦、投入时间最长的一项工程。之所以艰苦,首先在于这部书所要求的鲜明的原创性,它是这个学术领域中的第一本书,没有其他同类书籍可以参考借鉴,其中必须贯穿和渗透作者自己的许多独特发现和识见。书中论述的八个流派,从命名到流派特征的概括,都包含着他的许多劳动和心血。新感觉派被埋没了几十年,新时期经严家炎发掘出来,所以施蛰存先生称自己是"出土文物"。其次,小说流派史是个多层次的高度综合性工程。再次,小说流派史还注意到不同流派之间既竞争又互补的状况,从而显示出错综复杂的立体的关系。这三个层面都要做到准确无误,是很不容易的。1992年,《中国现代小说流派史》实至名归地获得全国第二届优秀教材奖一等奖。

严家炎从入学时的文学史不及格,到后来不但教文学史,还着手编写文学史。对于这一反转,也许更能证明严家炎的"内功"造诣。

为《铸剑》而"战"

严家炎研究鲁迅,似乎也因他们之间有一种隐秘的内在的精神联系,或者说,鲁迅作品中的侠义精神契合严家炎的精神追求。

几乎每一位认真读过鲁迅小说的人都会感到他的许多作品有一种不大容易把握之处,让人久久思索。其中特别之处在于,鲁迅小说里常常回响着两种或两种以上不同的声音。日本的竹内好在他的《鲁迅》中就说过这种感觉。他认为鲁迅小说里仿佛"有两个中心。它们既像是椭圆的焦点,又像是平行线,是那种有既相约、又相斥的作用力的东西"。严家炎认为,这种感觉不是偶然产生的。鲁迅小说是以多声部的复调为特点的,这是鲁迅的很大贡献。陀思妥耶夫斯基确实以写复调小说著称,但他写的都是中长篇小说。短篇小说能达到鲁迅这种成就,可以说很了不起。

在严家炎的学术生涯中,最热闹的莫过于为鲁迅的《铸剑》和一位学者发生过激烈的笔战。

《铸剑》写的是黑色人那种与专制暴君势不两立以及行侠不图报的原侠精神,可以说,也是鲁迅自己精神气质的外化。这位黑色人的外貌长相简直就是鲁迅的自画像。而且鲁迅有一个笔名,叫作"宴之敖者",由此可见《铸剑》和作者鲁迅间的那种密切关系。

那么,《铸剑》可不可以说是武侠小说呢?一切叙写"仗武行侠"故事的小说,都可以称为武侠小说,《铸剑》当然也在其中。虽说题材本身很难分出高低贵贱,但限制不了作品思想或艺术上的实际成就。

《水浒传》在清代已被人看作"遗武侠之模范",某些低劣的武侠小说，也实在无法与之相比。严家炎的看法是，我们应该放弃20世纪30年代以来那种把武侠小说看作"精神鸦片烟"的偏见，也不能一味抹杀是与非、正义与邪恶的界限来谴责武侠小说的"打打杀杀"。《铸剑》作为一篇写"仗武行侠"的短篇小说，它其实也是有"打打杀杀"的。不杀，国王的头颅怎能掉进鼎中，宝剑又有何用？不自杀，眉间尺、黑色人的头颅又怎能与国王的头颅同在鼎中撕咬？

于是，严家炎在《为〈铸剑〉一辩》中用不少材料证明将《铸剑》视为现代武侠小说，他认为，这绝不会辱没鲁迅。

在研究文学史的过程中，严家炎还曾为丁玲等人翻过冤案，也参与过论战。面对学术问题的论争，他的身上有股正义和侠气。

将金庸小说搬上大学讲台

早在90年代初，严家炎就在《明报月刊》《文学评论》等杂志撰文介绍和评议金庸小说，对金庸小说所引发的文化现象进行研究。他遍读金庸作品，甚至包括社论。

他看的第一部金庸小说是《射雕英雄传》，感觉和自己过去读的武侠小说完全不一样。金庸性格敦厚而坚毅，为人正直，不取巧，这充分体现在他的作品中，读他的小说不大容易放下。

1991年，严家炎曾在旧金山一个华文文化中心讲过两次金庸小说，当时在座听讲的陆铿先生不久在香港一家刊物上做了详细的报道。1992年严家炎到香港中文大学做研究，经由陆铿先生介绍，他与金庸初次相识。在严家炎的记忆中，金庸为人热情，见面后即邀请严家炎去他家里。

能走近金庸的内心世界，除了对原著的深入阅读，更多的是同气相求。在金庸山顶道一号的家中，金庸和严家炎愉快地聊了两个钟头，从各自少年时的兴趣爱好说到武侠小说，又从武侠小说聊到新武侠，再从金庸小说谈到围棋。金庸说陈祖德先生曾教他下过围棋，严家炎也喜欢围棋，因此两人谈兴很浓。末了，金庸送严家炎36本作品，并派司机送他回香港中文大学。从那时候起，严家炎开始更多、更深入地阅读金庸的所有作品。严家炎说："他在武侠小说创作中最高的地位，我是认可的；古龙、梁羽生，各自有各自的贡献。总的来说，金庸的作品是最杰出的。他的作品我都看过，包括社论。"在多年的研究过程中，严家炎发现，金庸的作品，从《射雕英雄传》到《笑傲江湖》，之间发生了比较大的变化。《鹿鼎记》的风格则和金庸其他小说都不同。金庸用现代精神全面改造了武侠小说，所以被称为"新武侠"。

1995年，严家炎在北京大学中文系开设"金庸小说研究"课程，受到学生们的拥护和支持。一位日本教授觉得有意思，全学期一节课都没缺。那时候的北大，"几乎全班同学（特别是男同学）都迷上了金庸"（钱理群语）。

严家炎认为，"金庸热"有两方面原因。一是金庸小说自身的魅力，小说艺术的成功。他的语言清新可读，叙事节奏张弛有度，读完之后能引人思考；二是确实与生活中"见义勇为"精神的失落有关系。当时的现状与金庸小说丰富的趣味、深刻的内涵形成强烈反差。这样的反差增强了金庸小说的吸引力。

在大学开设"金庸小说研究"课，并非是为了赶时髦，而是出于文学史研究者的一种历史责任感。20世纪80年代初，严家炎就主张现代文学史不应该排斥鸳鸯蝴蝶派小说和旧体诗词，首次将张恨水写入文学史教材。至于金庸这样的杰出作家，当然更应写入文学史并可开设课程。他开这门课，一是为了感谢青年朋友们的殷殷期待，二是为了回应文学界个别人士的无端指责。

1994年10月，北大鉴于金庸先生在法学、小说创作等方面的成就和贡献，授予他名誉教授的称号，严家炎也在授予仪式上发表了题为《一场静悄悄的文学革命》的贺词。不料，被一位杂军界的朋友嘲讽谴责，并刊发《拒绝金庸》文章，说他虽然没有读过金庸小说，却知道武侠小说"有如鸦片，使人在兴奋中滑向孱弱"；还说北大授予金庸名誉教授称号是"北大自贬身份而媚俗"。

越争论，对作品认识就越全面、越深入、越准确。严家炎就是这样想的。但是争论要有两个条件，一是要读作品，二是要忠于作品本身。如果你先有一种成见，然后从豆腐里挑骨头，拼命要找出问题来，这种态度是不对的。有的学者说金庸小说充满了血腥气，每一部写武打的篇幅都达到90%以上，这种说法只能骗没有读过原文的人。金庸很讲究艺术节奏上的一张一弛。他在写完一场金戈铁马的紧张厮杀之后，常常接下来写一种燕语呢喃的比较轻松的场面。还有人说金庸的小说会造成青年人的拉帮结派，这个更离奇。金庸小说本身恰恰是反对拉帮结派的，他写帮派之间血腥争斗的背后都有坏人挑动，像《倚天屠龙记》中的成昆之流。所有这些都是不符合作品实际的。我们起码要讲究一点学术良心，实事求是。

五四时期北大开设元曲研究课程，就受到上海文人攻击。如今推重被陈世骧教授比作如"元剧异军突起"的金庸小说，又受到讥嘲。但正因为如此，严家炎更坚定了将金庸小说搬上讲台的决心。

做批评，懂行才能论术

看严家炎的文学评论，很过瘾。比如他评《黄衫客传奇》，说作品中心理活动的描写涉及方面比较宽广多样:"有纯情,有欲望,有期盼,有密谋,有幻觉,有梦境……写作上也有或含蓄,或直露,或正面描写,或侧面提示……叙述中寄寓着分析,分析中体现着性格,有时简直难以分辨"——感觉就像看武侠小说。借用严家炎"只有真正懂得心理学的作家,才能将紧张时刻的心理悬念写得如此扣人心弦",那么,只有真正懂得文学的评论家,才能将作家的作品解析得同样扣人心弦。

为什么严家炎总会有独特的发现?他认为,搞文学的人一定要注意作品的艺术成就。文学具有审美的根本特点,如果脱离了审美标准,很容易走上庸俗社会学的道路。他总是首先从艺术角度对作品加以考量:看看它能否真称得上语言的艺术,看看它能否真正吸引和打动自己。思想只能渗透于艺术之中,不能游离在艺术之外。脱离了艺术的思想,是干枯无生命的思想,根本打动不了人。他也总是试着把阅读作品第一遍的感想写成笔记。它不仅是文学评论的必需的素材,而且是正确地开展批评的不可缺少的前提和基础。当时《创业史》出版,很多评论家赞赏小说塑造了梁生宝这个新人形象,严家炎也写了一组评论文章,提出写得最为丰满深厚的人物形象,是梁三老汉。据《文学评论》的编辑张晓萃说,柳青对严家炎的评论很赞赏,认为对梁三老汉形象的意义阐发较深,甚至连作者某些很隐微的想法也都精细地触及到了。

文学评论是严家炎学术中的重要一支。作家的"剑"指向哪里,他的点评就跟在哪里,像一个文学场的解说员。也唯有真懂文学,才能辨析作家那些五花八门的剑术。在他看来,做好文学批评,首先,要了解自己批评的对象,阅读想要批评的书。如果没有读过,老老实实免开尊口为好。这大概是每位严肃的批评者都能接受的道理。奇怪的是，就有人连对方的一本书都没有读过，就可以勇气十足地批评。其次，批评的力量取决于态度的实事求是和说理的严密透辟，并不取决于摆出唬人的声势。批评者的真正使命是要排出正确的方程式，而不是硬塞给读者一些哗众取宠的结论。第三，批评必须尊重原意，忠于原文，不能断章取义，移花接木，另扎一个稻草人为靶子。第四，批评宜以取对方实实在在的文字做根据，不要进行人身攻击。

严家炎喜欢伏尔泰的一句名言："我虽然不同意你的意见，但我誓死维护你发表意见的权利！"他认为，这才是真正的君子风度，是文艺批评工作者应具备的素质。

蒋子龙:从"硬骨头"到很雅的老头

采访手记:

天津作家蒋子龙被称为"四弟",却少有人知。这是黄宗江对蒋子龙的"昵称"。每次见面,他都要和"四弟"紧紧地拥抱一下。

我等当然只能称蒋子龙为"四哥"。

在四川洪雅,由《人民文学》与洪雅县委联合主办的作家见面会上,蒋子龙深情地说,《人民文学》改变了自己的人生命运。

"深情"是我从他沧桑沉缓的语气中揣摩出来的感受和表达。蒋子龙说这话时,看上去没有太多感情色彩,但却给我深深的震撼。

那天晚上,本来是计划在洪雅复兴村观看演出,不巧下起了淅淅沥沥的小雨。整个村子,雨雾氤氲,蒋子龙的问题却清晰地浮上我的脑海,好奇的念头占了上风。

演出自然是看不成了,我敲开了蒋子龙的门,探听"四哥"白天布下的谜面:《人民文学》究竟怎样改变了他的命运?

检查风波

1975年,中共中央在北京召开全国钢铁工业座谈会,李先念、邓小平先后就整顿钢铁工业发表重要讲话。为了传达座谈会精神,第一工业机械部召开会议,全国各地的工厂领导都参加了这一重要会议。蒋子龙作为代理主任负责抓车间的生产,也被邀请列席会议。

《人民文学》编辑许以找到这个会上来。她读过蒋子龙的作品,非常喜欢,恳请他无论如何要写一篇工业题材的小说。

在蒋子龙的心目中,《人民文学》是一份了不起的刊物,编辑亲自到会上找自己约稿,他有些受宠若惊。于是,白天开会,晚上就开始构思,《机电局长的一天》就这样在开会期间完成了。

蒋子龙很满意,交给许以之后,小说在复刊后的《人民文学》第一期头条发表了。

没想到,《人民文学》第二期就开始批判《机电局长的一天》是"大毒草",说小说是宣传"唯生产力论",这下蒋子龙麻烦大了。三个穿军装没戴军衔的人来到天津,要把蒋子龙带到内蒙古。

其实,天津重型机器厂已经对蒋子龙展开了"批判",他被监督劳动,但他是骨干,厂子还是保他的,硬是没让那三个人把蒋子龙带走。

当时,文化部的某位领导发话说,只要蒋子龙写检查,还可以挽救。蒋子龙则回应了两句话:一不写检查,二从此不写小说,顶不济就当工人了。天津市委书记却发了话:不写检查还想当工人?!后边的话没有说出来,但在场的人都听明白了领导的意思,那就是直接把他抓起来!

恰好此时,蒋子龙的女儿出生了,他在家里熬了一锅小米粥,小心翼翼地装入暖壶,骑车往南开医院给妻子送粥。不料到了医院门口,已经有人候在那里,让蒋子龙跟着他们去市里听别人代他写的检查。

蒋子龙非常恼火,一下把壶砸在那人脚上:"不去!"

说不去就不去,这是蒋子龙的性格。

蒋子龙返回家,重新熬了小米粥送到医院。然而,这时尚在医院的妻子已经听说了此事,怕她担心,蒋子龙劝她:"我肯定写检查。"

其实,《人民文学》的副主编李希凡早已代他写好了检查,并给天津市文教书记当面读过了,书记表示同意,只是让蒋子龙认头,并在检查上签字。

但他还是"识时务者",蒋子龙挨过了一个夜晚,第二天一早便有吉普车接他到市里,李希凡代他念了检查,蒋子龙啥话也没说,在检查上签了字。他发誓不再写小说,从此与文学彻底告别。

蒋子龙的"检查"公开发表了。

现在回忆起来,蒋子龙说,也许李希凡认为自己"害"了他。"确定《机电局长的一天》是'大毒草'后,《人民文学》本意是保我,我不同意。只好拿书记压我,让我念检查,我不念。李希凡就以我的口气代我念了检查,我的领导逼我在上面签字,这很尴尬。所以,后来开我的作品讨论会李希凡都不参加。有时候碰上了,我主动想跟他说话,他老远就拐弯了。"

"我没拿这当回事儿。那个年代,他不得已扮演了一个角色,觉得有点尴尬。"蒋子龙说,他猜测这是李希凡心里的一团尴尬。

"我会跟他握手,我不提任何别的,就是向他问好。如果他道歉,我会替他圆场。我们在历史中扮演一个角色而已。我会说,好在你是红学专家,检查比我写得好!"蒋子龙说,他会开个玩笑,一笑而过。也许李希凡会认为蒋子龙见了他会反目,会刻薄。如果是知识分子的自尊,这也情有可原。

命中注定

蒋子龙总说自己是"又臭又硬",宁折不弯,打小就是这样的性格。

蒋子龙有三个哥哥:老大继承祖业;老二在天津银行里做事;老三多才多艺,是村里剧团的主角。蒋子龙排行老四,读书的时候,村里的先生对蒋子龙的父亲说:"子龙是个读书的料,好好地供给。"

先生的一句话,改变了蒋子龙的命运。父亲也是私塾先生,听了这话,更把读书人的希望全部寄托在蒋子龙身上。

沧州沧县本是武术之乡,蒋子龙的同学都在练武,他也非常着迷。可是,父亲觉得蒋子龙是"读书人",只要他一靠近武场,父亲就追着打。

蒋子龙至今记得非常清楚:父亲穿着肥大的棉袍,腰间系着腰带,一旦发现儿子练武,这腰带便成了武器,常常打得他在地上翻好几个滚儿。

同学们都学武,只有蒋子龙不学,必然受到欺负。即便是要好的伙伴,在一起时也会经常打架。打来打去,蒋子龙自然要反击,同学们在师父那里学,他再从同学们那里学。即使如此"被动地学武",蒋子龙也能拳打脚踢几下。

蒋子龙以班级第一名的成绩考到天津读中学。一开学要设班干部,成绩最好的当班主席。蒋子龙自然当选。他从小说沧州话,被城里人称为"侉子",很有些瞧不起的意思。

1957年,学校教导处的孟主任,经常要给全校的学生上大课,讲

《红楼梦》《聊斋志异》等经典名著。前一天还讲课,第二天便被打成"右派"。学校安排班主席带领四个班委列席孟老师的批判会,回来的路上,蒋子龙跟同学们嘟囔了一句话:"孟主任够倒霉的!"就这一句话,被同班的学习委员报告到校运动办公室,蒋子龙成了受孟主任"毒害"的典型。

蒋子龙被调离原来所在班级,班主席的职务也被取消了。这一天,他投给《天津日报》的稿子被退了回来。一位同学恶作剧地把退稿钉在墙上,还讽刺说:"蒋子龙还想当作家?咱班40个同学,将来出39个家,剩下一个就是蒋子龙。想当作家,应该拿镜子照照自己!"

蒋子龙本来没想着当作家,可是现在他不服气了,偏要做出个样子让他们看看。他就见缝插针,到图书馆拼命看书。蒋子龙一走,那位学习委员就尾随着记下他看的书名:《红与黑》《悲惨世界》《安娜·卡列尼娜》……然后向学校汇报。

本来,蒋子龙的志向是学机械制造,他一直对机器感兴趣。可是班主任说,你出身不好,又背着处分,还是考中专吧。蒋子龙听从了老师的建议,但他心里咽不下这口气。

蒋子龙给顶替他当班主席的学习委员买了冰棍,把他约到林场,一进树林就下了狠手,用砖头拍破了对方的头,那个同学吓坏了。最后,蒋子龙摁着那个同学的脑袋,让他跪下来喊了几声"爷爷",才算出了胸中的那口恶气。

在中专,蒋子龙的专业也是出类拔萃,毕业后,他被分到天津重型机器厂,这是国家大型骨干企业,是苏联援建的"156项"之一,第一任厂长是冯文彬,团中央书记,曾是胡耀邦的老上级。

蒋子龙的文学王国跟"天重"有密切的关系。如果他是在小作坊、小厂子，那么他的视野，他对工业生活的理解，跟现在完全不同。进入"天重"之后，厂长的气魄给蒋子龙留下了深刻的印象。

不久，招兵的来了。

1958年，解放军炮轰金门，国家公开宣布设定12海里领海，从上海、北京、天津招一批高中毕业生学习海洋测绘，然后做海军制图员，测绘国家的领海。因此先对适龄青年进行文化考试，仅天津市参加考试的适龄青年就有数千人之多。当时有些城市青年不想参军，故意不往好里考，而蒋子龙认为自己出身不好，当年在学校挨批时还吐过血，肺里有钙点，当兵的事肯定没有自己的份儿，考试时也很轻松，不承想拿了第一。

招兵的海军上校，人称季参谋，说："不管蒋子龙是什么出身，这个兵我要了。"于是，蒋子龙穿上军装进了海军制图学校，毕业后当上了海军某部队的制图组组长。

1960年，蒋子龙发表处女作。那个时候，部队的业余文艺活动很活跃，讲究官兵同乐。比如，为了庆祝击落美国U2高空侦察机，蒋子龙受命用三天时间编一台节目，有话剧、小品、相声，蒋子龙连编带演。他们部队的文艺宣传队曾经很有名，被中央军委调演，在怀仁堂被国家领导人接见。

在部队五年，蒋子龙已经属于超期服役，由于出身问题不能提干，蒋子龙复员了。他不想再回天津，打算去新疆勘测大队。于是，他带着所有复员证件上路，没想到在兰州火车站转车时，发生了戏剧性的一幕。

蒋子龙将所有的证明信和钱都放在绿色挎包里，以为枕在头下，即使睡觉也万无一失。睡梦中，他感觉有人脱他的鞋子，睁眼一看，一只鞋已被脱掉，另一只被脱了一半。那人见他醒来，转身就跑。蒋子龙起身便追，追了一半，突然想起最重要的是头下的挎包，回去时已了无踪影。

蒋子龙只好通过汽车站，找到甘肃省荣复转退军人办公室。蒋子龙清楚地记得，办公室有个叫老胡的负责人，一看他的样子，就问："被偷了是吧？饿吧？"

老胡马上安排蒋子龙吃饭，同时给海司某部队打电话。

蒋子龙就这样重新回到了海司。海司重新发给蒋子龙复员费和一套证明，同时和天津荣复转退办公室沟通，办公室又将电话打到天津重型机器厂。

厂长冯文彬说，从"天重"走的兵，必须回"天重"。

就这样，蒋子龙回到"天重"，给冯文彬当秘书。"我从他身上学了好多东西。《乔厂长上任记》中有很多他的细节。"

文学王国

以蒋子龙的性格，适合当军人。他在部队如鱼得水，不管是出操，还是应付紧急情况，甚至研究战略都有过硬的技术，雷厉风行；如果不当军人，他还可以当一名称职的厂长，他是学工出身，抓生产的能力极强。

可是，蒋子龙却写起了小说。

"四人帮"倒台后的1979年，与文学"无关"的蒋子龙正儿八经地当起了车间主任抓生产。他本身学热处理出身，有水平，有技术，在车间里威信很高，车间的书记都是信服他的人，国家领导人去天津必去天津重型机器厂，当时天津唯一的一台大机器——水压机，就在蒋子龙那个车间。

当时，蒋子龙很是风光，在"天重"接待了很多国家领导人。

这一年，蒋子龙得了痔疮，去医院做了手术。术后三天，病房里来了一个特殊的客人。

"外面正下大雨，她淋得像落汤鸡，进门就鞠躬，向我赔礼道歉。"蒋子龙一打听，才知道是《人民文学》的一个编辑，先是找到工厂，又从厂子找到医院。编辑对蒋子龙说，1976年毛主席刚去世的时候，编辑部以《机电局长的一天》为界限，如果不承认这小说是"大毒草"，就不允许参加毛泽东追悼会。编辑继续说，如果你不记恨《人民文学》，就再给我们写一篇小说，我们非常需要你的原谅，也好向读者有个交代。

蒋子龙被感动了。编辑走后，他就开始构思，以一天一万多字的速度，完成了《乔厂长上任记》。

小说发表后，批评接踵而至。

《天津日报》拿出14个版来"围剿"《乔厂长上任记》，《人民日报》发表文章支持，《中国青年报》《工人日报》转载。天津市委书记负责文教，全市的计划生育大会共一个半小时，其中1小时15分钟的时间都用来批判《乔厂长上任记》，直到后来有人递纸条，市委书记才拿出15分钟讲计划生育。

这时候，蒋子龙反而不怕了。他给自己立了个规矩：报纸上每见到一篇批判文章，就再写一个短篇。下班的路上，蒋子龙买一瓶啤酒，再买五毛钱的火腿肠，吃过晚饭，就在厨房里写小说。当天晚上写完，第二天看一遍改一遍，再誊清寄走。

那段时间，蒋子龙出作品最多。批的那篇还没批完，下一篇又出来了。"他们瞄准了火车头，可是火车开了，放枪只能打到车尾，有时还没打着，这一篇还没有批透，新小说又出来了。"蒋子龙的"游击战"打得好不痛快！他先后写了《拜年》《一个工厂秘书的日记》等作品。

《乔厂长上任记》后来获得全国短篇小说奖第一名，这是专家和读者投票相结合的一次评选。"我获奖的很多作品都是在《人民文学》上发表的。"蒋子龙说，和《人民文学》结缘，改变了自己的人生轨迹。

曾担任过《人民文学》主编的王蒙，想将接力棒交给蒋子龙。这已是《人民文学》第二次想将接力棒交给蒋子龙了。

第一次是周扬，他做过天津市文教书记的工作，市里同意了，但是没有进一步动作。冯牧、张光年、陈荒煤看重蒋子龙，原因有二：一是基层工作能力强，二是欣赏他的性格。

第二次，张光年和王蒙去天津，邀请蒋子龙到《人民文学》先担任副主编。蒋子龙有点犹豫，他提出了一个条件：要走就彻底走，全家都搬到北京。

《人民文学》同意了。市里也说：如果蒋子龙同意，就放他走。

张光年和王蒙都很高兴，以为这次调动有把握了。张光年对蒋子龙说："我35年没吃狗不理包子了。"王蒙打趣道："子龙的《赤橙黄绿青蓝紫》刚获了奖，咱们把'赤橙'拿出来吃掉。"

他们回京后很长时间，王蒙问蒋子龙："市里没找你谈话？你不是答应得好好的吗？"

蒋子龙说："没有。"

从此再无下文。

有一段时期流行先锋派，有人批评老作家过时了。蒋子龙说，当红的作家要口下留德，不要轻易说老作家过时。过时的作家毕竟还有过时的东西，有些人就怕连过时的东西都没有。

蒋子龙当车间主任时，分管生产的副厂长是蒋子龙的同学。虽然当了副厂长，但此人的好多想法却不能实施，说穿了，副厂长也做不了多少主。实际上，《乔厂长上任记》借小说发了发牢骚：如果我当厂长，应该怎么干。

"他是厂长，我是主任，他老怀疑我不务正业，经常跑到我的车间去。我的车间有三大块：锻造车间、粗加工车间、水压机车间。他突然跑到一个车间问，子龙怎么不在这儿？实际我从来不在工作时间写小说，多年的工作养成一个习惯，车间有十吨重的锤，我离工厂还有十里地，就能感受到锤的声音，这让我心情舒畅。车间主任要值班，听到锤的声音我睡得特别香，这说明生产是正常的。一静下来，就醒。"蒋子龙说。

当职业军人无望，在工厂也有诸多限制。蒋子龙说，果真是性格决定命运，如果不是又臭又硬的性格，在学校挨批判，他就会萎缩；如果不是性格，他不会接近文学，不会决心被批判一篇就另写一篇。

同时，性格也决定了蒋子龙的文学风格。比如他的长篇小说《农民帝国》，主人公和蒋子龙的性格、出身，都有很大的相似性。他来自农村，觉得自己骨子里是农民，和城市总感觉格格不入。"我在农村待了十四年，在城市待了六十多年，仍觉得不能融入这个城市。从中学到工厂，我一直被城市人中的小人算计，我无法理解他们。"

只有一样，拿起笔来时，没人管。于是，蒋子龙开始在文学中构建自己的王国。

文学王国的构建是由一个人的命运、性格、文学功力三个因素构成的。一个作家，王国的主要成员是长篇，这是命中注定的，有这个生活，就该他写；命中没有的长篇，硬写是写不出来的。蒋子龙的小说世界构成是很自然的，他写了大量的中短篇后，转入了长篇。

后来《文汇报》开了副刊，约蒋子龙写专栏。那时，他的小说正写得如火如荼，以为写专栏也不过小打小闹。没有想到的是，一写就停不下来了。他写了一篇随笔《寻找悍妇》，接到很多读者的反馈，这种反馈的动力和后果就是，蒋子龙中断了中短篇创作，开始写随笔。

写到最后，以至于蒋子龙的14卷文集里，一半是小说，一半是散文随笔。

蒋子龙小说世界的构成，到目前为止，只差两根柱子。他给自己定的计划是，以80岁为界，自己的创作力还有六七年时光，有两部书要写，是命中注定要写的，不写就是懒惰。

一是写天津，中国第一标火枪是在天津造的。天津是中国冷兵器转向热兵器的转折点，不了解天津，就不了解中国的近现代百年史。蒋子龙向来对历史很感兴趣，单买资料就花了5000多元，从地板码到房顶。

二是写家族史，写写个人的悲欢。在蒋子龙的小说世界里，大厦有了，还差前厅两根花柱。他说，现在缺失的是锐气，效率太低。

一个"很雅的老头"

当年，在文学讲习所，蒋子龙的外号是"凶神一号"。

可是在我的印象中不是这样。有几次见到蒋子龙，以为他不记得我，没想到他甚至记得我写的文章。

这次采访，蒋子龙几次问我："我说的（话）是不是太多了？"晚上10点22分，复兴村停电了，走廊上却亮着灯。他赶紧敞开门。幸好，这时四川作家周闻道及时送来了蜡烛，便继续秉烛长谈。

最让我感动的是,蒋子龙两次给我"建议"。

"我有一个真诚的建议,有机会碰到70岁以上的老人,像邵燕祥,他们安详、亲近、温暖,有老人的智慧,把他们顺口说的闲话记下来,将是很好的文章,对后辈也很有益。"蒋子龙回忆,有一次,吴祖光推着新凤霞参加一个活动,他跑上去主动表达敬佩之情,想帮吴祖光推新凤霞。吴祖光说:"常山赵子龙,天津蒋子龙!"顺手就很自然地把轮椅转交给蒋子龙。这个细节,令蒋子龙至今觉得温暖:如果吴祖光不放手,他也许会很尴尬;吴祖光把轮椅交给他,也是一种信任和亲切。

在蒋子龙的印象中,黄宗江也特别风趣可爱,拍着他的肩膀喊"四弟"。他看到蒋子龙发在《今晚报》上的写英国作家白霞的文章,随即也写了一篇关于白霞的文章《苏格兰姑奶奶》,作为对蒋文的呼应,也发在《今晚报》上,成为一种很有趣的事。黄宗江的文章形象生动,一个活泼、敢说敢恨的人物跃然纸上。蒋子龙说:"我是自愧不如,一看标题就比我高一筹。老头非常天真,这种天真不是孩子式的,是智慧的、干净的,非常舒服。吴祖光老年后到了化境,自然、亲切、温暖、智慧。不是所有人到老年都有这种境界。秦兆阳、吴祖光、张伯驹是这样的人。"

蒋子龙说这些话的时候,真诚,又有些伤感。其实,他自己也是让人感觉智慧亲切的人。正如《人民文学》主编施战军所评价的,蒋子龙被大家称为"蒋公",生活中是一个"很雅的老头"。

冯骥才:"四驾马车"并驾齐驱

采访手记:

2018年8月,第七届鲁迅文学奖评选揭晓,冯骥才的《俗世奇人》(足本)获得第七届鲁迅文学奖短篇小说奖。

鲁迅文学奖评委会认为,冯骥才的《俗世奇人》,回到传奇志异的小说传统,回到地方性知识和风俗,于奇人异事中见出意趣情怀,于旧日风物中寄托眷恋和感叹。精金碎玉,以少少许胜多多许,标志着小小说创作的"绝句"境界。

"一个重要的文学奖项,对于一个年轻作家是一个很大的鼓励,对于一个年老的作家则是一种精神的安慰。然而,这次获奖对于我还有另一重意义。"2018年11月,冯骥才在接受采访时,重申了这种来自读者的意义。

文学只是冯骥才的"一面"。从1990年到2013年,他身不由己地被时代的漩涡卷入,与时间赛跑保护传统文化遗产,为此付出无比艰辛甚至悲壮的劳动。如果说文学和绘画,是出自一种本性,文化遗产抢救和教育则是冯骥才的选择。对他来讲，写作、绘画、文化遗产保护和教育，这四件事情是融在一起的，这是他生活的全部。

有人说，冯骥才是一只精卫，有一种不屈不挠的精神。我倒觉得，他更像一个超人，以常人无法想象的能量，投身中国民间文化遗产抢救工程，致力推动传统村落的保护，在当代中国社会产生了广泛影响。

冯骥才说，我喜欢为理想而活着，为理想承担责任。他用生命践行知识分子的理想。

获鲁奖，重温文学感觉

冯骥才说，自己是一个很在乎读者的作家。

他家楼下有一个信箱，每天大量的读者来信根本容纳不了，只好用大纸箱做了一个大信箱。每次送信的一喊"冯骥才"，他就带一个大盆下去拿信，一开信箱，信呼啦下来，盆就满了。单是《一百人的十年》，在报纸上发表后就收到四千多封读者来信。那些信是活生生的，是有感觉、有生命的读者。

令冯骥才感动的是，他打开信件的时候，听到了信的声音——那时候他才知道眼泪是有黏度的，泪水和墨水粘在一起，一打开信发出沙沙的响声，这沙沙的声音和信的内容感动了他。

如今，多数人已经告别书信，但是冯骥才到现在还记得那种声音。

自20世纪90年代中期，冯骥才投身现代化冲击下濒危的文化遗产抢救中，渐渐放下了文学写作。这使他与读者渐行渐远。对于一个已经和读者融为一体的作家来说，这是非常痛苦的事情。可是抢救与保护民族的文化遗产这个使命是时代性的，不能拒绝。他别无选择，只有听命于时代，听命于文化的责任。直到2013年，冯骥才已年过七十，行动力差了，在书斋的时间多了，文学又情不自禁地返回到他的身上。

"获奖帮助我重温这种文学感觉。这似乎告诉我：你这老头儿还行，还能接着写。"冯骥才说。

实际上，尽管那么多年他做民间文化遗产抢救，冯骥才并没有完全失去读者。他有多篇文章入选中小学课本，《挑山工》和《珍珠鸟》1983年入选小学五年级课文。20世纪90年代曾有过一项调查，中国有两亿人读过《挑山工》。泰山市政府为此授予冯骥才"荣誉市民"的称号，送给他一把"金钥匙"。2017年，"为未来记录历史——冯骥才文学与文化遗产保护"国际研讨会在研究院召开，作家出版社社长吴义勤特意给冯骥才颁发了《俗世奇人》突破200万册超级畅销纪念奖杯，这是冯骥才特别高兴的一件事。他说："作家最重要的还是有人读你的书。你创造了这种艺术形象，读者有兴趣；你能提供这种精神食粮，得有人吃。有人读你的书，就是有人接受你的想法。"

从"保卫天津"开始

在《俗世奇人》序言中，冯骥才写道："天津卫本是水陆码头，居民五方杂处，性格迥然相异。然燕赵故地，血气刚烈；水咸土碱，风习强悍。"

收入《俗世奇人》中的正是市井民间的各色人等。从20世纪70年代《义和拳》开始，至《神鞭》《三寸金莲》……那些人物让他意犹未尽，他又在《俗世奇人》中选取清末民初天津卫市井民间各种怪异人物，寥寥数笔，人物形象便跃然纸上。

"天津是中国的一块大磁石，把天南地北的人往这块忽然走红的土地上吸……"冯骥才曾在作品中如此深情地描述天津。在《灵魂的巢》代序中，他写道："对于一些作家，故乡只属于自己的童年；它是自己生命的巢，生命在那里诞生；一旦长大后羽毛丰满，他就远走高飞。但我却不然，我从来没有离开过自己的家乡。我太熟悉一次次从天南海北，甚至远涉重洋旅行归来而返回故土的那种感觉了。只要在高速路上看到'天津'的路牌，或者听到航空小姐说出它的名字，心中便充溢着一种踏实，一种温情，一种彻底的放松。"

他深爱着脚下的这方土地，天津是他灵魂的草，是他的窝。"这个城市的风我都有感觉，秋天的风刮过来，我觉得跟别的城市都是不一样的。我的灵魂跟这个城市是相通的。"

当1994年天津进行"旧城改造"时，冯骥才挺身而出了。天津有600年的历史。1404年天津建城。天津文物密集，虽然义和团运动的时候，八国联军把它炸得面目全非，但是仍留存了许多珍贵文物。冯骥才说："当时老城里的人民生活条件很差。这城五六百年没有人修，一代代人住在那儿，房子都是砖木结构，很容易坏。政府要改造，我觉得是出于好意。但是这城里边还有很多珍贵的东西应该保护下来。"

他组织摄影家、历史学者实地拍摄、考察，出版《旧城遗韵：天津老房子》画册，为老天津人留下了最后的念想。继而又对旧租界和老城之外本土区域进行了全面的文化调查。有一次开政协会议，冯骥才跟李瑞环主席说，有一个不好的词，叫"旧城改造"。如果说"老城改造"，我们起码还知道这老城里还有好的东西，但"旧城改造"呢，首先想到的是旧的不去新的不来；而且"改造"都是针对不好的东西而言的，例如知识分子改造、劳动改造等。如果说"老城修缮"

就好得多。李瑞环说："'旧城改造'这词是我发明的。"那是四百多人的大会。冯骥才跟李瑞环说："冒犯了，主席。"李瑞环就笑了，说："你这话是对的。当时我们没有这个觉悟，我们想解决的，就是老百姓的生活问题。你们现在这个观点是对的。"

冯骥才一直感佩李瑞环的气度，他是天津的老市长，跟文化界的感情很好。后来冯骥才在天津做了很多事情，都得到了李瑞环的支持。他甚至跟天津市长说，你们要听听冯骥才的意见。

在文学创作鼎盛时期，冯骥才转向了文化遗产保护。

"我的这种身份转换是非常自然的。"在新书《漩涡里》，冯骥才正是写出了文化遗产保护的诸多经历。"我真正想写的是，我们这代知识分子，是在红旗下长大的一代人，随着国家的变化，个人的命运也在变化，一直有自己心灵的追求，一直把个人要做的事情、个人的选择跟整个时代的命运连在一起，是天生的一代有社会责任感的人，有一种使命感。无论是我早期的问题小说、伤痕小说，还是后来的文化小说，都有强烈的社会责任感；无论是虚构还是非虚构，即使有一些看起来是历史小说，实际都和当代社会有密切相关的思考。从作家向文化遗产保护者的社会职能的转化，仍然是使命在身的。所以我说，我做文化遗产和学者做文化遗产是不同的，还是有很强人文情怀的。"

一个知识分子的情怀

无论是冯骥才的小说创作还是非遗保护，其底色均缘自知识分子的情怀，也是城市血脉的一种流淌和承续。当城市的风景大面积地代替了乡村，乡村人物从纸上渐次退场，一座老城也随着被历史的折页淹没了。因此，在冯骥才看来，"抢救"的意义比自己的写作更为重要。

有人认为冯骥才写不下去了，实际上，冯骥才那时候的创作感觉是最好的。"我把文学放下去做非遗保护，谁也不知道我内心的苦涩。我最爱的是文学和艺术，我希望写出最好的文学作品，画出大量的画。我有几部小说要写，人物就在眼前站着，我有写作的冲动，但我必须压抑自己。文化遗产的保护远比我写一部小说要重要得多。"冯骥才说，"当年投入文学创作的时候，我觉得人民在受难；现在我觉得我们的文化在受难。之所以投入文化遗产抢救，是中国文化的那种博大深邃、灿烂辉煌感动了我，文化里包含的丰富的感情感动了我。我对文化遗产的感情和对文学的感情是一样的。我一直在探索，作为知识分子，在这个时代里有哪些东西应该坚持，哪些东西应该解决。哪里有问题，我就要修正。"

然而，较之于书斋，作为行动者的知识分子，冯骥才也没有料到，自己将面临无可想象的困难。

"我们刚开始发动非物质文化遗产保护的时候，人们按照习惯，向我要两件东西，一个要红头文件，一个要经费，经费是绝对没有，红头文件也没人给。在这种情况下，我们只能一个省一个省去跑，一个地方一个地方去跑，去做动员。那时地方的官员，县长、乡长、村长听你说的话，根本听不懂，我们只有一边不停地跑，一边不停地说道理，唤起人们的文化自觉。"冯骥才说，做文化遗产保护全靠民间的力量。"我是文联主席，不能动用公家的权力。我邀请当时的历史学者、文化学者、城市史研究专家、艺术家、摄影家100多人，用自己卖画筹集的钱组织他们做几个老城的调查，出版了《旧城遗韵：天津老房子》《东西南北：天津老房子》等系列图集。还真起作用了，五大道、解放路中街……好多天津的历史文化保护下来了，老百姓认同我的做法。"

经费来源，全仰仗冯骥才卖画筹集。

在北京画展卖了100多万元现场捐掉，成立了中国第一个以民间文化抢救和保护为宗旨的私募性基金会。基金会组织开展了包括"中国民间文化守望者奖"评选在内的多项公益活动。又到苏州卖画卖了300多万元现场捐掉，韩美林看了很受感动，也画了一匹大马卖后捐掉。"很多好朋友都支持我做这些事。卖完画后我在美术馆前留了一张影，当时觉得心里空荡荡的，有一种家徒四壁的感觉。我也在问自己：卖这些画能解决什么问题吗？"第二天，冯骥才在苏州市举办讲座，讲如何应对文化的困境，他的激情讲演深深地打动了在座的听众，听众的振奋也令他深受感动。他想，卖画的本身不是拿出多少钱做这些事，最重要的是两个：一是对老百姓的影响，让他们知道冯骥才做的事情是有价值的；二是鼓舞了冯骥才的团队。他说："现在各级政府有这种文化自觉了，那个时候各地方还没有这种自觉，不理解，我们做文化遗产抢救工作有一种悲壮感。但是我挺喜欢这种有悲壮感的事情，搞艺术的人，一是理想主义，一是完美主义。我做任何事情都希望做得特别好，一定是倾尽全心。用心灵做事，是最美的享受。"

有一次，冯骥才到周庄，去时正是早晨，有雾，石板路湿漉漉的，走在桥上看不清周围的景象，能听得见摇船的声音，听得见空中鸟的翅膀搏击空气的声音。转了一圈回到桥上时，看到远处影影绰绰有幢房子，特别美。旁边的朋友说，那是柳亚子和沈钧儒组织"南社"的地方，但是这房子马上要拆了。冯骥才问：他们拆了木料能卖多少钱？回答说三五万元。于是他回去后就开始卖画，卖画的钱交给了有关部门，希望无论如何要留下那幢房子。没想到交涉的时候，房价涨到了15万元；冯骥才只好再卖画，后来房价又涨了。这时候有人告诉冯骥才，不用卖画了，周庄已经知道那幢房子的重要性了。"对我来讲，要抢救遗产的想法没变成现实，但是不知不觉中，保护文化遗产的想法在老百姓心里扎下了根。"冯骥才说，完全是因为热爱才做，一个知识分子心里其实很单纯：一是文化理想，一是家国情怀。这是知识分子的天性。他是固执的人，认为对的就要做。但是也得面对现实的博弈——消费社会的力量，有人认为"非遗"保护的对立面是开发商，从更高的层面理解是和消费社会较量。消费要把一切变成利益。

"和巨大的价值观较量时，我是弱势；它是强势的，你怎么说服它？一是官场，不良政绩官，只要和政绩无关，就没有兴趣。"冯骥才赞同习近平总书记提出的"不以GDP论英雄"。他有一个观点：提出"文化自觉"很好，但是连文化是什么都不知道怎么自觉？首先要了解自己民族、自己的家底，了解才能热爱，热爱才能有文化的自觉，我们真正有文化自觉的时候才会有自信。"文化做大做强"没错，应该思考的是，文化真正的大和强，本质是要做精做深。文化越精越细越深，才越强。如果文化粗鄙化，虚张声势，怎么做强？

在中国民间文艺家协会担任主席的15年时间里，冯骥才发起了中国民间文化遗产抢救工程，这件事一做就是十几年。作为国家非物质文化遗产保护工作专家委员会主任委员，冯骥才带领全国的文化学者、文化工作者对我国960万平方公里、56个民族所有的民间文化做抢救、普查、登记工作，同时建立全国非物质文化遗产名录。

在冯骥才的倡导下，国家还启动了传统村落保护工程。直到现在，冯骥才还是传统村落保护和发展专家委员会主任委员。这项工作量之大，冯骥才用了一组数字来说明："做传统村落保护，我们面对的是中国200多万个古村落，从中选出保护完好的村落列入国家保护的范畴。现在国家级非遗代表性项目是1372项，而列入国家级传统村落名录的则是4153个。"

"四驾马车"并驾齐驱

熟悉冯骥才的人都知道,他有"四驾马车":写作、绘画、文化遗产保护和教育。每一驾"马车"都在岁月流转间留下了深深的印迹。

"保存葡萄最好的方式是把葡萄变成酒,保存岁月最好的方式是致力于把岁月变成永存的诗篇或画卷。"冯骥才就是这样,把他经历过的岁月,变成了充满意境的画作或隽永优美的文章。近年来,冯骥才陆续推出了《无路可逃》《凌汛》《激流中》等非虚构作品,还刚刚完成了一部小说。

他说:"尽管我热爱文学,但文学于我不仅仅是一种爱好,它仍然是我的一种纯粹的精神生活与精神事业。我对文学和文字始终是敬畏的,它不能亵渎,不能戏弄,它是一种苦苦的追求与探索,也是没有尽头的创造和再创造。文学既是孤独的,也不是孤独的。因为支撑文学的还有读者。因此,我会与文学、与读者相伴终生。"

最新一期的《收获》中,刊发了冯骥才的新作《漩涡里》,讲述了1991年到2013年近23年的民间文化遗产抢救到底是怎么做下来的。冯骥才说,自己做了几件大事:第一件事,是一系列老城保卫战,完全靠民间的力量保护自己的城市;第二件事,是从2000年开始民间文化遗产抢救工作;第三件事,是中国传统村落的保护。《漩涡里》充满了高度智慧,写了二十多年来所付出的辛苦,也写了官场中的一些事情,把问题的本质写清楚了。

他像一个超人,尽管工作量非常大,却没有超负荷的感觉。一是冯骥才喜欢平行的工作方式,以写作为例,他可以同时进行几项工作,文体都不一样，有的是思想随笔，有的是游记，有的是散文，有的是纯理论的。冯骥才很欣赏黑格尔的工作方式，多种工作交叉进行，人在做不同事情的时候使用大脑的不同部分。二是他有特别好的休息法子，早起先工作三个小时，或看书，或研究，或写作，也可能画画；中午不睡午觉，通常吃完午饭去学院，做前一天安排好的工作，一般做三五件事；回家后先睡觉，醒来洗把脸，有一种第二天早起的感觉；晚饭后再工作到夜里十二点到一两点。这个办法是谢晋导演教给冯骥才的。

2001年，冯骥才文学艺术研究院成立，冯骥才担任院长至今已有18年。他认为，当前中国大学人文建设有三个理念：一是当前中国大学缺乏的是人文精神，而大学的灵魂是人文精神，二是保存文化和体现经典是大学的重要职责，三是大学教育的关键是"树人"。成立冯骥才文学艺术研究院，他的想法很明确，就是培养一批视野宽阔、有思辨力、操作力和社会责任的青年学者。

"把书桌放在田野上，在大地上思考，让思想既有翅膀，也有双脚，学院博物馆化、对田野和文化体验的重视，是学院的办学理念。"冯骥才说，现在学院有三个研究机构：中国木版年画研究中心、中国传统村落保护与发展研究中心、中国传承人口述史研究所。他在学术上发现一个问题，口述史是无形的、脆弱的，特别需要保护。另外还包括文学研究室、视觉工作室互为支撑的教研体系，形成传承人口述史、传统村落、木版年画研究学科特色，承担了很多国家重大科研项目。冯骥才把"非遗"和优秀的民间文化请进校园，举办两届"北洋文化节"和大量非遗展览、学术论坛活动，希望在文化体验中培养出传统文化自觉主动的传承者。

他风趣地说："'四驾马车'，也是'四只手'，该用哪只就用哪只，我也不是千手观音，有四只已经很不错了。"

雷达：一个时代的文学"雷达"

采访手记：

我和雷达相识于20世纪90年代末。近20年来，无数次相逢，无数次采访，也无数次聆听过他的发言。真诚坦率，掷地有声，雷达的评论和他的为人一样实实在在。

"在中国作家协会的十楼会议室，雷达有一个几乎固定的位置，即主席台右手的头个座位。多数研讨会步入专家讨论的正题时，雷达总是第一个发言。"2010年9月22日，《中华读书报》以《探测当代文学潮汐的"雷达"》为题刊发我和雷达的对话，开头就这么简单。

雷达看到后打电话给我："我没想到你会这么写，这是你的观察。"随即他说，万一我不是这个位置呢？

曾经连续10年，《中华读书报》每到年底组织文章进行文坛回顾，雷达是我必须采访的评论家之一。不同的是，每次侃侃而谈之后，他总会反复提出修改意见。

谨言慎行，这是我对他最初的印象。我理解他推敲斟酌自己的每一句话，是因为他尊重并体贴作家们的劳动，他知道哪怕是只言片语的评价，将可能给孤独的写作者带来莫大的鼓舞和动力。这也使得他的评论即便批评也是充满善意。他总能发现作品的优长，不会轻易否定某个作家作品，他的恳切、真诚，不由得让你心生敬意。

2018年初，他的《黄河远上》和《雷达观潮》先后出版，我们曾围绕这两部作品多次通话，我认识他近20年，这时却有一种奇怪的感觉：他倾诉的欲望从来没有像现在这样强烈！

这个想法后来用作我们访谈的标题。文章于2018年1月31日刊登，成为我和雷达的最后一次对话，也是雷达生前接受的最后一次采访。

法国作家蒙田说过："如果我希求世界的赞赏，我就会用心修饰自己，仔细打扮了才和世界相见。但在这里我要人们看见我的平凡、纯朴和天然的生活，无拘束亦无造作，因为我所描画的就是我自己。"

雷达喜欢这段话。因为他的文章正是这样的呈现。他曾经说："如果有一天，我远离了我的朋友，他们重新打开这些散文，将会看到一个活生生的矛盾性格和一张顽皮的笑脸。"

2018年3月31日。"有一天"突然到来，令人猝不及防。一位德高望重的评论家走了，留下那些会说话的文字，让想念他的朋友们追忆那张"顽皮的笑脸"。

他对作品的解读往往能抓住灵魂和要害

雷达于1943年出生在甘肃天水，三岁时父亲去世，担任音乐教员的母亲守寡一生把他抚养成人。上小学前，母亲逼雷达每天认三个字，常常是记不住不准吃饭。母亲对古典文学和书法都有很好的感悟力，但性格忧郁、敏感甚至有些暴躁，几乎影响了雷达的终生。而雷达后来选择文学，和他高中时期的语文老师朱世豪密不可分。朱老师曾经常表扬雷达的作文，并借给他鲁迅选集，使得之前一向喜爱数理化的雷达，转而报考了文史类，这一改变决定了雷达的人生去向。他在大学时开始尝试写作关于杜甫诗歌的阅读札记，投到甘肃广播电台后被连续播出，电台编辑甚至以为他是大学老师。那时候，雷达的文章已初显老辣。

雷达有关当代文学的评论，最早是从王蒙开始的。1978年初，雷达写了一篇关于王蒙的访谈和评述，叫《春光唱彻方无憾——访王蒙》，发表在《文艺报》上。

40年过去了，雷达写了多少评论文章没有具体统计过。可以确定的是，有相当一批活跃在文坛的作家的第一篇评论或最早的评论是雷达写的。他参与撰写并主编的《近三十年中国文学思潮》（兰州大学出版社）以最能体现近30年文学的思想灵魂和精神本质的若干问题作为论述焦点，把复杂的现象和浩瀚的作品糅合到一系列问题的阐述中去，描绘出波澜壮阔的中国文学思潮起伏的画卷；《当前文学创作症候分析》充分肯定了当前文艺创作的优秀成果，又尖锐地指出了其存在的普遍性、倾向性问题，引起了文学界强烈的反响；《重建文学的审美精神》搜索当代文学关键词，聚焦茅盾文学奖，构建作家作品档案，并由此引发边缘思绪，是一部颇多创见的论著。继《黄河远上》之后，人民文学出版社又推出了《雷达观潮》。后者是雷达近年来在《文艺报》开设的"雷达观潮"专栏为主体，结合创作实际，提出的诸如长篇创作中的非审美化、代际划分的误区、乡土中国与城乡中国、文学与新闻的纠缠、非虚构的兴起、文学批评的"过剩"等一系列前沿问题，思想活跃，敏锐深刻。

毋庸置疑，雷达评说了不同时期的重要的作家作品，为文学创作的发展起了推波助澜的巨大作用。作家贾平凹赞赏说:"对雷达的评论,可以用'正'和'大'来比喻。'正',是他贯穿了新时期文学,经历的事多,众多文学思潮的生成和发展他都参与或目睹。他的评论更多的是蕴含着传统的东西;他的文字代表担当,代表了正,代表了生活,代表了权威。'大'是他有大局意识,看问题常从大处看,看趋势,能'应乎天而时行,是以元亨',文章也就会写得通达顺畅,文采飞扬。"

有人认为,雷达属于"美学的历史的批评"一脉。马列文论对他的影响很深;同时,19世纪的别林斯基、车尔尼雪夫斯基、杜勃罗留波夫以及后来的泰纳对他影响也很大。新时期以来,雷达尤其注意吸收国外社会科学的思想成果,既喜欢读斯宾诺莎、叔本华、尼采、萨特、加缪的作品,也喜欢读本雅明、巴赫金、福柯、伊格尔顿、杰姆逊的作品,但都不系统,用他的话说,是"随兴之所至"。他的评论里注重感性分析,非常注意捕捉典型形象;但感性和直觉并不意味着没有深度,理性的洞察通过感性的方式同样可以深入表述。他对作品的解读和定位比较准确,能抓住对方的灵魂和要害之处,从文本、话语出发,而不是先验的、从概念出发,对作家作品的阐释常有让作者意想不到的地方。

实际上,对当代文学的研究和评论,学术界的认知度可能比较低;但对从事者本人来说,付出的劳动却往往是艰辛的,要求必须有大量的阅读、活跃的思维以及足够的信息来支撑。雷达一直站在当代文学的前沿,根据自己的阅读和理解做出准确的判断,很多观点在不同时期产生了较大影响。比如,总结新时期文学的主潮,有人认为主潮是现实主义,或是人道主义,或是文明与愚昧的冲突;有人则认为无主潮,而雷达提出"不管文学现象多么纷纭庞杂,贯穿的灵魂'是'民族灵魂的发现与重铸"是主潮,这才是长远性的。再如,1988年3月,在《探究生存本相,展示原色魄力》中,雷达提出了"新写实"作为新的审美意识的崛起和它的几个主要特征,那时雷达称之为"新现实主义"。1996年,他最早提出"现实主义冲击波及其局限",提出"主体意识的强化""新世纪文学的生成与内涵""当前文学症候分析""原创力的匮乏、焦虑与拯救",等等。对于中国当代文学史上出现的重要作品和文学现象,《白鹿原》《废都》《古船》《平凡的世界》《活着》《红高粱家族》《厚土》《少年天子》等等,雷达都发出过振聋发聩的声音。评论家白烨评价"雷达是名副其实的'雷达'"。这确实是一个准确生动的说法,四十年来,雷达扫描纷至沓来的新人新作及时而细密,探测此起彼伏的文学潮汐敏锐而快捷,他在评坛乃至文坛的地位,无可替代。

他始终保持着批评的良知和公心

有的文学评论擅长说理,出言即是自成体系的理论,却将人拒之作品之外,越看越晕头转向;有的也擅长说理,但言之有据,不由自主跟随他的语言进入文学世界,总能有意外的收获。

雷达是后者。他的评论建立丰富的文学史和理论素养之上,从文本出发,感情充沛,真诚质朴而鲜活生动;他是中国当代文学史的见证者、参与者、梳理者,"对于这个时代的重要作家作品和重大文学现象,他均做了及时的、充满生命激情和思想力量的回应"(刘再复语),因而充满一种"理性的激情"。

很长时间,雷达曾为作家与批评家的关系的"正常"而困惑,他不知道是幸还是不幸。与过去相比,现在文学批评的批评主体、批评资源、批评环境、批评话语、批评类型、批评方式，都发生了大幅度的变化，出现了一些优秀的研究成果，也涌现出一批优秀的青年批评家。但是在雷达看来，文化批评取代或遮盖了文学批评，相当多的文学批评也是以文化研究为指归，比较纯粹的文学批评不断边缘化，虽然有人坚守，空间仍在不断缩小。

这与文学在整个文化艺术领域所占份额和影响力的减弱是不可分的。文学批评在面对当今的时代思潮、历史语境、现实生活、创作实际时，表现得比较被动、窘迫、乏力，缺乏主体性强大的回应和建构性很强的创意。人想要不但能感觉自身存在，还能够反思自身存在，那就必须在物化世界之上，构建一个意义的世界、精神的世界。现在批评的问题是，很难构建起这个世界来。而现在恰恰需要重建批评的理想和公信力，强化批评的原则性和原创性，增强批评的批判精神。他也曾不止一次为"大作品"的缺失探讨原因。中国现代文学史上的大家，既拥有深厚的传统文化积淀和丰厚的生活体验的积累，又获得了广博的西方文化和世界文化素养，相互撞击，使得他们往往能够站在世界的和人类的、同时又是中国经验的高度来驾驭和创作；而当下我们的作家缺乏的正是这样广博的文化修养和眼光。

从事当代文学研究，阅读作品是个跨不过去的基本功。再高明的批评家再怎么皓首穷经，大概也有拿不准的作品。雷达也不例外。当他与某些新现象猝然遭遇时，甚至出现过失语。比如，面对1980年代中期的某些实验性作品，语言革命和叙事圈套，雷达就曾坦率地表达过自己准备不足。是的，任何批评家都不是万能的，每个人有自己的审美个性和口味偏嗜，都有自己拿手的领域或隔膜的圈子，都有可能去寻找自己的本质力量对象化。但无论何种情况，他在面对批评对象时，始终充分准备并保持对新鲜事物的敏感性，保持着批评的良知和公心。他个人的文学批评实践史,已成为中国文学思潮的见证史。

他也坦承在读书生活中存在不能驾驭的危机,并深深为之苦恼。他每天被书所困:要读的东西越来越多,总也读不完;想读的东西总是堆在那儿,总也读不了。他的困惑,其实是时下书界、文坛的真实写照。

一方面苦恼着,一方面,他仍然怀有坚定的信念,他想总得给心灵的阅读留出空间,让读书回到读书的本意上去:不再是精神的桎梏,而在精神原野上的自由驰骋。

真情实感永远是散文的命脉

雷达的文学评论权威,这是文坛公认的。贾平凹在分析"雷达为什么能有权威"时,非常精准地把握了几点:一是他对中国社会有着认识和把握,能做大事,敢担当;二是他对创作有感觉,散文写得好;三是对文坛的情况了如指掌,看作品能放在全国的大盘子上比较,看问题能从中国文坛和世界文坛层面上来考量;四是他的性情除真、直、有些孩子气外,在执着中多变,在坚信里表现出怀疑,以及独行特立、不拘一格,这种性情是成大事的性情。很多人都注意到了,雷达的散文不亚于他的评论,但因评论做得久,散文的成就便被遮蔽了。

40年来,雷达多从事文学评论,惯于用概念、理性、逻辑说话,其实他同样热爱散文,并希望在散文中让血肉饱满的形象说话。所以在编选《黄河远上》散文集的时候,他完全剔除了议论和思辨色彩的文字。《黄河远上》中的每一篇散文都是亲历的,毫无粉饰的,同时也充满了历史沧桑的或个人的波折。雷达的写作,都是围绕着自己的切身经历展开的。正如评论家古耜指出的,作家从亲身经历出发,把自己的成长史和心灵史全无粉饰地敞开,其强烈的纪实性和现场感,以及浸透其中的披肝沥胆的自我解剖和真诚言说,足以让读者产生强烈共鸣。这组作品书写作家经历,但又不是纯粹的、封闭的自说自话,而是在"我"的生命轨迹中,很自然地渗入历史镜像与地理人文。于是,作家那一片片丰饶的记忆沃土,开满了社会心理、民间传说、历史事件、地域风情、时代氛围的花朵,它们交织在一起,构成了甘肃省乃至整个西部风俗史和精神发展史的一部分。

民间记忆、个人化记忆的价值在今天已是毋庸置疑,但雷达不太主张过于纯粹的个人化记忆,否则面太窄,圈子划得太小,容易陷入一己的悲欢,意义也会受限。个人记忆和时代风雨裹挟在一起,无形中成为风俗史、心灵史的一种表达,作品才会走向深厚。

如何做到既带有自传色彩,但又不是刻板的自传,而具有散文的广延性、抒情性、联想性,雷达的探索值得思考。《黄河远上》一开始,雷达写了亲历的西北战场最残酷的恶战——兰州战役。当时雷达只有六岁,血与火的记忆却终生难忘。接着写了震动全国的"邱家血案",也不是故作惊人之笔,这是雷达每天上学的路上发生的真事,是他凭着记忆写出的。《梦回祁连》是以"四清"运动为背景的,既不能不交代"四清"时的政治形势,但又不能陷入政治评价中不能自拔。这么大的全国性的运动,从何处下手?的确很难驾驭。雷达以"我"为中心,联结乡土人物和工作组长,将其他推到背景,将主要的空间用来描写当年河西走廊的风土人情,写出了人性的美丽与残酷,写出了只有那个年代才有的"情调"和"风光"。

真正能够叩响心门的才是好散文。真情实感永远是散文的命脉,这恰恰也与雷达朴素的性格吻合。真实是分层次的,表象的真实,较深层次的真实,以及能直抵灵魂引发共鸣,引起疼痛感或撕裂感的真实,是各不一样的。它们取决于作者投入生命的深度,观察、体验、内省的深度,以及艺术表现的能力。这是无法伪装的。在《黄河远上》一书中,雷达还原了与个人经历血肉相连的风俗史、精神史、心灵史,表现了在极限状态下历史的呼吸、人性的残酷与微妙。文学是靠形象说话的,雷达塑造的形象是多义的、内敛的,所以才更厚重,也更感人。

在《黄河远上》中,体现出西部特有的地理标识、文化基调与精神底色。雷达不但写甘肃,在《新阳镇》《皋兰夜语》等作品中,陕西、宁夏、青海、新疆,他都写过,如《走宁夏》《依奇克里克》《乘沙漠车记》《圣果》等。而散文《韩金菊》写遥远而凄美的初恋,委婉多情,特别令人感动。这是一篇原本没打算写的散文。他不想触动一生的痛。然而随着一天天老去,那段50多年前的往事藏在心里,他总觉堵得慌。可一旦写起来,却又伤心得写不下去。他笔下的一切都是真实的,无一丝虚构。文章发表后又在微信上推出,点击率上万,留言之多,超乎想象,很多普通读者留言说它"情真意切,感人肺腑",读来"几度哽咽",甚至"每读一遍,都要流一次泪"。

再比如,《费家营》的开头,本是朋友带雷达游览一个新景点"黄河湿地公园"。他总有似曾相识之感,当走到一个最大的鹅卵石水坑前,旧景重现,他像被雷电击中一般,呆立无语。他暗自揣测那是1958年"大跃进"时,他们曾洒下无数汗水,连抬着沙筐走路都要睡着或栽倒的那块地方。后来根据对地理方位的反复核对,发现正是那块地方。至今还没有任何人道破过它的秘密,更没人想到过它其实是1958年"大跃进"一个遗迹的巧妙利用。于是,当年"劈北山,挖鱼池,大炼钢铁"的震耳的口号声顿时在雷达的耳边炸响。回忆的大幕就此拉开。这个开头被读者称作"华丽转身"。但雷达的写作,并非出于技巧的需要,而是生活本身就这样巧合。除了在叙述风格上努力做到客观、冷峻、质朴、丰腴之外,如何打通历史与当下、过去与现在,也即实现某种"穿越",唤起读者的共鸣,雷达的尝试是成功的。《费家营》被评为2015年"中国文学最新排行榜"散文类的榜首。

其实,雷达在取材上没有任何优势。他不是出身名门、将相之后,只是耳濡目染过多少有影响的大事件大人物,能自然而然地写出读者渴望了解的名人逸事、历史传奇及某些秘密;他虽然一生也是磕磕绊绊,但并没有九死一生、大起大落以及骇人听闻的苦难经历,那样的人下笔即能感染读者并且触发历史反思。在接受《中华读书报》采访时,雷达曾经表达过自己的疑虑:"我常想问人也问我自己,这些以亲身经历为背景的东西,究竟谁会看?有哪些东西可能是人们需要知道的,是有价值的?它有可能吸引哪些人的眼睛和心灵?是否可以这样说,它包含着历史情景的,西部人心灵史和文化史的信息,一个人如何成长的过程,人的灵魂怎样遭遇风暴袭击的,人战胜自我和环境的隐秘的关键,以及从这个人身上折射的60多年来的动荡与曲折,它可能还有激励西部封闭境遇里的青年的作用,激起他们的自豪感和与命运做斗争的勇气,从自卑中挣脱出来。总之,不是简单的褒扬,也非故作高深,不是要迫不及待地肯定什么,更非沽名钓誉,而是以人为本,写出性格来,写出人生来。"

他一边疑惑着,一边未曾放弃努力,同时也在不断的求证中增强了信心:"我仍然可以告诉读者很多,我这个人,或这颗灵魂,他做什么既重要,也不重要,他有何业绩既重要,也不重要;但他应该是一个真实的、热烈的人,一个复杂的、矛盾的人,一个绕系着文化精神冲突的人,一个心灵在场、注重从体验出发的人,一个与我的年代的生活和心灵紧紧相连的人。"

雷达的散文写作，是个人命运与时代背景的交叠合一，"历史真相隐藏在语言的暗流涌动之中"，因而赢得共鸣。

他写散文，完全是缘情而起，随兴所至

从1978年走上文坛，雷达以评论名世，直到2018年才推出第一部、也是最后一部纯粹的散文集，对于雷达来说是一种必然。他的评论，无论涉及什么，最终会落足到人文关怀。他认准一部作品长远与否，与作家的文化资源、思想资源、精神资源有很大关系，如果没有永恒的人文关怀，人的灵魂总是漂浮和挤压在暂时的处境之中，像风中的浮尘一样飘荡无依。他在"对当今文学存在理由的若干思索"中，提出"文学史证明，许多日常化的、无意义的东西，往往最具文学价值。我们是否忽略了私人空间？忽略了某些貌似无意义实乃最具人生意味的空间？日常化记忆与私人化记忆，对文学来说都很重要"。

福柯说，重要的不在于你叙述哪个年代，而在于你在哪个年代叙述。当雷达在新时代展开他的个人叙述，其笔触指向被遮蔽的历史角落以及情感隐私，大胆地实践"个人化的抗争"，实际也是对于自我评论观点的一种实践，他回到鲁迅的起点，张扬个性，坚持独立品格和批判精神，表现出对人的尊重和对人的终极关怀，并富有个性地表达出强烈的人文精神。

雷达的散文写作，受《朝花夕拾》的影响最大。那是鲁迅先生唯一的一部回忆性散文集，原名《旧事重提》，后来改为《朝花夕拾》。"朝"意谓早年，"夕"表示中晚年，即早上的花朵到了晚上来拾采。鲁迅先生回忆童年少年乃至青年时代的人和事，每一篇都是那么沉郁

而亲切地展示着世态变迁、人情冷暖、历史沧桑、风俗礼仪,且感情蕴藏得那样深沉,他对社会、人性的深邃洞察和对亲人师友的诚挚感情,只有反复读之才能心有所得。

雷达写散文,完全是缘情而起,随兴所至。创作的因素较弱,倾吐的欲望很强。"如与友人雪夜盘膝对谈,如给情人写的信札,如郁闷日久、忽然冲喉而出的歌声,因而顾不上推敲,有时还把自己性格的弱点一并暴露了。"

他的性格率真,不善于遮饰自己,同时也有些叛逆,从小就具有怀疑精神和反叛意识,没有多少世故和城府。

"我长到22岁时离甘赴京,从西北到了华北,但始终没有离开过北方。我发现,我的口味极其顽固,喜欢辣、酸,喜欢牛羊肉,喜欢面食,米饭基本不动。一天不吃面就没着没落的。这绝非我矫情、作秀,实在是一种连我自己也无法解脱的根性。我承认有的人随遇而安、善于应变,但我做不到,我可能属于最顽固的分子。"

有位哲人说过,不管是多么大的人物,或者多么小的人物,多么尊贵的人物,或者多么卑微的人物,只要他负载的信息有足够的精神含量,那么就具备了使用散文这一形式的条件,把它们记述下来就是宝贵的。灵魂的历史比历史本身更鲜活、更耐久。作为一个跨越了众多剧变年代的人,雷达的内心世界却是丰富的、敏感的,唯其单纯,不掺杂质,反而有助于了解那个时代心灵的历史。

雷达曾在《我的散文观》谈到自己心目中的好散文"首先必须是活文",而非"呆文"。比如,文化散文一度成风,余秋雨早期的一些文章,雷达认为有开创性,走在前面。但后来忽然很多,有的看上去很渊博,什么都知道,不少是临时从网上书上查的,这未尝不可,可以普及历史知识和传统文化,但罗列太多,掉书袋,性灵就不见了,便"呆"了。还有,中国散文的叙事记人,有极深厚传统,弄不好它会变成一种模式的重压,也容易"呆"。"活文"恐怕首先得关注人的生存状态和精神困境,包含细腻复杂的人性之困和情感矛盾,这种境界和格局,与作家的知识积累、文学素养有关,更与作家的情怀有关。

"我知道,放在时间的长河里,活着的尽头是死亡,爱情的终点是灰烬,写作的收场是虚无,不管我们多么珍视自己的这些作品,这命运是不可避免的;然而,尽管如此无情,我们依然要尽力地活,尽情地爱,尽心地写……我自知渺小脆弱,难脱定数;我自知人生短暂,如飘尘,如流云,恍然若一梦,却仍想顽强地活出一点意义来。"雷达在《黄河远上》序言中的表达,今天看来似乎是隐约的一种告别。他一直将读者的需要和喜爱、以及心灵难抑的诉求共视为写作的动力。他说,如果自己的文字能让一些读者"在车上,在厕上,在枕边,翻一翻,会心一笑,引起一些共鸣和遐思,那我就没有白写,那也就是我最大的幸福了"。

温儒敏：办教育要守正创新

采访手记：

我曾几次与北京大学中文系教授温儒敏接触，每次都有新的认识和收获。

2014年4月，山东桓台召开中国教育学会中学语文教学专业委员会2014年工作会议，他对当下语文教育的看法，引起我浓厚的兴趣。我们的谈话，涉及教材市场的混乱，教学存在的问题，也有教育状况的无奈。他看重基础教育，将其视作国家的命脉。然而多数学校依旧瞄准考试的套式训练，几乎人人喊打，又人人参与。他还提到传统文化的教育，认为传统不是固定地放在那里拿来就可以用，文化是流动的，对传统文化应该有分析的眼光，应该批判地继承。

我珍惜这些温和然而一针见血的观点，记录下来，却终究没有成文。温儒敏说，时机尚不合适。那时，他已受命于教育部，担任"部编本"中小学语文教材的总主编，他对教材统编充满信心。他说，"部编本"教材会有相当的突破，语文课最成功的标志是学生喜欢读书。

他的关于中国教育种种问题意识，基于对学生、对教育的热爱。他希望以一己之力做些有益的事情。

2014年11月，中国现代文学研究会第11届年会在南京举行，再访温儒敏。作为连任中国现代文学研究会八年会长的温儒敏，用"持重"和"团结"概括现代文学研究会，参与学会是为了彼此交流、取暖、通融、帮扶。在当前功利化的风气中，现代文学研究会却有它的独立品格，这与温儒敏的追求和学风息息相关。他不留情面地指出不利于治学的现象与趋向，强调文学研究的"当代责任"，提出如何通过文学研究参与价值重建的必要性和紧迫性。

在那次会上，温儒敏提交的论文是《为何要有"文学生活"研究》，他的发言有很强的针对性和可操作性。他希望能够解决一些实际问题，希望能够改变学术生产泡沫化的状况。他很清楚这些问题最终还得从学术管理体制上解决，但也不能全都归咎于体制或者环境，最切实的是应先从自身去找原因，调整自己的心态与步伐。

"人文学科是需要个性投入的，每一代学人都总是可以找到适合自己的空间、自己的题目。"这也是温儒敏投入"文学生活"研究的现身说法。

无论是担任北大中文系主任时坚持"守正创新"，还是担任北大出版社总编辑时破釜沉舟的举措，温儒敏的干劲儿和"冲"劲儿令人刮目且敬佩。我一直在想，他对于学术研究，对于学界种种现象和问题的敏锐来自哪里？对于学生，对于学术乃至社会的大爱来自哪里？对于管理，对于改革，对于不良习气，他的魄力和发声的勇气来自哪里？温儒敏的回答很简单：一是不爱交往，保持了独立性；二是生活简单，专注做事。

理想的大学学习是"从游",如大鱼带小鱼

1946年,温儒敏出生于广东省紫金县中坝乡乐平村。他的父亲十六七岁时就外出谋生,曾在香港东华医院当学徒,后来回到紫金县龙窝圩开设西医诊所,是当地最早的西医之一。母亲是基督徒,知书达理,常常给温儒敏讲圣经故事以及各种民间传说,教他背诵《增广贤文》等蒙学书籍。

小学四五年级,温儒敏开始读《西游记》《三侠五义》《七侠五义》等传统小说,很多字都不认识,就跳着读、猜着读。这也是后来温儒敏提倡的阅读法。如遇不认识的字就要查字典,大概阅读也会趣味索然。就在这种"连滚带爬"的海量阅读中,温儒敏爱上了读书和写作,甚至模仿过艾青、裴多菲写诗,还给自己起了个洋气的笔名"艾琳"。

1964年,温儒敏考入中国人民大学中文系。尽管在大二时遭遇"文革",他还是乱中取静,见缝插针地读了大量古今中外的文学、历史、哲学经典和各种杂书闲书。这种"漫羡而无所归心"的"杂览",为他后来的学术研究打下了丰厚的基础。后来他指导研究生,除去专业训练,也主张有些"杂览",知识面尽量拓宽,而不是一上来就直奔主题。

大学毕业后,温儒敏被分配到粤北的韶关地委办公室担任秘书。8年时间,经常下乡下厂,还当过生产队驻队干部,耙田、插秧什么活儿都干过。温儒敏说,这种对国情民情的切身体验,是别人代替不了、书本也难以描述的。几十年过去了,一到变天,他几乎本能地开始惦念南方农民是否受灾。知识分子术业各有专攻,如果有较多的人生阅历,特别是基层生活经验,性格可能会有所"调和"。温儒敏认

为,人文学者最好还是有些社会实践经历,他们那一代学者大多不是"三门干部"(即从家门到学校门再到机关门),丰富的人生历练使学问与社会紧密相连。

在机关当秘书,接触事务多,写东西又快,温儒敏备受领导的重视,如果走仕途,可能会有好前途。但他本性喜欢安静,不爱交往。1977年的一天,在粤北的浈江河畔,温儒敏听到中央人民广播电台播送恢复高考和研究生制度的消息,决定报考研究生。

1978年,北京大学现代文学专业有800多人报考,原计划招6人,后来增加到8人,11人参加复试,温儒敏初试排在第15名。但他却意外地接到了复试通知。后来才知道,导师王瑶看了他的文章,觉得有潜力,特别提出让其破格参加复试,这让温儒敏终生难忘。他当老师之后,也常效法此道,考查学生除了看考分,更看重实际能力。

那时课不多,不用攒学分,不用考虑在核心期刊发表文章,就是自己看书,寻找各自的兴趣点与发展方向。这种自由宽松的空气,很适合个性化学习。温儒敏研究生阶段读书量非常大,他采取浏览与精读结合,起码看过一千多种图书。许多书只是过过眼,有个印象,但读得多了,历史感和分寸感就形成了。1981年温儒敏留校任教,三年后又继续师从王瑶读博,当了王瑶两届"入室弟子"。

当时是北大中文系第一次招博士生,全系读博的只有他和陈平原两人。王瑶没有给他们正式开过课,主要还是自己读书,隔一段时间和导师交流。王瑶抽着烟斗静静地听,不时点评一两句。

"有一种说法,认为理想的大学学习是'从游',如同大鱼带小鱼,有那么一些有学问的教授带领一群学生,在学海中畅游,长本事。当年就有这种味道。"温儒敏在回忆王瑶对自己的影响时这样感慨。他总看到先生在读报,辅导学生时也喜欢联系现实,议论时政,品藻人物。导师的入世和批判的精神，在温儒敏身上留下很深的影响痕迹。

温儒敏受惠于20世纪80年代，也感激那个时代。知识分子的使命感、事业心，以及对久违了的学术的向往与尊崇，都在学术的重建中得到痛快淋漓的表现。温儒敏说，我们这一代学者很多人都有过艰难的岁月，但又真的很幸运能在那个年代投身学术。

板凳要坐十年冷，文章不写一句空

做学问，温儒敏下的是笨功夫。他恪守王瑶所说的"板凳要坐十年冷，文章不写一句空"的师训，不趋时、不取巧，追求一种沉稳扎实的学术风格。

温儒敏的博士学位论文《新文学现实主义的流变》是研究思潮的。当时文坛正在呼唤回归现实主义，许多文章都在说这个词，对它的来龙去脉却不见得清楚，梳理一下是必要的。他就选择了这个难题。他说，这是"清理地基"，要用"史述"的办法，把现实主义思潮发生、发展与变化的轨迹清理出来，对于现实主义在新文学发展过程中所起的推进或制约作用，做出客观的评说。

温儒敏找到一个当时还较少使用的词"流变"，一下子就把思路点亮了。回过头看这部著作，他有些不满意，认为写得有点平。但那时关于新文学思潮流派的系统研究还很少，这是第一部叙写新文学现实主义思潮史的著作，开了风气之先，颇受学界的注意。

不过，温儒敏更看重《中国现代文学批评史》，这是他的代表作。1990年前后，他给学生开现代文学批评史的课，意在把批评史古今贯通。现代文论给人的印象似乎"含金量"不高，当时北大研究古文论的有三四位专家,可是没有人关注现代。别的大学也大抵如此。温儒敏认为,现代文论已经形成新的传统,对当今文学生活有弥漫性的影响,不可忽视。他率先在北大开设现代文学批评史这门课,由于当时这方面的基础研究薄弱,他几乎要从头做起,非常费工夫。一两轮课下来,积累了大量第一手材料,问题意识也突出了。

温儒敏认为自己的现代文学批评史研究并不全面,但现实的指向性明显。他强调从以往批评家那里获得某种批评传统的连续感,把重点放在论说最有理论个性和实际影响的批评家代表上,注意把握他们对文学认知活动的历程,以及各种文学认知在批评史上所构成的"合力"。文学史界高度评价这种"合力说",认为有方法论的启示。这本书至今仍是现代文学批评史领域引用率最高的一部著作。

还有一本书在文学界几乎无人不晓,那就是温儒敏和钱理群、吴福辉两位老同学合作的《中国现代文学三十年》。最初这本书是为自学考试编写的,发表于1983—1984年的《陕西教育》。该书和其他同类文学史很不一样,这是用专著的力度写就的教材,带有强烈的理论个性,引发的话题很多,留给读者思考的空间也很大。如今这部书已经是许多大学中文系指定的基本教材,但当初此书也曾遭遇退稿的尴尬。评论家黄子平那时是北大出版社的编辑,温儒敏去找他,希望在北大出版,黄子平说没问题。半个月后黄子平无奈地告诉温儒敏:领导说你们还只是讲师,写教材欠点资格。这本书后来由上海文艺出版社出版,20世纪90年代末才回到北大出版社修订再版。《中国现代文学三十年》出版30年来,已48次印刷,印数130多万册,其影响之大是温儒敏未曾料及的。

温儒敏的众多著作,很多都是在文学史的教学中"提升与结晶"的,和教学关系密切,如《中国现当代文学专题研究》《中国现当代文学学科概要》，一直被许多大学中文系列为研究生教材。温儒敏在现代文学研究方面成就显著，但他对自己的研究并不满意，对人文学界研究日趋泡沫化的状况也很担心。这"不满意"也许就酝酿着某种突破的内力吧。

做事要有股"冲"劲儿

表面上，温儒敏温文尔雅，但是无论担任北京大学出版社总编辑，还是接掌北京大学中文系主任，他都有一套有效的管理方式。用他自己的话说，是真"有点'冲'，好像并不符合自己的个性"。正是这股"冲"劲儿，温儒敏带领团队全力以赴，半年多的时间出版五六十种校庆图书，为当时北大百年校庆交上一份完美的答卷；也正是这股"冲"劲儿，温儒敏以"不睡觉也要干出来"的豪情带领出版社编辑，快速高质地推出72卷本大型古籍整理项目《全宋诗》，获得1999年年度国家图书奖，至今仍是北大出版社首屈一指的标志性出版物。

1998年，北大出版社在香港组织了书展，引起轰动。而温儒敏为书展设计的主题条幅"学术的尊严，精神的魅力"，后来成为北大出版社的"社训"。

从1999年到2008年，温儒敏担任北京大学中文系主任，极少有人称他"温主任"。在学校称呼"官职"他会感觉不自在。

温儒敏担任北大中文系主任9年，老师们印象最深的是他提出"守正创新"的办学理念。其含义是既坚守中文系长期以来形成的传统，又在新的时代环境下有所发展和创造。他尽量给老师们创造自由宽松的学术环境。

"我1999年担任北大中文系主任时,提出'守正创新'的办学思路,后来做学问、编教材,都努力这样去做。看到最近北大校长林建华发表文章,讨论如何建设一流大学,也认可并采用了'守正创新'这个提法,北大一些学院开会也打出这一'口号'。"温儒敏感到欣慰。

温儒敏很反感浮泛的学风。他担任中文系主任时期,全国的大学正在扩招,多数中文系"翻牌"改为"学院"。校方也曾征求意见希望把中文系改为文学院。他说没有必要,等全国都"升格"完了再说。

温儒敏认为,办教育还是要求实守正,不要改来改去太多"动作"。特别是像北大这样的老校,要看重"文脉"。"我们讲文脉,讲传统,不是摆先前阔,而是要让文脉来滋养我们当前的教学研究。现在,人文学科越来越受到挤压,北大中文系还能取得一点成绩,在全国同一学科仍能整体领先,我想还是靠'老本钱',在'守正'上下了些功夫,所谓创新仍然是要有'守正'作为基础的。"

温儒敏推动了多项措施改进和规范本科生与研究生教学管理工作。他在全国率先提出博士论文匿名评审和导师回避制度,以及教师业绩评定中的"代表作"制度,引起了广泛注意。

把学生被"应试式"教育败坏了的胃口调适过来

十年前,温儒敏获得教育部授予的"全国高校教学名师"称号。"我觉得教学是值得用整个人生投入的事业,是我所痴迷的乐事,是份完美的精神追求。"这一简洁凝练的获奖感言,是他几十年教育生涯的总结,他享受这追求与奉献的过程。

温儒敏曾历经许多学术要职,除了文学史研究外,温儒敏将很大一部分精力用于语文教育的研究与组织工作,希望带动大家回到教育的本义上去理解语文教学,"把学生被'应试式'教育败坏了的胃口调试过来"。

2003年12月25日,在温儒敏等人的努力下,北京大学语文教育研究所成立,林焘、袁行霈、徐中玉、陆俭明、刘中树、巢宗祺、蒋绍愚、王宁等一批著名学者加盟。其实这只是一个虚体机构,却做了很多实体机构也未见得能做的实事,其中包括:组织对全国中小学语文教育状况的9项田野调查,参与修订国家语文课程标准,参与高考语文改革的研究,举办"国培"连续多年培训20多万中小学语文教师,组织编写中小学和大学的语文教材,培养语文教育的硕士生、博士生和博士后,等等。温儒敏说:"人文学科其实花不了太多钱,有时钱多了要老想着怎么花钱,反而误事。北大语文所很穷,连办公室也没有,但享有北大多学科的资源,为高校服务基础教育提供了一个平台。"

温儒敏把介入基础教育说成是"敲边鼓":"如同观看比赛,看运动员竞跑,旁边来些鼓噪,以为可助一臂之力。这是责任使然,也是北大传统使然。"早在2002年,他邀集十多位北大教授,包括陈平原、曹文轩、何怀宏等著名学者,跟人民教育出版社合作编写高中语文教材,现在仍然有60%的中学在使用这套教材。2008年,他又担任义务教育语文课程标准修订组召集人,修改制定一部指导中小学语文教学的国家文件。这些工作需要协调各方面的意见,很烦琐,一做就是几年,还不算自己在单位的业绩。但温儒敏和他的团队实心实意想为基础教育做点事。

2012年,教育部聘任温儒敏为中小学语文统编教材的总主编,从全国调集数十位专家和特级教师，历时5年，编撰一套全新的教材。目前，这套"部编本"语文教材已部分在全国投入使用，今后数年将成为全国统编的教材。

"编教材太难了，几十位专家和老师，编了5年，历经30轮评审，终于熬过来了。"温儒敏感慨地说，用了一个"熬"字，可见其中艰辛。新教材投入使用后，得到一线教师普遍的认可，认为"有新意又好用"。这又让温儒敏感到"很有成就感"。他说，有什么样的教材，就有什么样的国民，教材太重要了。但教材是公共知识产品，社会关注度高，动辄还引起炒作，难免要戴着镣铐跳舞。

温儒敏把语文教材编写说成是"风口浪尖上的工作"。因为教材是不容许出错的，而选文又特别容易引起社会议论，一篇课文是上还是下，可能牵动许多人的感情。温儒敏说，其实语文课本并不只是美文的汇编，需要照顾方方面面，还得讲科学性。新教材有很多改革，都要有调查研究和论证，讲学理根据。比如过去小学生一上学首先就学汉语拼音，而统编语文教材改为先认识一些字，再学拼音，而且拼音学习的难度也降低了。其可行性是预先做过专题调查论证的。

统编语文教材渗透了温儒敏的语文教育思想。他认为，语文教不好，最大问题就是读书太少。一本语文教材也就十几篇文章，如果只读课文，不读课外书，无论怎么操练，也是无法提高语文素养的。温儒敏提出语文教学的"牛鼻子"就是培养读书兴趣。新编的小学初中语文教材在激发阅读兴趣和拓展课外阅读方面下了功夫，想办法让学生不要过早陷于流俗文化。比如增加古诗文诵读和名著导读，在小学一年级安排了"和大人一起读"。他希望通过中小学生的多读书来推进良性学习方式，带动社会风气的改善。

近几年,《温儒敏论语文教育》有三集陆续出版,封底都写上这样一段话:"我深感在中国喊喊口号或者写些痛快文章容易,要推进改革就比想象难得多,在教育领域哪怕是一寸的改革,往往都要付出巨大的代价。我们这些读书人受惠于社会,现在有些地位,有些发言权,更应当回馈社会。光是批评抱怨不行,还是要了解社会,多做建设性工作。"

杨义：中国文化精神的探寻须根植大地

采访手记：

杨义堪称学界读书最多的学者之一。每开辟新的学术领域，他第一要务是钻进浩瀚的书海。研究现代小说史，他阅读了两千多种原始书籍报刊；研究叙事学，他积累了3000多种叙事学文献的阅读量；为搞清中国古代图书的插图形态，他普查了大英图书馆6万余种中文藏书；为梳理西方诗学的概念和内涵，他普查了英国剑桥大学图书馆、牛津大学博德兰图书馆的1900余种诗学典藏。

更难能可贵的是，他在学术的两翼插上了想象的翅膀。中国社科院文学所原所长陆建德注意到这一点，在谈到杨义"先秦诸子还原四书"时，他认为，杨义先生一方面结合新的考古、竹简、新的发现，在阅读时又有大胆的想象飞越，然后做出结论，其背后是有依据的。

杨义被称为学界的"成吉思汗"或"徐霞客"，是指他学术"远征"之不畏艰险且屡战屡胜，不断开拓学术上的新视境、新突破。因为他的学术著作频频出版，绝非潦草应付或挂个虚名，而是坐得冷板凳，十年磨一剑，一个人苦心经营。如今他在海内外出版《中国现代小说史》《二十世纪中国文学图志》《中国古典文学图志》《文学地理学会通》《论语还原》等著作50余种，超过1000万字。他曾在哈佛大学、耶鲁大学、牛津大学、剑桥大学讲学或任客座研究员、客座教授，哈佛的李欧梵教授听完后对杨义说：中国将来会认识你的学术。

仅2000年到2014年，15年时间杨义完成了13种（共16本）著作，他总能在旁人看似枯燥无味的学海中，直抵研究对象的心灵深处，收获最为生动且新鲜的带有体温的学术成果。积累多门专家之学而成为一代通人，这就是"杨义现象"。

半辈子专心鲁迅研究

鲁迅研究是杨义学术研究的始发点。1972年，他在北京西南远郊的工厂库房里通读《鲁迅全集》十卷本，时至今日，已近五十年。1978年，杨义考入中国社会科学院研究生院，师从唐弢及王士菁先生，开始系统地研究鲁迅。此后，杨义发表了若干关于鲁迅的文字，这是他学术生涯的起步。

在与鲁迅进行一番思想文化和审美精神的深度对话之后，杨义整装前行，对古今叙事、歌诗、民族史志、诸子学术进行长途跋涉，是储备了弥足珍贵的思想批判能力、审美体验能力和文化还原能力的。当他在审美文化和思想文化上历尽艰辛地探源溯流三十余年之后，再反过头来清理鲁迅的经典智慧和文化血脉，陆续出版《鲁迅文化血脉还原》《遥祭汉唐魄力——鲁迅与汉石画像》和三卷的《鲁迅作品精华（选评本）》，这是对杨义学术生涯第一驿站的存货进行翻箱倒柜的"大清理"，在此过程中，他对鲁迅的思想和文学的存在，油然生出深深的敬佩和感激之情。

读懂鲁迅,可以使自己的眼光犀利。杨义说:"鲁迅是一口以特别的材料制造的洪钟,小叩则小鸣,大叩则大鸣;鲁迅研究还存在着不少可以深入开垦的思想、知识、精神文化的园地和土层。就看研究者举起敲钟的槌棒的材质和大小,就看研究者的知识储备和思想能力,是否与研究对象相称。"

以往的鲁迅研究的显著特点,是侧重于思潮,尤其是外来思潮对鲁迅的影响。即便谈论鲁迅与传统文化的关系,也只是演绎批判国粹之类的文字,侧重于思潮对这种关系的冲击而产生的变异,就脱离了文化血脉的原本性了。杨义说,不能忘记鲁迅是兀然站立在中国大地上身穿长衫、手执毛笔写文章的思想者。他交友使用旧体诗,送给许广平的礼物是《芥子园画谱》。所谓"灵台无计逃神矢",从语源学上说,"神矢"是外国的箭,"灵台"依然是中国心。

鲁迅搜集石画像拓片,不是为了淘宝升值,而是为了考证其中展示的生活情态及其蕴含的民间精神情态。许寿裳称赞:"至于鲁迅整理古碑,不但注意其文字,而且研究其图案,……即就碑文而言,也是考证精审,一无泛语。"(许寿裳:《亡友鲁迅印象记》,人民文学出版社1953年版,第40页)可见做的是精粹的古典学的功夫。这不是玩物丧志,而是玩物长志,增长见识,认知世界,联通血脉,涵养精神。其间曾用南宋人洪适的金石学著作《隶续》,校订《郑季宣残碑》。考证古碑时,对清人王昶(号兰泉)的《金石萃编》多有订正。1915年末,从北平图书馆分馆借回清人黄易的《小蓬莱阁金石文字》,影写自藏本的缺页。鲁迅的金石学、考据学修养,于此立下了精深的根基。他也于此接上了清代考据学的传统,正因心细如发,才能使其在后来的文明批评中旁通博识,眼光如炬。没有如此精深的传统学术修养，鲁迅是不可能写成《看镜有感》这类杂文的，也不可能以山东嘉祥和河南南阳的汉代石画像考见汉人的生活史和心灵史，从中发现"东方美的力量"，借以遥祭"汉唐魄力"。由此可知，沟通血脉，是当今鲁迅研究的当务之急，既关注鲁迅借鉴外来思潮，又顾及鲁迅植根于本国文化血脉，才能超越研究"半鲁迅"的局面，还原一个"全鲁迅"。

对中国传统学术核心领域的突破

以鲁迅研究作为学术出发的第一驿站，其后又写了中国现代小说史、古典小说史论、中国叙事学。在这些研究引起广泛关注的时候，他认为研究中国文学只研究小说叙事，还不能直击核心意蕴，于是涉足诗文，又有了楚辞诗学、李杜诗学，以及《史记》、桐城文派的内在精神脉络的透视。当他出任中国社科院文学研究所、少数民族文学研究所所长时，就把少数民族文学文化纳入研究视野，提出"边缘的活力"的理念和"重绘中国文学地图"的构想。这使他的研究思路伸展到中华民族文化共同体的广阔时空领域。随后，他又启动了先秦经学、诸子学的探索，在到澳门大学应聘为讲座教授的多元文化碰撞融合的环境中，陆续推出《老子还原》《庄子还原》等诸子还原之作。

杨义为什么能从现代到古典、从思想到文学、从叙事到抒情、从汉族到民族、从文化到宗教、从中国到外国、从心理到地理、从空间到时间……几乎生命所能感触到的维度，都能纳入到他的学术表述中去？学者朱寿桐认为，杨义是中国文学、中国文化学界的一个非常突出的案例。他是以学术作为他的第一生命、他的唯一乐趣和整个事业。他的所及所感所读，无一不是以学术的方式呈现，他生命的全部感性都付诸学术。

杨义的治学经历，有一条很明显的向前追溯的线索：先治中国现代文学，以《中国现代小说史》得享大名；然后沿小说之径，挥师古代，先后收获有《中国古典小说史论》《中国叙事学》；又横贯旁通，入于诗学，有《楚辞诗学》《李杜诗学》问世；进入新世纪，复主攻先秦诸子，出版《论语还原》，中间虽有回环穿插，但大致螺旋上升。杨义的老朋友、出版人李昕，认为杨义的成就既可说源自其与生俱来的勇猛精进、健行不息的学术钻研精神，又可说彰显了其内贯的学术思路——"还原"。由文学而史学、由史学而经学，显示了他对中国文化研究追根溯源的思路。

做学问忌讳四处刨坑不见水，但杨义是每刨一个坑必打一眼井，这一点让人叹服。究其原因，除了他的理论功底深，对文本的敏锐感，善于捕捉善于思考、勇于创新勇于跨界外，还有三个原因。一是读书多，功夫下得深。写中国现代小说史读了无数的材料，卡片都做了四五千张。这样读书，使他能够厚积薄发。二是20世纪80年代以后，杨义系统地研究过西方的文学理论，文学界当年提倡新学科、新方法的时候，杨义跟上了这个潮流，所以他的学术武库中多一些来自西方的利器，但他的理论参照系要比老一代学者开阔。三是他对学术的痴迷和专注，没有人不佩服。人们常说，对于学者而言，学术是人生的一部分，这是常态；但对于杨义，这句话要反过来说，生活只是他学术的一部分。

近年来，杨义的主要精力放在了研究先秦诸子上面。他在明清、唐宋、魏晋、先秦分别"打了几个桩"之后，又开始思考文学的整体观问题，进入了对文学的深层意义和生命血脉进行整体研究之中。因为只有站在贯通古今、会通多域的角度上，才能揭示中华民族共同体的整个精神谱系是如何发生、如何形成以及如何变异的,从这个基础上来思考中华文化的生命力和包容性,思考国学的深层脉络及其精神内核,才是有理有据、有血有肉、有生命有灵魂的。

有生命的文化才是精彩鲜活的文化

海量的阅读、繁复的研究、丰硕的著作,杨义自然有一套独特的学术研究方法。比如在研究中国叙事学时,他采取的学术研究方法是四句话:回到中国文化原点,参照西方现代理论,贯通古今文史,融合与创造新的学理。简单说就八个字:还原,参照,贯通,融合。在研究诸子学采取的方法,是以史解经典,以礼解经典,以生命解经典。对先秦诸子的生命存在,就像考古学修复古陶罐那样,聚合许多材料碎片,根据它们出土的地层以及形状、弧度、纹饰、断口,按照科学的方法缀合成完整的陶罐,有些残损处还按照其形制补上石膏。没有这项缀合,世界上许多大博物馆那些令人震撼的古器物,也许还冷冰冰地堆放在库房里。这就是"缀碎为整"的方法。

另一个重要的方法,是基于战国秦汉的书籍制度,是简帛抄本,它们的成书是一个过程,迥异于宋元以后的刻本一版定终身。因此许多书籍都存在着类乎考古学上的历史文化地层叠压,重要的不是简单地辨真伪,而是穷究其原委,梳理其前世今生。这就是"辨析叠压"的方法。这些方法的运用,首先要对饱经沧桑的经典抱着尊重和珍惜的态度,把经典视为古人的生命痕迹,进而"以迹求心",给出一个中国自己的说法。

"我希望弄清中国文化,以及这个伟大文明的内在秘密,探究其本质、根源、特征、价值在哪里。一定要先把材料弄清楚,以卷地毯式的方法摸清基本材料，既知道西方的理论，还要重视自己的感觉和体验。不能拿着一些似懂非懂的概念去乱套。很多研究者阉割了文学和其他学科的关系。我把文学放在原来的生态中，考虑和各种文化方式的联系，对文学的生长条件、发生条件、深层意义和文化身份进行考察，就获得存在的广阔空间，这就是我在文学地理学中研究的问题——连通地气，把文学的观念松绑了。"杨义认为，心学是最终的关键。《孟子·告子上》说："心之官则思，思则得之，不思则不得也。"心学讲究的就是"思则得"，开通心窍，发挥心思的功能是关键，要直接面对原始经典，得出自己的第一印象，然后再反过头来与前人的解读进行对话，这是排除"矮子观场"之弊的重要方法。开窍，可以使读书成精。

杨义的学术追求已经达到一种新的境界。他还原诸子、还原古人，是因为能够触摸、想象古人生命的情态。如何能够触摸研究对象的生命节奏，纯粹的理性无法抵达，而是靠生命体的灵性抵达。很多学者是一种"覆盖式"的学术思维，研究一定要覆盖前人，否则不算是真正的学术贡献。但是也有一种可能，即解读研究对象，不一定试图覆盖别人，而是以学术领悟和生命灵性跟前人对话，也跟当代人对话。不一定抵达学术的最终结论，而是用这种生命的灵性和学术的灵感去发表一个叫杨义的学者对这个对象的解读。学者朱寿桐因此认为，杨义的学术研究得益于以灵性表达对古人的理解。他对学术研究对象的思考和对学术的感悟，生动、厚重地体现在一系列思维方法论的实践中，释放生命的自信，并不得不借助于更新的思想、哲学领域去承载他的自信。

中国文化精神的探寻须根植大地

在先秦诸子还原的研究中，杨义提出以史解经，以礼解经，以生命解经,去探寻古人留下的生命痕迹。"学问之道贵在原创,而不是要求你纯粹地去充当前人的吹鼓手,那是没有太大出息的。必须在充分理解前人长处的同时,发现前人没有达到的空白和缺陷,这才谈得上学术的开放性和创造性。我们有些学者做学问还比不上破案的警察,警察是把鞋印看作人的生命痕迹的,根据鞋印就可以推定犯罪嫌疑人的年龄、身高、胖瘦和走路的姿态,甚至作案动机。"杨义说,"我们一些学者只量鞋印的尺寸,标明离窗户、门槛有多远,记录在案,就觉得非常实证了。其实,经典就是古人的'鞋印',蕴含着人的生命痕迹,必须激活它。"

在先秦诸子研究中,杨义探讨和解决了一些两千年来没有认真解决的问题,或被遮蔽了的问题。比如孔子什么时候见老子?根据《礼记·曾子问》的记载,孔子跟随老子见习过一次殡葬,出殡途中发生日食。按照周礼,周人是上午出殡的,把尸体下葬之后,还要在中午举行虞祭,"日中而虞",把灵魂迎回宗庙。杨义缀合了大量的材料碎片,考定孔子到洛阳向老子问礼,是在鲁昭公三十一年(公元前511年),这时,成周洛阳已经平息王子朝之乱,按周礼上午出殡,途中遇到日食应在上午10时左右。杨义用现代天文学检验这个判断,结果考得这年的日食发生在公历11月14日上午9点56分,与周礼若合符契。

关于《论语》编纂问题一直都有争议。关键在于把春秋战国书籍的编纂,如实地看作一个过程。如果按照宋儒的说法,是曾子的弟子们编的,这就有很多问题解释不了。比如为什么颜回和子路有那么多鲜活的材料,他俩都没有私家弟子,而且到了曾子的弟子时,已经是50年后了,不会有人记得那么多的故事。再比如,为什么"四科十哲"中没有曾子,如果只是曾子的弟子编纂,是不会出现这种情况的。其实,《论语》经过三次重大编纂,第一次是"夫子既卒",仲弓等人负编纂的责任,发生在众弟子为孔子庐墓守心孝的三年(25个月);第二次是二三子推举有若主持儒门,有若、子张等人负编纂的责任;最后一次是在曾子死后不久,曾门弟子编纂的。三次编纂,都不可避免地留下了编撰者的价值取向和生命痕迹,形成了"历史文化地层叠压"。究其原委,进行条分缕析,需要深厚的学力和敏锐的眼光,旨在发现一部"活的《论语》"。

探寻中国文化精神,首先要直抵中国文化的本根。杨义认为,中国文化精神的探寻,须联系中华文明共同体的整体性和过程性,须面向世界、面向未来,须根植大地,连通地气。他不仅把中国思想文化和民族生命力,与世界民族做了多维度的比较。杨义提倡"五学法门",囊括了眼学、耳学、手学、脚学和心学。脚学,他曾实地踏访过全国二百余处古文化文学遗址,进行多种多样的田野调查,这实质上是以脚尖丈量着写在大地上的中国文化血脉。经过脚踏目验,亲手触摸历史的体温,与那种关在书斋里闭目塞听的工作方式相比较,对自己的心灵触动和智慧发酵产生了截然不同的功能。这种接地气的研究方法强化了空间维度的研究。

陆建德曾评价杨义是"心无旁骛专注研究的奇人",他把自己全部精力、全部生命投入到学术中,像一头老牛只问耕耘,他对学术的兴趣驱动力太强,研究学术、著书立说成为他的重要生活方式。陆建德认为,关于中国文化的精神,讨论的话题应该是开放性的。中国文化是动态的,不同的时代对中国文化的理解是不一样的,"中国"本身也是历史的生成。随着新的发现,杨义的学术研究不断给我们带来新的惊喜。怎么讲好中国故事,同时把中国文化开放性的形态呈现出来,杨义带给我们的启发是多种多样的。

张承志：在虚假文学肆意横行的时代

采访手记：

他就是那个在人群中挤来挤去的老百姓。他常常背着包挤上公交或地铁。他对自己很节俭，但是2012年9月，他把《心灵史》的收益80万元人民币，亲自捐到了中东的巴勒斯坦难民营。他把自己看成老百姓，处于普通人的心态，唯一不同是他的包里永远装着书，或是日文或是西班牙文，他在65岁的时候津津有味地又在学习一种新的语言：阿拉伯语。他说，辛弃疾词中"廉颇老矣，尚能饭否"的句子，描述了一种低级的判断，即把生理能力看作生命活力的标志。他以为，能证明自己不老的标志是学习，因此，他在《读书》杂志上开了题为"尚能学否"的不定期专栏。学习不但能获得知识，而且会直接转变成一种人生的快乐，以及有活力的生活方式。

谈及当下的种种弊病，两道浓眉紧锁，一种高仓健般的冷峻挂在脸上；可当他绽开笑脸，真诚和善意便荡漾在屋子的每个角落。

1995年，民间主办的第一届"爱文文学奖"（每届只授予一人）

授予了张承志。颁奖会上,他对自己反省和总结:"中国文化面临的危机,以及知识分子们在权力和金钱面前的作为,会使我的思想依然激烈。但是,我要警惕偏激。出于对文学的感情和守卫意识,今后我更加注重文学创作。但是,我要防止矫饰和超出分寸。"在2011年,这篇答词被他在一次颁奖会上重复使用。张承志认为,一个作家的文学质量,在于他对中国理解的程度,以及实践的彻底性。

"不要再追求更多的物质与名利。私欲太多常常导致异化,可悲地对初衷背叛。"他说,知识分子往往在得意了以后就没有了普通人的感觉,这是非常糟糕的。这也是他们不能深入内蒙古草原,或新疆的维吾尔农村,或大西北黄土高原经历艰苦生活的原因。这种觉得自己不再是普通人了的心态会使他们不得进步。"我从1968年中学毕业,就一步一步走向中国社会底层,用各种各样的方式,企图与底层群众、底层社会的人民共同体结合在一起。这条路的艰难与否不值得一提,重要的是人的气质和血性,会催促他走这样一条路。"

坚持,毫不妥协

多年来,张承志似乎游离于文坛之外。他给人的感觉总是:在路上。朱伟曾在《张承志记》中这么描述张承志:"不喝多酒时轻易不笑,生气时会把手上的骨节捏得咯咯作响,暴怒起来会凶恶地乱吼乱骂。他能拉下脸毫不客气地把专程从外地赶来邀稿的编辑轰出家门,他能当着朋友的面毫无控制地对妻子和母亲暴跳如雷。他一年大约最多只能在家待三分之一的时间,闷了,憋不住了,就像一头关在笼里焦躁不宁的困兽。妻子、母亲都已习惯于他的突然暴怒和突然出走。他急急地离开都市,急急地钻进穷山僻壤……"

张承志各种版本的"脾气"已在坊间广为流传。但是我接触的张承志，温和、善良而且宽容。他有他的坚持，比如，草原上情同手足的兄弟给他来信，希望他帮忙做些事情，有些涉及钱权方面的交易，张承志会毫不客气地断然拒绝甚至严厉批评。他会把他亲爱的兄弟训哭；但是，他也会和妻子千里迢迢去奔赴草原，参加老朋友女儿的婚礼。他已经深深地融入了那片土地。插队之后，张承志与内蒙古维持了30年的联系。他不仅一趟一趟重回草原，也把牧民请到北京家里来。他与他的蒙古哥哥写了20多年信，一直到草原有了电话。这不是什么"神化人民"，更多的是一种感情的行为，他只是遏制不住地想念他们。他甚至觉得：是因为与一个民族的二三十年的联系，造就了他这个作家。

他的坚持，更多地体现在写作上。"哪怕再难，也要坚持知识分子的良心和批判，这是我在自己的微渺作品中一直坚持的。一切能抓住的题目我都在写，一切能发表的机会我都不放过。这样的写作带来了一种对文明的反思。"自20世纪80年代末，张承志就没有了工资、医疗和依靠工作单位获得的经济利益，已经整整20年。出版是他取得生活费的基本方式。这种状况，反倒成全了他不愿堕落、追求真知和文学的理想。

曾经坚持"以笔为旗"的壮志，还在吗？

张承志说，比起喊出那个口号的时候，自己的旗子打得更高。"不管我活到哪一天都能坚持到底，今天我的心中有强大的力量。我觉得一个人对自己的文学真正自信的话，那么，社会承认是非常次要的。至于对作品的理解，有读者知识构成的因素，也有自己表达缺陷的问题。我只能努力，只能仰仗将来。"

相对于"理想主义"一词，今天的张承志更喜欢"国际主义"的理想。一个作家如果没有国际主义的胸怀,他的作品就没有正义。当文明堕落的时候,文明的儿子应该抵抗。这抵抗的姿态他不会放弃。有一句话:"巨匠在限制中创造。"对文学艺术而言,缝隙永远是宽阔的,只有能力的问题。他坚信思想总会冲破牢笼,也坚信一代一代的年轻人的文化认知能力。他们的正义感和判断力会越来越强。他举例说,20世纪80年代中期以前,西海固农村的小孩,上过高中的几乎都没有,而现在大学生已经多得成了社会问题。这么多人接触过高等教育,绝不会是一个民族文化降低的标志。

纯粹,从不伪饰

有人归纳张承志的性格特征为:"任情,任性,还有任真的狂热。"有些时候,张承志确实是率性而为,但是你不能不承认,他的"率性"是有原则的,是完全可以理解的。比如他的《撕名片的方法》,早在1993年发表时,就受到了不少人激烈的批判,认为他做作,薄情寡义不近人情。然而不能否认,张承志用这个方法完成了与"恶俗"的决裂。他比我们更先一步地从名目繁多的名片中看到了这个时代的虚伪与险恶。真正的朋友是不需要名片的。

张承志从1978年开始写小说。《骑手为什么歌唱母亲》《黑骏马》《北方的河》……他的小说大气磅礴,获奖无数。但是他放弃了小说创作。近20年来,我们看到更多的是各种类型的散文。他将随想、游记、学术、秘事,都装进了散文。"我想自己将这样终老。我只有一支笔。怎样用它是我唯一的自由,我要让它对得起自己的读者,对得起成就自己的前定。"

他为什么不写小说,一直是很多人心中的谜。

在《鲜花的废墟》里言及梅里美时,张承志这么写道:"……唯结集时人才有空回忆、并接触自己早期的习作。我不禁为自己和这些自己写下的所谓小说的单薄,感到吃惊和害臊;也为容忍和成全了如此自己的时代,感到惊奇与慨叹。如今我对小说这形式已经几近放弃。我对故事的营造,愈发觉得缺少兴致也缺乏才思。我更喜欢追求思想及其朴素的表达;喜欢摒除迂回和编造,喜欢把发现和认识、论文和学术——都直接写入随心所欲的散文之中。这并非是在贬低小说艺术。或许正是这样的我,才算懂得了尊重小说。……我发现,我其实没有什么小说家的才能。"张承志说,小说的本质不是故事,而是虚构。以他自己个人的阅读体验(也可能也包括很多读者),更想知道作品的本意,更想知道自己想寻找的东西是否存在。

散文本身照样可以有丰富的故事,只是散文或随笔不虚构,更自由,论述的,抒情的,甚至考据的内容,都能在散文中表达。所以在最新出版的散文集《敬重与惜别——致日本》中,他干脆写出这样的感觉:"纯文学的讨论以及艺术诸般,尚需缓行。一个民族要跋涉的文学路,尚要一步一步,数过他人不知的崎岖。中国大致仍是散文的国度。因为命途多艰,小说的大潮尚未临近。因为救国的老调,依然弹它不完;使外人心仪的风花雪月,埋在文字的深奥,蓬勃尚待一些时日。"

很多年之后,张承志对曾发表过的"不写小说"的言论并不后悔。"我不敢说,自己的心理变化和中国社会的变化同步。……小说的本质是虚构,但我个人没有虚构的心境。同时,也愈来愈没有看别人虚构的心境。我读不下去虚构的作品,有时连一页都看不下去。这样的一种潜在的心理,使我自己更喜欢写散文。散文不必虚构,自己觉得写起来顺手,没有虚构带来的痛苦。虚构也很费劲,编一个花样,这个花样还得是别人没有过的,也是很难的。"他说,自己没有停止过创作，只是不写小说而已。

行万里路，读万卷书

张承志的写作，始于他对内蒙古插队生活体验的感悟。"我越来越发现，当年被动地被生活和命运抛到内蒙古大草原，没有想到会获取一种全新的、新鲜的体验，它的价值是永远不死的，永远能够在不同的时期不断地给我有营养的文化参照系。"张承志说，由于特殊的原因，或者是工作的原因，主观的努力越来越增加了。他花了二十几年，先是专业的方式，后来是自由的方式，在西北进行考古、民族、历史等方面的调查，再后来更多的是和当地的老百姓混在一起，感受他们的生活和文化。在这个过程中，文化参照系越来越丰富，而他的作品内涵也就越深刻。时代、国家、民族、宗教、教育、真的学问、心的历史、人与上述问题冲突后的境遇、人在中国追求的可能……他一而再地思考这些问题。他不认为重新回到这些阵地就是重复自己。

每年他都有一半时间四方游学，扩大自己的观察范围，用心灵感受着异乡生动的历史和文明。张承志的散文集《鲜花的废墟——安达卢斯纪行》，融入他太多的心血。4年之内张承志两次去西班牙，每次都是3个月的签证，自己找旅馆，坐最便宜的长途汽车，边走边看，把80%的古代遗址都跑了一遍。

"它好像欧洲之家的坏孩子，不修边幅，粗拉随便，多少有点穷。它的每一项文化风俗都呈现着异色的面相，每一个故事都纠缠着世界史的纲目。它是东方与西方的真正边界，战争的刀痕今天还留在墙上，供像我这样的人前去寻觅，考古访古。我觉得自己在西班牙的几个月，虽然整日在外奔波身体很疲累，但在精神上很兴奋，经常会被西班牙人的热情所感染，随时有新的发现与感动。我想我之所以钟情于西班牙，主要是一种气质上的相合吧。"尽管张承志的足迹遍及欧美各国及日本、蒙古诸国，但是论及异国文化的魅力，他却最为钟情于西班牙，并将其视为梦想中的天涯海角。比起日本的"暧昧"文化，西班牙的文化色彩浓烈而鲜明，它的脉络刀砍般清楚。

过于单纯的文化会造成片面的、狭隘的见解。一个作家与社会的接触，如果是复数的文明与复数的文化区，两种不同的东西会纠正你某些可能的偏见。多种文明的滋养，对一个知识分子很重要，因为中国是多文明的。所以，对于内蒙古、新疆、宁夏的西海固，张承志总有一些偏爱。他能使用日语和蒙古语，粗学了西班牙语和阿拉伯语。多种语言的运用使张承志受益无穷。"我想说，这是一扇通向人心和文化深处的门。包括蒙古语文化启蒙，对我而言超过一切大学。《黑骏马》中的对话，都用蒙古语暗读通顺才落笔。在写作中调动主流话语之外的语言营养，让不同的文化转换为笔下的汉语文章，是一件美好而有意义的事情。"他经历了对内蒙古草原这一文明的始终如一的密切注意，而且是最具体、最细微、最底层的注意。那种获得宝藏般的感觉，是别人不能理解的。他希望在自己的作品中表现丰富的文化面貌。读万卷书，行万里路，他觉得不能缺少一方。

他开始比较主动和有意地，想在自己的心中树立更多的文化参照。他说，到了现在这样的年龄，自己逐渐有了一个固定的观点："一个中国知识分子，心中的文化参照系越多，知识就会越丰富。"事实证明，只有参照系比较多，才越会有一种独立思考的本能。

相对于内蒙古、新疆、西班牙来说，日本文化的参照系对中国人来说是最近的，也是很重要的，因为日本文化和中国文化难分难解。20世纪80年代，张承志曾在日本进修；90年代，他又去日本打工寻出路。前后在日本度过的三四年时间，使他深受日本文化的影响。他决定从正面思考和分析日本对自己产生的影响，这就是写作《珍重与惜别》的初衷。他没有想到这次写作是如此充满快乐。"我从来没有哪次写作像这次一样，不是在写作，而是充满着学习的喜悦。因为在写作的过程中，很多东西过去都是模糊的、不清晰的，但真要写一句话的时候，就必须要有根据，必须得重新学习。写作本书的过程中，有几个日本朋友不讲任何条件地支持我，从日本速递给我的书有30多本。"

一个作家和他所处的时代应该保持怎样的关系，张承志的选择是用笔和文字表达。"我是介入到一个思考过的深度，再多说，就会断绝自己的话语；再少说，要为正义做到起码表达的心情不能满足。这正是1905年留日学生秋瑾、徐锡麟等在东京与鲁迅、许寿裳分道扬镳时，鲁迅做出的选择。"在散文《鲁迅路口》中，张承志曾谈到相关的话题。他认为，最伟大的作家是列夫·托尔斯泰。他在一切人类可能接触的最重大、最要害的领域，都有过最深的介入，最诚挚的和精湛的表述，而且有过个人的特殊实践。比如他晚年编写的启蒙读物。中国有一个人也有过这种行为，那就是陈独秀。鲁迅是为中国赢得荣誉的文化巨人，但是和列夫·托尔斯泰相比，鲁迅没有涉及的领域太多了。"他对宗教与信仰、战争与和平、暴力与非暴力，都鲜有表述或没有涉及。鲁迅选择上海为生存基地，很少面向农村边疆，没有走向中国底层和丰富的大地，这是他的不足。但鲁迅与当时一些肮脏的中国'智识阶级'的对抗姿态，永远给我们以深刻的启发。"张承志说，一个作家胸中拥有的文化资源，叫参照系或知识的支撑点，一定要是复数的，单一会造成偏见和狭隘。比如对民族国家的热爱激情，如果只是在一根线上发展扩充，就有可能对别人忽视、歧视，甚至压迫。

丁帆：提倡知识分子的"自我启蒙"

采访手记：

从1970年代末开始学术生涯，40年来，中国现代文学学会会长、南京大学博导丁帆始终关注学术界与现实社会中的若干变迁，在历史行程中读书治学，他的个人思想和情绪和着时代的脉搏跳动，一直维系学术与现实之间的亲和感，既保持对生活的热情和对新鲜感性经验的敏感，又保持学术研究的饱满的激情和开放性。

作为学者的丁帆，在学术的舞台纵横捭阖，始终澎湃着思辨的激情和启蒙的热诚，在漫长而充满真知灼见的现当代文学研究生涯之中，丁帆的散文写作也越来越自成一家，无论是乡旅记忆还是食客趣闻，无论是时代变迁中的风情风貌还是探究知识分子的思想禀性，都凸显着炉火纯青的自然和通透的气韵。他的随笔写作是和学术研究互为表里的，体现出人文知识分子的道德勇气和人生智慧。

无论是钻研学问还是率性的随笔，丁帆的文章都有一个真实的"我"在。"真实"不是指丁帆个人的见闻实录，"我"也未必就完全等同于丁帆本人。他在学术论文或者散文随笔中所表现的，是各种历史的和现实的条件所造就的"我"，正如阿伦特《人的境况》一书所谓的"处境的存在者"。

他认为，营造一个使人可以诗意栖居的人文环境是我们无可推卸的责任。

一篇发表在《文学评论》上的文章改变了丁帆的选择

倘若当年小说《英子》能够顺利发表，丁帆是否会在文学创作之路上继续走下去？

那时，他的理想是作家。他们那一代人，所汲取的文学养分既是多元的，又是分裂的，一方面是红色经典的熏染，"三红一创"、《三家巷》《苦斗》《铁道游击队》等国产小说成为"主菜单"，影响最大的莫过于《钢铁是怎样炼成的》；其次是苏联"二战"题材作品等红色经典。所以，丁帆的"英雄情结"是在"战歌"声中形成的。还有一个习焉不察的"英雄主义情结"，汲取的渠道来自《水浒传》《三国演义》《三侠五义》《七侠五义》等中国传统话本小说的滋养。更多的时候，他和同伴们去图书馆资料室去"窃书"，《牛虻》《红与黑》《茶花女》《名利场》……所有这些五花八门的文学营养，造就了一代人价值观的多元与悖反。

丁帆是在插队期间开始写诗歌和短篇小说的，后来考入扬州师范学院中文系，他还创作过中篇小说，不过，那时他的价值观处于混沌状态，一方面要迎合时代的主旋律，另一方面，又想写出一点与众不同的小说。他清楚地记得拿到1977年第11期《人民文学》时，看到刘心武的小说《班主任》时受到的震撼。于是，丁帆把六年插队生活浓缩成了一部"苦难＋恋爱"的短篇小说《英子》，投向了当时有名的《北京文学》。

不久，《北京文学》的责任编辑来信告诉丁帆，二审通过，只等主编终审。丁帆欣喜万分，没想到最终还是未能通过。他万念俱灰，下定决心结合现当代文学教学做研究工作。在南京大学进修的一年时间内，丁帆天天泡在图书馆资料室阅读大量的资料，写了若干评论文章，其中一篇《论峻青短篇小说的艺术风格》投给了顶级的学术刊物《文学评论》。

没有想到的是，为了这篇文章，《文学评论》的责任编辑杨世伟亲自到南京大学与丁帆谈修改意见，这让丁帆十分激动。文章发在1979年第五期上，那时的《文学评论》只有不到一百页，但在丁帆眼里，薄薄的一本杂志犹重千斤。

那时的丁帆，其批评风格大抵是马克思主义观点的现实主义批判。最初写批评文章，也完全处在高校教学前沿，"倘若想在讲台上站住，没有自己的评论文章为资本，不仅同事看不起你，就是学生也不服你，况且那时候的学生有的岁数比我还要大。有了文章，你站在讲坛上就有了底气，也不会仰视作家作品了。"这是丁帆当时的真实想法。

六年插队的生活，使他能够专注而持久地把研究的目光聚焦在土地上

自20世纪的70年代，丁帆接受的是马列文论和鲁迅文学批评思想，以及苏联的文艺理论和弗洛伊德的心理学理论；80年代，他开始大量吸纳西方各种各样现代文化理论和古典文学理论，尤其是对尼采

的悲剧理论情有独钟;90年代,他开始对后现代文化理论进行了解;新世纪以来开始对西方消费文化和商品文化理论进行了解与甄别,试图在其历史的必然性中进行批判理论的建设。

上大学的时候,马克思主义文艺理论是主课程,许多阐释性的纯理论因翻译晦涩而更加难懂。丁帆更喜欢像《致弗兰茨·冯·济金根》和《致玛·哈克奈斯》那样结合作品来谈理论的马恩文论著作。至今他还保存着一本精装本的毕达可夫的《文艺学引论》,并十分倚重别林斯基、车尔尼雪夫斯基、杜勃罗留波夫。

"别林斯基文学评论的批判性、独特性和尖锐性,以至于那种毫不留情的追求真理与良知的价值观深深地感动着我,让我们这些所谓的批评家汗颜。"丁帆说,他们那一代学者,知识体系是残缺的,喝着"狼奶"长大的学者,倘若不去反思和检查自己已经获取的知识思想中的病灶,并对其进行修正,就会永远陷入一种平面和固化的知识体系里而被历史淘汰。马克思主义的批判哲学、中国古代和现代批评、西方古典文学批评、西方现代主义的各种新批评,以及其他人文学科的各种研究方法,尤其是社会学和心理学的方法,都成为他参照的资源,经过吸收与消化,成为他的文学批评工具,并化为自身的批评价值观。一路走来,丁帆始终提醒自己规避有"术"无"学"的学术研究,恪守文学批评的独立品格。他的看法是,所谓的"有术"就是对形式层面工具性和器物性的方法的掌握和运用,光有这样知识体系的理解和运用是远远不够的,而"有学"则是在吸收知识的过程中,将其重新锻造成具有自己独特个性的批评价值观念和话语体系,成为有自洽性的逻辑体系,这个高度十分艰难,但是,这是每一个批评者追求的目标,他努力地接近这个目标。他同时清醒地注意到,急功近利、浮躁肤浅、趋名逐利是学界的普遍现象,这不仅仅是现代文学界存在的弊病与个别学者的行为，反躬自省，似乎大家再也回不到80年代那种板凳坐得十年冷的治学境界中去了。这种可悲的现象使得学术质量普遍下滑。

2014年11月，丁帆当选中国现代文学研究会会长。任职以来，他规划了每年一度的中国现代（含当代）文学的研究分析报告，与助手一道撰写分析报告。他认为，这样的分析报告有助于学界同人站在一个高度来反观自己的学术研究格局，以利于适时地调整自己的研究路径。最近他们又进一步做了关于国家社科项目和教育部人文社科立项项目研究的分析报告，旨在为同人们提供一幅全国研究格局一盘棋的鸟瞰图，这些工作还将不断进行下去。丁帆说："我的脑子十分清醒，一个学术团体的存在方式就是为大家提供一个研究和交流的平台，而这个平台上的负责人要做的工作就是为大家提供服务。"

中国乡土小说研究在丁帆的学术研究中是一个重头项目。从1988年拿到中国乡土小说研究的国家项目，1992年初版的《中国乡土小说史论》到《中国乡土小说的世纪转型研究》，2007年修订出版《中国乡土小说史》，2001年和2013年先后出版和再版了《中国大陆与台湾乡土小说比较史论》，持续在这一领域中钻研，丁帆越来越发现：要真正认识中国，认识中国文化的本质，一定要深入到农村去体会，才能从感性的经验中获得理性的归纳。

在丁帆的评价体系中，中国当代作家的优势和劣势是一种二律背反的吊诡现象，一方面是他们在《讲话》的工农兵方向指引和惠顾下，每个人都有着一段痛苦和忧郁（也许有些作家尚未见识过外部世界时他自认为是幸福）的乡村生活，丰厚的生活积累成为他们在题材选择上的天然优势；但是当他们没有另一种文化和生活作为价值观念的参照系的时候，他们的写作是处于一种低水平的对生活的直接描摹。只有走出了圈养他们的那块土地,才能在广袤无垠的天空中翱翔。生活与视界是乡土文学作家最宝贵的财富,只有同时获得这两种资源,才能成为一流的乡土作家。在丁帆的眼中,从1912年到1949年,最好的乡土文学作家是鲁迅、废名、沈从文、萧红、吴组缃、台静农、卢焚、李劼人、周立波等,1949年以后,是赵树理、柳青、刘绍棠、高晓声、古华、莫言、贾平凹、陈忠实、路遥、余华、阎连科。

早年六年的插队生活,使他能够带着感情专注而持久地把研究的目光聚焦在土地上,看乡土社会的沉浮,体察中国社会的温度。而百年来许许多多描摹这块土地上人和事的作家,究竟能够在思想和艺术上将它写得有多深刻,如何将此上升到哲学批判的高度,应该是从事这个领域研究的学者打开这扇重门的钥匙。"关注乡土就是关注中国,我在这块土地上收获的是一个人文学者应该持守的人道主义的价值立场,以及能够用一双内在的眼睛穿透一切艺术形式看清何为伪乡土文学的本领。"丁帆说。他对已出著作不断修订,这既是对既往学术观点的修正和补充,又随着时代的变迁,重新厘定与规划变化的乡土文学理论和研究路径的过程。有时候其修改的部分甚至超过全书的二分之一。他觉得,这样的过程正是提高自己学术水平和开阔学术视野的最好契机。

唯有学者的视界、学养和气度才是治学水平高下的最终衡器

无论从事什么学科的文学研究,倘若没有文学史的意识,就不可能成竹在胸,从更高层面去解读作家作品和一切文学现象。作为一名权威甚至有些严苛的批评家,丁帆固然有一张史的文学地图揣在心

里，但在处理一些作品评奖与评论等方面，仍显出不合时宜的固执和天真。

丁帆曾担任第五届鲁迅文学奖中篇小说评委。在终评评审会上，大家拿到初评报上来的名单后，有一位评委又推荐了两位作家的中篇小说。评委朱晖认为应该尊重初评委员会的意见，没有通过初评就不应该再提议进入终评。但是那位评委认为，作为终评委有权利提议初评结果以外的作品。相持不下时，评委会主任提议，由丁帆和另一位评委于青连夜把那两部中篇读完，并写出审读意见。丁帆一直读到夜里两三点钟，写了意见后第二天在会上宣读。

"我认为这部中篇小说，从质量上和同类题材及以往的作品比较，弱点太明显，不够资格参加终评。于青也同意我的意见。这件事并没有引起那位终评委的不满，他很大度。"丁帆说，但是对另一部作品的评选，就不那么顺利了。

"我在小组会里讲，那部作品无论题材也好、技法也好，都是学习孙犁的文风，但和孙犁的《铁木前传》相比差一大截。那部作品在终审第一次讨论时没有通过；大家再议，再投票，投了三轮，还没评出结果。终审评委的意见还在僵持，那部作品始终过不了评委投票的三分之二。时间到了中午一点多，我收到一条短信：丁老板，放一马吧！"即使收到这条短信，丁帆依然坚持自己的意见。实在僵持不下后，他表态说："我不参与这部作品的投票，你们该怎么投怎么投。"后来这部作品以微弱的优势通过终评。

有好说好，有坏说坏，多么简单的评审标准，在很多时候执行起来却有着很多阻力。那一届评选，丁帆还力挽狂澜使两篇作品进入终评。方方的《琴断口》在终评中也遇到了相持不下的终评意见。丁帆认为，方方坚持新写实创作多年，这部作品具有相当的实力，因此，强力支持通过。当听说短篇小说组入选的作品中有苏童、鲁敏、叶弥等作品,在评选中有评委认为《茨菰》太差、苏童可能不会得奖时,丁帆急了:"你说《茨菰》不行,可以把评出来的几篇拿来比较,有哪些比《茨菰》更好?我也承认《茨菰》不是苏童最好的作品,但在获评作品中至少不是差的。"

"苏童是'短篇圣手',连续四届鲁迅文学奖评选苏童都没有获奖,这一届还不评苏童,是中国作协的耻辱,也是鲁迅文学奖的耻辱。不能获奖对他不公平。"这是丁帆找评委会主任时的原话。

"我只是仗义执言。一部作品究竟够不够格,放在评奖的天平上就可以得出结论。如果怕得罪人,就不做评论了。我有我的独立判断。作为评论家,总要为文学事业牺牲一回,不然,就没有人敢讲真话了。"丁帆认为第五届鲁迅文学奖诗歌奖评出了"羊羔体",明明无稽之谈的诗歌,硬要把它评上。他很想在新闻发布会上从文学史的角度来驳斥他们的谬论。"我记得非常清楚,新闻发布会设在绍兴一个广场上,诗歌组要让副组长作为媒体发言人发言时,他们把我拉走了。"

对于丁帆来说,判断一篇作品的优劣主要是看一个批评家的学养积累和价值观的正确,而非新奇的创作方法。文学批评和文学评论只要不离开人性的母题,价值判断就不会出大问题。他认为,马克思主义的批判哲学就是所有人文知识分子所应该秉持的价值立场,这是一个十分高的标准和要求,正因为我们太缺失了,所以,有坚守者就十分不易。作为一个批评家,就应该面对一切文学现象做出最公正的独立判断,包括你身边最亲近的人,别林斯基对果戈理的严厉抨击就是知识分子良知的显现,他以公正的价值观彰显了一个文学批评家应有的立场。

尽管时时严以律己,当丁帆回首自己文学批评之路,仍会感到遗憾。他总会想：倘若我现在就会那样写，就会有更多的论据，就会有更新的论点，就会有更精彩的论证过程。可惜昔日不能重来，但是这恰恰说明，丁帆仍在进步。

"最难的是写自己不想写的文章。最大的干扰就是想说的话不能说。"这是丁帆总结做评论最难的心里话。他觉得，作为一个批评家，最好的状态就是与作家保持距离，最好是不要交朋友，批评家最自由的状态就是按照自己的思维逻辑去批评，不受外界任何干预，但这在中国很难做到。消费文化的魔指伸进了批评界，许多评论文章就显得十分暧昧与可疑了。作家对评论认可与否并不重要，重要的是批评家失去了批判的锋芒，这才是最致命的问题。

做别林斯基那样的批评家，做马克思那样的永远的批判者

在中国现代文学研究会第十届年会上，丁帆有一个《新旧文学的分水岭——寻找被现代文学史删除和遮蔽的七年》的主题发言。这篇文章被《新华文摘》转载，反响甚大。但是，丁帆也认为，这种断代方法其实是十分守旧的，回到了中国古代文学史依傍政治社会史的方法，按照朝代更迭纪年划分文学史断代，虽陈旧，但是也不无道理，因为每一个朝代更迭，都会有新的文学元素的植入的，尤其20世纪初的中国，其现代性触发了五四新文化运动；而共和国文学的确立则也是意识形态的一种新模式。当然，学术乃公器，这种说法只是一种而已，你不能强求别人也同意你的观点，但是有争论，学术才能有进步。

早在20世纪90年代初，丁帆就参加了华东师范大学徐中玉先生主编的《大学语文》教材的编写。此后，他陆续重编过《大学语文》，

将古代文学、现代文学和外国文学设置为各占三分之一的格局。他还主编了《中国新文学作品选》，参与编写大学、中学语文教材。在编选中，丁帆始终不变的原则就是坚持马克思主义的批评精神，坚守人性的价值立场，坚持独立判断的视野。

在丁帆的诸多作品中，知识分子题材是不可忽视的重要一脉。《江南悲歌》可以看作是一部从明清以来江南知识分子文化心灵的解剖史。随笔集以江南文化为中心，重点梳理了明清以来江南社会中的文化人物和文化事件，借旧文人的气节来嘲讽当下无行之知识分子。丁帆认为并不是让人简单地陷入古代文人愚忠的逻辑怪圈当中，而是要提醒每一个知识分子在任何外部压力面前都要保持自己内心良知的那个人性底线。他希望做别林斯基那样的批评家，做马克思那样的永远的批判者。

而在《夕阳帆影》和《枕石观云》中，丁帆更着力于对现代知识分子的精神审视。他深入到鲁迅、郭沫若、茅盾、老舍、胡风等现代作家的心灵世界，将郭沫若定为批评知识分子的靶向，告诫当今的知识分子引以为戒，不要做被后人唾弃的无行文人。因为参与了《茅盾全集》的编辑工作，丁帆接触到一个现代知识分子在历次革命洪流中内心的苦苦挣扎，眼见着这个矛盾体的沉浮与兴衰源自于自己的立场"动摇"，他不想害人，也不想被人害，这是大多数知识分子明哲保身的心态，虽不能诟病，却也不能赞扬。老舍之死一直是被人们津津乐道的话题，丁帆要探究的却是他的灵魂中尚有多少为了"配合"而构思作品没有付诸实践？至于胡风，我们在赞扬他的人格操守时，切莫忘记他的文艺思想里也带有许多细菌。他们的灵魂深处都有不易让人觉察到的一些知识分子的"时代病"。

20世纪90年代以来，随着中国社会的转型，知识分子的生存状况也发生了复杂的变化,丁帆对"走向颓败和萎靡的知识分子文化进行了尖锐批判,发出了对真正知识分子'你在哪里'的急切呼唤"(贺仲明语)。

"其实这是一个简单的常识性问题,但是我们往往会自设许许多多貌似自洽的逻辑,把一个简单的道理复杂化,从而逃避知识分子自身应该担当的社会责任。包括我自己在内,被许多外在的东西所羁绊和束缚,放弃了应尽的职责。"丁帆说,中国有许多像自己这样的同类,即使没有,又有什么关系呢,因为你服膺的是你自己内心的不孤独,而非看能够陪你走夜路的同道者的多寡。

2012年,《读书》破例连载四期发表了一组《寻觅文学艺术的灵魂和知识分子的良知》的长文,在学术界引起很大反响。那时的丁帆沉湎于以赛亚·伯林的理论研究,对苏联知识分子的摹写和灵魂的解剖,使他从这面镜子里看到了20世纪中国知识分子的种种行状。而这些文章的价值,莫过于给当下的知识分子警惕自己的行为弊端敲响警钟。他试图在《苏联的心灵》《最后的知识分子》《当知识分子遇到政治》等论知识分子和政治制度的理论著作中寻觅符合中国国情的文化与文学理论的新路径,用他人的文化惆怅浇自己胸中的文学块垒。

丁帆的批判精神和力量,以及批判方式中蕴藏着深厚的人文情怀来自什么?他说,只有接触到最底层的社会生活,才有可能从宏观上把握社会,才能具备一种超越亚里士多德"同情与怜悯"的实践性经验。而插队的生活正是我确立以人性为本的人文情怀的坐标来源。所谓人文情怀,无非就是人性的觉醒,当你陷入一种空洞的理论教条的时候,你不会体会到现实生活中许多让你感动的东西的,只有你在现实生活中亲身体味到人生的酸甜苦辣时,才能激活你的感性认知世界,从而将你的形而上的理论上升到一个更高的境界。

而当下的很多知识分子，成为"在一个满是浮油的河流中觅食的浮游动物"，失去了鱼类逆流而上的习性，顺流直下，只要有所吸附，就不再思考。丁帆毫不留情地说，自己也是这样一只"虚无的软体动物"。

"一个知识分子最难做到却又是必须面对的问题：自我反省和自我批判！我想清理自己几十年来的学术，究竟哪些错误是值得批判的，这样才能完善自我。"所以，几十年来，丁帆提倡知识分子的"自我启蒙"，否则第三次启蒙就是一个虚妄的词语。作为一个清醒而独立的知识分子，丁帆也时常将矛头对准自己，将自己作为剖析对象，不留情面地进行自我批判和反思。他认为，这样的反思对于一个国家和民族来说都是十分必要的。

韩少功：思想型小说家

采访手记：

如果把文坛比作武林，韩少功属于"高手"。这种高，不只是写作技巧的高，也不只是作品数量的多少，而是思想和笔力所抵达的境界。

韩少功曾经以开汽车形容自己的写作，常常左一下右一下地不断调整，有时关注社会，有时关注个人，有时关注形式，有时关注内容。有时以一种游戏心态，好奇心理，纯粹是要换换口味，"但一位作者在写作中的基本特质还是会表现得比较持久的。以我自己为例，人性的复杂性一直是我的兴奋点之一。"

和很多作家的炫技不同，韩少功的语言给我们带来了新鲜的陌生感，让人为之惊奇、为之思考、为之心动、为之争论乃至拍案叫绝。

也因此，不论何时何地，阅读韩少功的作品仿佛是一次次愉快的旅行。他试图以幽默的小说语言闯入言说之外的意识暗区。在他构筑的文字迷宫里，除了享受，更多的是对生活、时代、中国社会的思考。

1978年3月，韩少功从下乡插队生活了十年的湘西汨罗回到长沙，成为全国恢复高考后的第一批77级大学生。40年间，韩少功不断开掘记忆的宝库，《马桥词典》呈现出知青们感知的乡村百态，《日夜书》被认为是知青一代的精神史，新作《修改过程》则还原知青与后知青生活。小说里的主要人物，30年来人生轨迹或多或少都有较大变化，非他们自己所能预料。也许这正是这个时代的普遍特点。

立足乡野与放眼世界

韩少功被公认为是思想型作家，因为他总能敏感地抓住社会动荡、变革的深层动因，并以文字的形式、极端艺术化的手法诉诸作品。在他的创作过程中，一直没有停止过对人类文明、对人性的思考。无论是代表作《马桥词典》《山南水北》《日夜书》，还是新书《孤独中有无尽繁华》和《修改过程》。

与20世纪80年代贴着"先锋"标签的作家不同，韩少功算不得先锋派作家，却在很长的时间里都保持着先锋的姿态。这既源自他与当地农民血脉相连的融洽与体贴，也源自他胸怀天下的开放。

韩少功16岁初中毕业到汨罗插队，当了6年农民，在考入大学前，他在汨罗待了整整10年。韩少功的创作素材大多来源于湘地民间，包括单纯、美好、贫穷与乡村式的狡黠都得到原生态展现。他说，"总有一天，在工业化和商品化的大潮激荡之处，人们终究会猛醒过来，终究会明白绿遍天涯的大地仍是我们的生命之源，比任何东西都重要得多。"

他在乡村不仅收获了粮食、果木以及蔬菜，还收获了一批引人瞩目的文学新作，包括获得第四届鲁迅文学奖的《山南水北》。对于这部跨文体的作品,不少文学评论家也深感困惑,在韩少功看来,作品文体的界定如今已经变得越来越模糊,"一般来说我不愿用'小说'这个词,而愿意用'叙事'乃至'写作'这样的词,以尽量减少体裁对感受和思考的限制。正如《山南水北》中的文章一样,这种介于散文与小说之间的文体,为我的表达提供了有效而便捷的通道。"

他说:"人只能生活在语言中。"对语言的迷恋,使韩少功无时不在生活中学习和发现。他有过几次挂职经历:在湘西的时候他去保靖县的一个乡蹲点;在琼海市他喜欢跟着信访办的人下乡处理纠纷,观察当事各方吵架。他觉得这样才能找到一些有意思的东西,"否则,你去开开会,听听汇报,如果你把这些当作真实的生活,那可真是南辕北辙了"。

上个世纪,中国第一流的作家和学者几乎都在学外语,都在做翻译,因此,30年代至80年代的翻译质量总体上最高,使中国文学创作受益匪浅。当年梁实秋也曾建议每一个中国作家都要至少翻译一本外国文学,但很少有人能做到。韩少功坚持下来了。1986年,一位美国作家送给韩少功一本《生命中不能承受之轻》,他推荐给几家出版社,但出版社没有找到合适的译者。韩少功只好与姐姐韩刚一起自己动手,只花三个月就完成了译稿,但书的出版一直不顺。有两家出版社退稿,直到最后送到北京的作家出版社,一个编辑看了,说这本书好,凭他的出版经验可以发到100万册。后来审读后给了个意见:一是不要公开出版,二是必须删掉敏感的东西。删改之后,作家出版社以"内部读物"的形式出版了《生命中不能承受之轻》,没想到迅速在全国出现了热卖。80年代末,好莱坞拍了电影《布拉格之恋》,更加提升了这本书的知名度,以至这本书后来成了小资时尚的重要题材,"媚俗"一类词成了流行语。这一切都是韩少功始料未及的。

此后，韩少功还翻译过一些短篇小说、散文甚至诗歌，出版过集子，1997年翻译了一本费尔南多·佩索阿的散文集《惶然录》，一本多个小说家的作品集，翻译数量不是很多，韩少功称之为"都是读书的副产品，算是拾遗补阙，偶尔打打零工"。

这种工作对作家自己也有好处，因为翻译能强迫你精读，放慢速度，必须慢，一个字一个字地抠，抠出一些意想不到的文化和历史。翻译也是一种写作训练，戴着镣铐跳舞，不断地推敲句式、节奏、语感、词义等，使作家对文字有更加立体化和深度化的了解。

韩少功以前读过英文版的柏拉图、亚里士多德、康德、海德格尔、索绪尔等人的作品，都不算"原著"，不过双语比较，会有很多乐趣和一些感悟。当然也读过毛姆、莱辛、福克纳、卡弗等英语作家的作品，不过，对自己的写作好像没有多少直接的作用。仅就语言而言，方块字的组合变化空间好像更大些。他说，自己读外文作品的时候，常常觉得这一句或这一段，用中文可以表达得更漂亮呵。"这可能是我读书的坏毛病之一，时不时就挑剔一下。"

"语言里面隐藏着不同的历史、文化乃至人物故事。我正是通过翻译，才完全改变了自己以前心目中的语言地图，才知道语言是一些有生有死、有长有短、有肥有瘦、有冷有热的活物。"韩少功说，这应该是他的一个重大收获。

写作是吸收各种变化的过程

认识韩少功的人，都说他性格随和。

有一次，20多个农村朋友组团去海南旅游，顺便到韩少功家做客，带来了大包小袋的干笋干蘑、鲜鱼活鸡——连韩少功都猜不透他们是怎样带上飞机的。这些乡亲们在"韩爹"的家里闹腾了一晚,说笑了一晚。用韩家主妇的话来说:"今天真是太高兴了,就像家里来了一大帮亲戚过大年!"

这些乡村朋友,都是韩少功"挂职为农"时认识的。"韩爹"少功和农民一起聊天,一起劳动,觉得是莫大的享受。"如果我不走出文人圈,不摆脱那种应酬加会议再加点小玩乐小贫嘴的生活,恐怕什么作品也写不出。"韩少功说。他的选择,不仅仅是为了给文学创作重新找回活力。

韩少功认为,目前的创作除技术层面外,经验资源和文化资源的匮乏,构成了作家的两大克星。"有人说,中国人经历了很多曲折动荡,经验资源从来不缺。其实这也不对。如果没有适当的文化资源配套,就像好风景碰上了烂胶片,碰上了白内障,也会变成烂风景或者假风景。这就是对自我经验的误读和误用。我的意思是,中国作家千万不能吹牛,即便你打过仗、坐过牢、下过乡、失过恋,也不一定是经验资源的富翁。倒是应该经常警惕一下:自己的经验记忆是怎么形成的?是不是被流行偏见悄悄篡改了?是不是自欺欺人的假货?……从某种意义上说,作者最大的瓶颈,还是对自己和对社会的无知。"

创作40多年间,韩少功的作品自然也在渐变。这种变化,既是社会变化在产生逼压,也是作家本身知识和感受的变化在促成变焦。两种变化交错,差不多就是古人所说"文料"和"文意"之间的互动关系。比如《爸爸爸》+语言哲学,才会有《马桥词典》。《马桥词典》+中国的城镇化,才会有《山南水北》。韩少功说,正常的作家都在不断地做这种加法。写作就是吸收各种变化的过程,以便把感受积累做成一些"有意味的形式",做出各种文字的形式感。

2013年,韩少功的长篇小说《日夜书》出版。评论家为韩少功明确标识为"长篇小说"找到的注脚是,韩少功终于找到叙述和思维很好地结合起来的表达方式。评论家贺绍俊则解释为,韩少功是少有的思想型小说家,他不是故意在形式上搞创新或在文体上做实验,"我更愿意把他看成思想家。他进行文体实验,是因为有思想的追求,找不到一种恰当的文体容纳思想。"

的确,传统小说创作中,作家站出来说话是最忌讳的。海南省作家协会主席孔见的看法是,韩少功的小说之所以"严重犯忌",是因为他不满足于像一个厨师,把人物故事和盘托出,交给读者各自品味,见仁见智地加以评头论足。韩少功似乎不受长篇小说叙事逻辑的支配,行使一种治外法权,让自己成为文学的立法者。

还是老朋友,清华大学教授、作家格非更了解韩少功的想法。他说,看完这部作品,他判断韩少功还能写30年,"他在以新的姿态面对这个社会"。韩少功通过小说化的方式重新建构了一种对话关系。它不再像是过去传统小说中依靠作家智慧,而是通过人物叙事的明快、情节、时空的设置,体现了小说的丰富性,使小说充分回到了小说化的自身,这是韩少功的重要贡献。

语言是生活之门

1985年,韩少功发表《文学的根》和《爸爸爸》,被视为"寻根文学"的旗帜。在席卷文坛的"寻根浪潮"中,韩少功不再将方言作为一种增强作品生动性、真实性的简单工具。此后的《马桥词典》,不仅通过语言透视文化和历史的变迁,更将语言与人的生存、命运联系在一起。

"语言是生活之门。一张张门后面的'马桥'是一片无限纵深,需要我们小心地冒险深入。"在国际华语纽曼文学奖授奖活动上,韩少功的致辞智慧幽默。他说,这本获奖的小书当然不是真正的"词典"——虽然很多书店职员曾把它误列在工具书柜,甚至以为"马桥"是与"牛津"有意对偶和比拼的品牌。

"我们从小受到的教育,就是小说、散文、诗歌、戏剧……从中学到大学的教育都是如此。传统意义上,似乎小说就只能那么写。"韩少功有点想"捣乱"了。"我觉得欧式的小说也很好。《报告政府》就是典型的欧式小说样式。人物、主题、情节三大要素,柏拉图、亚里士多德强调的要素都有,要人物有人物,要情节有情节,中规中矩。但是,我想我能不能不这样,我也可以尝试一些我们中国老祖宗的传统吧?《马桥词典》就有一点《世说新语》的样子。"

一本南方村寨的词典,一部用语言故事讲述社会、生活、文化与哲理的小说。在《马桥词典》中,韩少功打破了传统小说习惯于故事叙述和人物描写的规则,语言成为小说的主角。他沿着文化寻根的方向,将马桥人的语言作为透视的对象,不仅有对人类文明、对人性的深刻的哲理性思考,更体现出浓厚的人文关怀精神。它捍卫了独具特色的地方文化,同时向千篇一律的泛国际化趋势吹响了反抗的号角。他用语言展示小说世界,通过语言揭示生活内蕴,体现了马桥语言的独特魅力和马桥人的生存状态。

韩少功的创作素材大多来源于湘地民间,《西望茅草地》讲述知青下放到湘西,《爸爸爸》为湖湘某处封闭山村,《爸爸爸》的着眼点是社会历史,是透视巫楚文化背景下一个种族的衰落,理性和非理性都成了荒诞,新党和旧党都无力救世。《马桥词典》《山南水北》以汨罗的八溪洞为原型,《女女女》《鞋癖》等以长沙小市民为原型。

韩少功说:"一般人会注意作家笔下的民俗、风物、方言等等,那只是最表浅的层次。地域及其历史对作家的影响其实远不止这些。"卡夫卡笔下有什么民俗？几乎没有。有什么方言？几乎没有。但他生长在波希米亚的犹太区，而中欧的排犹仇犹最厉害，基督徒们普遍认为犹太人应该对耶稣之死和欧洲的黑死病负责，就在他所在的街区，市政厅大楼上那四个塑像，其中犹太人代表最可恶的"贪婪"，其压力可想而知。当时西方的民族国家涌现，但众多民族国家打来打去，对于有民族无国家的犹太群体来说，都没有好果子吃。因此卡夫卡退守于自我和孤绝，对国家绝望，对政治冷漠，其实有深深的"地域"印记。只是这一点很少被人们注意。

伴随争议的作家

《月兰》的发表，使韩少功和新时期崛起的许多作家一样，被卷入"伤痕文学"的潮流。此后，韩少功在《西望茅草地》的创作谈中说，难道对笔下的人物非"歌颂"就要"暴露"？……我对自己原来的观念怀疑了。我想：人物的复杂性是应该受重视的。何况我们是在回顾一段复杂的历史。

写"伤痕"式的抗议文学和反思文学得了好几个奖，但韩少功自己并不满意，1985年，韩少功发表《文学的根》和《爸爸爸》，被视为"寻根文学"的旗帜。成为他创作的转折点。很多前辈并不喜欢"寻根"的说法，但一帮有乡村经验的作家，特别是一些知青作家赞同"寻根"。1985年提出"寻根"，参与的作家大多有下乡知青或回乡知青的背景。为什么？因为这些人不论是厌恶乡村还是怀念乡村，都有一肚子翻肠倒胃和泥带水的本土记忆，需要一个喷发的载体。"寻根"就是这样的载体。从这里，你不难看出经历对写作的深刻影响。

多年后,韩少功发表文章重提"寻根":"批判现实主义小说、现代主义小说、都市青春小说等等,是全球普适性品种,哪儿都有,但'寻根'文学不是,至少群体性的'寻根'文学不是。被深度文化殖民过的国家,没有太多的根可寻。没有大规模下乡运动的国家,作家们大概也没法寻。与此相区别,中国八十年代的"寻根",以及后来在艺术、法学、哲学等方面出现的"泛寻根",是中国现代社会一个比较特殊的现象。作为不同文明之间的一次对话,这种现象出现在一个后发展的大国,出现在全球化与本土化交织进行的这个时代,显然有一些深层的原因。

90年代中期后,韩少功的兴趣发生一些转移,不光是文学的兴趣,同时有一些对新的知识研究的兴趣,90年代以来随着冷战结束以后权力与资本出现十分错综复杂的扩张状况,韩少功更注意的问题是如何摄取现代主义的养分与如何克服现代主义的弊病,于是有了《马桥词典》和《暗示》。

《西望茅草地》《爸爸爸》《女女女》《马桥词典》《暗示》等作品都引起一些争议,这些作品的争论对韩少功曾经造成怎样的影响?韩少功说,争议是好事,让人兼听则明。我优点不多,但至少有一条优点是能听意见,哪怕你九句话不靠谱,我也不会回嘴,但只要你有一句说在点子上,我就会心里一动,紧盯不放。不过当年有些对《月兰》《西望茅草地》《爸爸爸》的批评,是政治上打棍子;有些对《马桥词典》的批评是泼脏水,不是泼冷水。这就不正常了。当然,这也没什么。在中国这地面上生活,你得毛深皮厚,有抗打击能力。

韩少功说,事情过程毕竟只是重在教育,须宽以居之。作家与批评家是一种互相激发和互相补充的关系,19世纪的俄国,20世纪60年代的法国,20世纪80年代的中国,都出现过创作与批评良性互动相得益彰的局面。可惜这种时候不是很多,也就是说,历史上文学发育的黄金时期并不是很多。现在市场化的新闻炒作多了,用心和用功的批评少了,浮躁症流行,用台湾学者的话来说,就是所谓"人性趋下""文化趋下"。在这种情况下,恶意的炒作不但不是批评,而且会扼杀批评,因为正派的批评家不愿与泡沫为伍,只好闭嘴;就算发出了声音,也会被泡沫淹没。事实上,《马桥词典》近年来一直受到批评,包括一些厉害的批评,这都是应该欢迎和保护的。但这恰恰是恢复了游戏规则以后的成果。当那本书被构陷成抄袭照搬之作时,批评的前提和被批评的资格就没有了,法律底线被践踏了,流行舆论只剩下狂热的道德打杀而独独没有文学批评。

保持先锋的姿态

与其他昙花一现的先锋派作家不同,韩少功在很长的时间里都保持着先锋的姿态。他的文体革新与精神探索并驾齐驱,他对中国经验加工提炼的深度,显然超了同时代的作家。是什么原因使他具有这样的探索精神?

"西方文学是他山之石,可以给我们很多启发。特别是在上个世纪,中国第一流的作家和学者几乎都在学外语,都在做翻译,因此30年代至80年代的翻译质量总体上最高,使中国文学创作受益匪浅。但后来的情况有些变化。"韩少功分析说,一是出版社热衷于抢档期,拼市场,粗制滥造者多。二是外语教学的应试化和功利化。他就遇到过很多这样的才子,词汇量不算小,语法点都精确,肯定能考出高分,但一旦离开课本,对很多寻常的历史和文化知识,常常是一脸茫然。有一次我说到自己的知青经历,说"农村就是我的大学",一个学西班牙语的博士竟然拒绝翻译,似乎觉得这句话不通。这样的人来做文学翻译,岂不可怕?我这里的意思是说,语言不仅是工具,更是一种文化,眼下很多外语人才的文化修养不够。当年,梁实秋建议每一个中国作家都来翻译一本外国文学,支了一招,但眼下实行起来太难。

韩少功在《马桥词典》中享受了写作的自由,从传统的刻板形式中解放出来。他说《马桥词典》无非是找到了一种多点透视、进出自由的方式,这样,很多以前装不进去的东西,就都能装进去了。但这一种经验在你的下一篇就可能完全失效,你还是得从零开始。作者每次面对一堆新的材料,要找到合适的表达方式,就要像和面一样,慢慢地和,因地制宜,量体裁衣。永远不会有一种万能和通用的形式,这就像用二胡拉贝多芬,用摇滚唱《黛玉葬花》,可作为游戏,但绝不可能成为经典。当年"荒诞派"是怎么出现的?那种词不达意、似是而非,总是拧着说,是内容也是形式吧?这一类技巧才是大技巧。

《马桥词典》是力图对公共语言进行一种清理,《暗示》更进一步,力图对语言本身进行一种清理。2002年出版的《暗示》,看上去不像小说,倒更像杂文。韩少功很早以前就说过,想把"小说"扩展成一种广义的"读物",就像历史上很多跨体裁的作品一样,《马桥词典》是一个尝试,这次的《暗示》算是尝试的继续。因此它不是严格的小说,有很多非小说因素夹杂其中,也可以看作叙事性的理论。它企图展示语言和具象在一般情况下,怎样互相压缩和互相控制,从而影响我们的日常生活,包括导致很多悲剧和喜剧。这本书酝酿了很长时间,正式写出来花了将近两年时间,中途有一次大的推倒重来。韩少功说,他不知道这本书在自己的创作经历中处于什么样的位置,只知道它对于自己来说是一本非写不可的书。

2018年底,《修改过程》出版,作品以主人公肖鹏的一篇网络连载小说,牵扯出东麓山脚下一批特殊的大学学子。肖鹏的小说记录了一代人的人生,又修改了一代人的人生,而人生,更像是一个不断修改的过程。韩少功借自己的亲身感受入笔,将不可复制的一代人和他们的绝版青春寓于其中,使得这部作品意味深长。

事实上,韩少功20年前就写过77级大学生,写了八万字,因不满意而废掉。重拾这一段记忆,韩少功在小说中不光是写了1977年,更主要的是写了"后1977"。"改革开放以来,我们取得了骄人的发展成就,但也有很多酸甜苦辣。特别是改革开放之初,全社会都感受到激情奔放、思想解放的火热动力。但不少人的价值观却是脆弱的,甚至混乱的,就像肌肉长到前面去了,灵魂没跟上。后来的很多代价、风险、困局恐怕都是来自这里。就像这本小说里写的,有些人追求财富,或追求权力,或追求一种放任和放荡……"韩少功说,多少年后,当我们回过头来看时,他们有的成功,有的被绊倒,多多少少都会五味杂陈,发现生活对自己的诸多"修改"。这些普通人的人生感受,当然也是一个时代的重要成果和遗产。

在《修改过程》中,韩少功尝试一种开放式写作,一边写小说,一边邀请读者参与对写作过程的检查、监督、甚至剪裁。有些地方会出现"穿帮",会自曝细节的来处,会坦承写作时的权衡纠结,这实际上都是同读者商讨:这样写好不好?有两个地方出现了A、B章,展示了两种人物命运的可能性,这也是在邀请读者自己拿主意。这样做,打掉一些作者的独断态度,表现出一种自我怀疑,把认知本身也当作认知对象的一部分,大体相当于小说的主调和副调在交错进行。韩少功进一步解释:我们人类一直困于这样一个纠缠,认识他人和社会,就像透过镜片看风景,但镜片本身是怎么回事,有时我们也需要看一看。所谓"元小说"就是干这种事的。这本小说差不多也是"元小说",因此有双重任务,既涉及风景,也涉及镜片。如果把风景和镜片打通来写,把客体和主体打通来写,就有点像物理学中的莫比乌斯环,两个面变成了一个面。

"元小说的方式,有利于人们把认识看成相对的认识,有限的认识,流动的认识,需要不断修正和发展的认识。放在小说这个框架里看,我们永远需要小说,需要叙事和文字,否则人类就会动物化,用小说里的话来说,一切'事实'才可能成为有意义的'可知事实'。"韩少功采用来回穿的小说叙事,看似写一代人,实则呈现出对于历史纵深感的开掘。生活会修改我们,作者会修改自己的文学,而文学作品一旦诞生,又会参与对生活的修改。如此,便构成一种循环。

文学是什么?文学既不能吃,也不能穿,但文学可以改变我们对这个世界的一些看法,而这些看法本身是世界的一部分。韩少功说,生活与文学好像是两回事,是两个面,但是在莫比乌斯环里会融为一体,变成一个你永远跑不到尽头的面,一种环绕和纠缠的无限。这是他写《修改过程》中时常冒出来的感慨。

后记 | 陪伴是一种幸福

"且相伴,在生命的暗夜里醉入破晓的梦。
"不这么着,又怎么着?"
——这是黄宗英老人在记述和老伴冯亦代病中相携的《多彩的故事》结尾的话。假作的无奈里,透露出对生命的执着和相守的惬意。

2000年一个周末的午后,我拜访冯亦代、黄宗英夫妇。冯亦代正在看奥运会的现场直播,音量开得很低。曾七次脑梗死的冯老那时刚刚恢复健康,说话很费力气。黄宗英呢?她说自己到阴间去了三个月,又回来了,近乎精神崩溃的边缘,没人扶着不能走。他们说:"我们的身体寄托在笔上,如果能动笔,身体怎么样不要紧。"

《风骨》一书收尾了,我的脑海中依然浮现着很多面孔,他们的脸上满是岁月的褶皱,可是褶皱里溢出的笑容可亲可爱,他们的话语依稀还在耳边,值得我终生铭记。可是限于篇幅,那些我所敬仰的老人未能收入书中,比如黄宗英。

收入书里的文章,多是数次采访积累而成的,每一次的对话都将在我的生命中留下深刻的印迹。比如采访吴小如先生,他曾热诚中肯毫不客气地给我指出过失误,他渊博的学识和耿直的个性都是现今稀缺的品质;和邵燕祥先生更为熟稔,他那么谦和、耐心又坦诚地告诉我很多过往；我喜欢宗璞，她为哈代诗歌中的某句如何翻译得更为准确而反复修改，她的坚持、严谨，她身上那种大家闺秀的开朗迷人的气质都深深吸引着我……我喜欢和老人聊天。他们的学问是常人不可企及的，他们的通透、豁达、谦逊、包容却潜移默化给了我很大的影响。在和他们相处的短暂时光里，聆听他们所经历的风雨人生，试着体会他们的生命感悟，我觉得自己也渐渐变得充实丰盈了。

只是遗憾自己的笔力不逮，无法将他们的学术思想和人生经历准确生动地传达出来。我只是尽可能地展示我的所见所闻、所思所识，希望以第一手的资料，尽可能多地向读者呈现星光璀璨的学人群像。我无意爆料，无意以我有限的敏锐挖掘能够吸引读者眼球的素材，更多的时候，我只是一个晚辈，一个聆听者，分享他们曾经或辉煌或曲折的人生经历。我珍惜并怀恋陪伴老人的时光，希望通过自己的观察和记录，让读者对这些学人的自由思想和独立精神、对他们鲜明的个性和学术经历有更为充分的了解和认识。

我和三联书店有缘，曾采访过几任三联的出版家，了解三联的出版追求，能在三联出版拙著，实在是莫大的荣幸。感谢三联书店对我的帮助。感谢我的责任编辑，为了这部小书，我们反复沟通、打磨，超乎我当初的设想，由于她的努力付出，才使得这部小书有了较为严谨的品质。

由于我的知识结构的欠缺和不甚开阔的眼界，文章疏漏在所难免，期待读者诸君予以指正。

舒晋瑜
2021年2月16日